U0716982

明宋濂等撰

元史

第二册

卷一三至卷二六（紀）

中華書局

元史卷十三

本紀第十三

世祖十

二十一年春正月乙卯，帝御大明殿，右丞相和禮霍孫率百官奉玉册玉寶，上尊號曰憲天述道仁文義武大光孝皇帝，諸王百官朝賀如朔旦儀，赦天下。丁巳，敕：「自今凡奏事者，必先語同列以所奏。既奏，其所奉旨云何，令同列知而後書之簿。不明以告而輒書簿者，杖必闍赤。」己未，罷雲南都元帥府，所管軍民隸行省。甲子，罷揚州等處理算官，以其事付行省。江浙行省平章忙忽帶進眞珠百斤。丙寅，闊闊你敦言：「屯田芍陂兵二千，布種二千石，得粳糯二萬五千石有奇，乞增新附軍二千。」從之。丁卯，建都王、烏蒙及金齒一十二處俱降。建都先爲緬所制，欲降未能。時諸王相吾答兒及行省右丞太卜、參知政事也罕的斤分道征緬，於阿昔、阿禾兩江造船二百艘，順流攻之，拔江頭城，令都元帥袁世安戍之。遂遣使招諭緬王，不應。建都太公城乃其巢穴，遂水陸並進，攻太公城，拔之，故至是皆降。庚午，立江淮、荊湖、江西、四川行樞密院，治建康、鄂州、撫州、成都。立躭羅國安撫司。辛未，相吾答兒遣使進緬國所貢珍珠、珊瑚、異綵及七寶束帶。甲戌，遣蒙古官及翰林院官各一人祠岳瀆后土。遣王積翁齎詔使日本，賜錦衣、玉環、鞍轡；積翁由慶元航海至日本近境，爲舟人所害。御史臺臣言：「罪黜之人，久忘其名又復奏用，乞戒約。」帝曰：「卿等所言固是，然其間豈無罪輕可錄用者。」御史大夫玉速帖木兒對曰：「以各人所犯罪狀明白敷奏，用否當取聖裁。」從之。丙子，建寧叛賊黃華自殺。丁丑，雲南諸路按察司官陛辭，詔諭之曰：「卿至彼，當宣明朕意，勿求貨財。名成則貨財隨之，徇財則必失其名，而性命亦不可保矣。」己卯，馬八兒國遣使貢珍珠、異寶、縑段。

二月辛巳，以福建宣慰使管如德爲泉州行省參知政事，征緬。浚揚州漕河。罷高麗造征日本船。丁亥，命翰林學士承旨撒里蠻祀先農于籍田。壬辰，以江西叛寇妻子賜鷹坊養虎者。以別速帶逃軍七百餘人付安西王屯田，給以牛具。邕州、賓州民黃大成等叛，梧州、韶州、衡州民相挻而起，湖南宣慰使撒里蠻將兵討之。甲午，罷羣牧所。己亥，瑞州獲叛民晏順等三十二人，幷妻孥送京師。罷阿八赤開河之役，以其軍及水手各萬人運海道糧。放檀州淘金五百人還家。丁未，括江南樂工。命阿塔海發兵萬五千人、船二百艘助征占城，船不足，命江西省益之。戊申，徙江淮行省于杭州，徙浙西宣慰司于平江，省黃州宣慰司入淮西道。立法輪竿于大內萬壽山，高百尺。漳州盜起，命江浙行省調兵進討。秦州總管劉發有罪，嘗欲歸黃華，事覺伏誅。遷故宋宗室及其大臣之仕者於內地。

三月辛亥，赦思、播管軍民官自今勿遷。丁巳，皇子北平王南（北）〔木〕合至自北邊。〔一〕王以至元八年建幕庭于和林北野里麻里之地，留七年，至是始歸。右丞相安童繼至。以張弘範等將新附軍。壬戌，更定虎符。丙寅，乘輿幸上都。丁卯，太廟正殿成，奉安神主。甲戌，置潮、贛、吉、撫、建昌戍兵。乙亥，高麗國王王（睶）〔賰〕以皇帝尊號禮成，〔二〕遣使來賀。

夏四月壬午，令軍民同築堤堰，以利五衛屯田。乙酉，省泉府司入戶部。立大都留守司兼少府監。立大都路總管府。立西川、延安、鳳翔、興元宣課司。從迷里火者、蜜刺里等言，以鈔萬錠爲市於別十八里及河西、上都。以火者赤依舊揚州鹽運使，歲市鹽八十萬石以贖過。己亥，涿州巨馬河決，衝突三十餘里。庚子，湖廣行省平章阿里海牙請身至海濱收集占城散軍，復使南征，且趣其未行者，許之。壬寅，江淮行省進各翼童男女百人。忽都鐵木兒征緬之師爲賊衝潰。戊申，高麗王王（睶）〔賰〕及公主以其世子謜來朝。赦發思、播田、楊二家軍二千從征緬。籍江南鹽徒軍，藏匿者有罪。火兒忽等所部民戶告饑，帝曰：「饑民不救，儲糧何爲？」發萬石賑之。命開元等路宣慰司造船百艘，付狗國戍軍。雲南行省爲破緬國江頭城，進童男女八十人，并銀器幣帛。

五月己酉〔朔〕，從禿禿合言，立二千戶，總欽察、康里子弟願爲國宣勞者。壬子，拘征東省印。癸丑，樞密院臣言：「唆都潰軍已令李恒收集，江淮、江西兩省潰軍，別遣使招諭，凡至者皆給之糧，舟楫損者修之，以俟阿里海牙調用。」從之。戊午，敕中書省：「奏目及文册，皆不許用畏吾字，其宣命、劄付並用蒙古書。」己未，荆湖占城行省言：「忽都虎、忽馬兒等將兵征占城，前鋒舟師至舒眉蓮港不知所向，令萬戶劉君慶進軍次新州，獲占蠻，始知我軍已還矣。就遣占蠻向導至占城境，其國主遣阿不蘭以書降，且言其國經唆都軍馬虜掠，國計已空，俟來歲遣嫡子以方物進。繼遣其孫路司理勒蟄等奉表詣闕。」乙丑，取高麗所產鐵。蠲江南今年田賦十分之二；其十八年已前逋欠未徵者，盡免之。阿魯忽奴言：「曩於江南民戶中撥匠戶三十萬，其無藝業者多，今已選定諸色工匠，餘十九萬九百餘戶宜縱令爲民。」從之。詔諭各道提刑按察司分司事宜。庚午，荆湖占城行省以兵進據烏馬境，地近安南，請益兵。命鄂州達魯花赤趙翥等奉璽書往諭安南。河間任丘縣民李移住謀叛，事覺伏誅。括天下私藏天文圖讖太乙雷公式、七曜曆、推背圖、苗太監曆，有私習及收匿者罪之。丁丑，忽都虎、烏馬兒、劉萬戶等率揚州省軍二萬赴唆都軍前，遇風船散，其軍皆潰。敕追烏馬兒等誥命、虎符及部將所受宣敕，以河西孛魯合答兒等代之，聽阿里海牙節制。

閏五月己卯，封法里剌王爲郡王，佩虎符。改思、播二州隸順元路宣撫司。罷西南番安撫司，立總管府。給西川蒙古軍鈔，使備鎧仗，耕遂寧沿江曠土以食，四頃以下者免輸地稅。命總帥汪惟正括四川民戶。辛巳，加封衞輝路小淸河神曰洪濟威惠王。壬午，蒙古侍衞親軍都指揮使八忽帶征黃華回，進人口百七十一。乙酉，以雲南境內洪城併察罕章，隸皇太子。丙戌，行御史臺自揚州遷于杭州。庚寅，賜歸附洞蠻官十八人衣，遣還。癸巳，賜北安王螭紐金印。罷皮貨所。理算江南諸行省造征日本船隱弊，詔按察司毋得沮撓。甲辰，安南國王世子陳日烜遣其中大夫陳謙甫貢玉杯、金瓶、珠絛、金領及白猿、綠鳩、幣帛等物。丙午，以侍衞親軍萬人修大都城。

六月壬子，遣使分道尋訪測驗晷景、日月交食、曆法。增官吏俸，以十分爲率，不及一錠者量增五分。甲寅，詔封皇子脫歡爲鎭南王，賜塗金銀印，駐鄂州。庚申，改蒙古都元帥府爲蒙古都萬戶府，砲手元帥府爲砲手萬戶府，砲手都元帥府爲回回砲手軍匠萬戶府。甲子，命也速帶兒所部軍六十人淘金雙城。從憨答孫請，移阿剌帶和林屯田軍與其所部相合，屯田五河。乙丑，中衞屯田蝗。甲戌，賜皇子愛牙赤怯薛帶孛折等及兀剌海所部民戶鈔二萬一千六百四十三錠，皇子南木合怯薛帶、怯憐口一萬二百四十六錠。以馬一萬一百九十五、羊一萬六十，賜朶魯朶海扎剌伊兒所部貧軍。

秋七月丁丑朔，敕荊湖、西川兩省合兵討(叉)〔又〕巴、〔三〕散毛洞蠻。雲南省臣言：「騰越、永昌、羅必丹民心攜貳，宜令也速帶兒或汪總帥將兵討之。」制曰「可」。命樞密院差軍修大都城。己卯，立衍福司。中書省臣言：「宰相之名，不宜輕授。今占城省臣已及七人，宜汰之。」詔軍官勿帶相銜。賜皇子北安王印。復揚州管匠提舉司。丁亥，江淮行省以占城所遣太半達連扎赴闕，及其地圖來上。塔剌赤言：「頭輦哥國王出戍高麗，調旺速等所部軍四百以往，今頭輦哥已回，留軍躭羅，去其妻子已久，宜令他軍更戍。」伯顏等議，以高麗軍千人屯躭羅，其留戍四百人縱之還家，從之。戊子，詔鎮南王脫歡征占城。遣所留安南使黎英等還其國，日烜遣其中大夫阮道學等以方物來獻。總帥汪惟正言：「一門兄弟從仕者衆，乞仍於秦、鞏州置便宜都總帥府，仍用元帥印，卽其兄弟四人擇一人爲總帥，總帥之下總管府令其兼之。汪氏二人西川典兵者，亦擇其一爲萬戶，餘皆依例遷轉。」從之。賜貧乏者阿魯渾、玉龍帖木兒等鈔，共七千四百八十錠。

八月丁未，雲南行省言：「華帖、白水江、鹽井三處土老蠻叛，殺諸王及行省使者。」調兵千人討之。定擬軍官格例，以河西、回回、畏吾兒等依各官品充萬戶府達魯花赤，同蒙古人；女直、契丹，同漢人。若女直、契丹生西北不通漢語者，同蒙古人；女直生長漢地，同漢人。己酉，御史臺臣言：「無籍之軍願從軍殺掠者，初假之以張渡江兵威，今各持弓矢，剽劫平民，若不分隸各翼，恐生他變。」詔遣之還家。辛亥，征東招討司聶古帶言：「有旨進討骨嵬，而阿里海牙、朶剌帶、玉典三軍皆後期。七月之後，海風方高，糧仗船重，深虞不測，姑宜少緩。」從之。占城國王乞回唆都軍，願以土產歲修職貢，使大盤亞羅日加翳、大巴南等十一人奉表詣闕，獻三象。甲子，放福建畲軍，收其軍器，其部長於近處州郡民官遷轉。庚午，車駕至自上都。甲戌，搠完上言：「建都女子沙智治道立站有功，已授虎符，管領其父元收附民爲萬戶。今改建昌路總管，仍佩虎符。」從之。

九月甲申，京師地震。併市舶司入鹽運司，立福建等處鹽課市舶都轉運司。中書省言：「福建行省軍餉絕少，必於揚州轉輸，事多遲誤。若併兩省爲一，分命省臣治泉州爲便。」詔以中書右丞、行省事忙兀台爲江淮等處行中書省平章政事，其行省左丞忽剌出、蒲壽庚，參政管如德分省泉州。癸巳，太白犯南斗。丙申，以江南總攝楊璉眞加發宋陵冢所收金銀寶器修天衣寺。甲辰，海南貢白虎、獅子、孔雀。

冬十月丁未，享于太廟。戊申，四川行省言金齒遺民尚多未附，以要剌海將探馬赤軍二千人討之。己酉，敕：「管軍萬戶爲行省宣慰使者，毋兼管軍事；仍爲萬戶者，毋兼涖民政。」壬子，定漣海等處屯田法。辛酉，征東招討司以兵征骨嵬。宋有手記軍，死則以兄弟若子繼，詔依漢軍籍之，毋文其手。丁卯，和禮霍孫請設科舉，詔中書省議，會和禮霍孫罷，事遂寢。以招討使張萬爲征緬招討使，佩三珠虎符。戊辰，立常平倉，以五十萬石價鈔給之。甲戌，詔諭行中書省，凡征日本船及長年篙手，並官給鈔增價募之。賜貧乏者押失、忻都察等鈔一萬四千三錠。

十一月甲申，封南木里、忙哥赤郡公。戊子，命北京宣慰司修灤河道。己丑，江西行省參知政事也的迷失禽獲海盜黎德及招降餘黨百三十三人，即其地誅黎德以徇，以黎德弟黎浩及僞招討吳興等檻送京師。遷轉官員薄而不就者，其令歸農當役。庚寅，占城國王遣使大羅盤亞羅日加翳等奉表來賀聖誕節，獻禮幣及象二。占城舊州主寶嘉婁亦奉表入附。庚子，以范文虎爲左丞，商量樞密院事。太陰犯心。辛丑，和禮霍孫、麥朮丁、張雄飛、溫迪罕皆罷。前右丞相安童復爲右丞相，前江西榷茶運使盧世榮爲右丞，前御史中丞史樞爲左丞，不魯迷失海牙、撒的迷失並參知政事，前戶部尙書拜降參議中書省事。敕中書省整治鈔法，定金銀價，禁私自回易，官吏奉行不虔者罪之。壬寅，安童、盧世榮言：「阿合馬專政時所用大小官員，例皆奏罷，其間豈無通才？宜擇可用者仍用之。」詔依所言汰選，毋徇私情。癸卯，福建行省遣使人八合魯思招降南巫里、別里剌、理倫、大力等四國，各遣其相奉表以方物來貢。以江淮間自襄陽至于東海多荒田，命司農司立屯田法，募人開耕，免其六年租稅并一切雜役。賜蒙古貧乏者也里古、薛列海、察吉兒等鈔十二萬四千七百二十二錠。

十二月甲辰朔，中書省臣言：「江南官田爲權豪寺觀欺隱者多，宜免其積年收入，限以日期，聽人首實。踰限爲人所告者，徵以其半給告者。」從之。立常平鹽局。乙巳，崔彧言盧世榮不可爲相，忤旨罷。以丁壯萬人開神山河，立萬戶府以總之。辛亥，以儀鳳司隸衞尉院。癸亥，盧世榮言：「京師富豪戶釀酒，價高而味薄，以致課不時輸，宜一切禁罷，官自酤賣。向之歲課，一月可辦。」從之。甲子，以高麗提舉司隸工部。乙丑，祀太一。丙寅，荆湖占城行省遣八番劉繼昌諭降龍昌寧、龍延萬等赴闕，奉羊馬、白氈來貢，各授本處安撫使。立宣慰司，招撫西南諸蕃等處酋長。癸酉，命翰林承旨撒里蠻、翰林集賢大學士許國禎，集諸路醫學教授增修本草。是月，鎭南王軍至安南，殺其守兵，分六道以進。安南興道王以兵拒於萬刼，進擊敗之。萬戶倪閏戰死於劉邨。以涇州隸都總帥府。賜蒙古貧乏者兀馬兒等鈔二千八百八十五錠、銀四十錠。

二十二年春正月戊寅，以命相詔天下。民間買賣金銀、懷孟諸路竹貨、江淮以南江河魚利，皆弛其禁。諸處站赤飲食，官爲支給。遣官諸路慮囚，罪輕者釋之。徙屯衞輝新附軍六千家，廩之京師，以完倉廩。發五衞軍及新附軍濬蒙邨漕渠。庚辰，立別十八里驛傳。毀宋郊天臺。桑哥言：「楊輦眞加云，會稽有泰寧寺，宋毀之以建寧宗等攢宮；錢唐有龍華寺，宋毁之以爲南郊。皆勝地也，宜復爲寺，以爲皇上、東宮祈壽。」時寧宗等攢宫已毁建寺，敕毁郊天臺，亦建寺焉。壬午，詔立市舶都轉運司。立上都等路羣牧都轉運使司、諸路常平鹽鐵坑冶都轉運司。甲申，遣使代祀五岳、四瀆、東海、后土。戊子，闊闊你敦言：「先有旨遣軍二千屯田芍陂，試土之肥磽，去秋已收米二萬餘石，請增屯士二千人。」從之。徙江南樂工八百家于京師。封駙馬唆郎哥爲寧昌郡王，賜龜紐銀印。西川趙和尚自稱宋福王子廣王以誑民，民有信者；眞定民劉驢兒有三乳，自以爲異，謀不軌；事覺，皆磔裂以徇。移五條河屯田軍五百於兀失蠻、扎失蠻。辛卯，發諸衛軍六千八百人給護國寺修造。廣御史臺贓罰庫。癸巳，樞密臣言：「舊制四宿衛各選一人參決樞密院事，請以脫列伯爲僉院。」從之。詔括京師荒地，令宿衛士耕種。乙未，中書省臣請以御史大夫玉速怗木兒爲左丞相，中丞撒里蠻爲御史大夫；罷行御史臺，以其所屬按察司隸御史臺，行御史臺大夫撥魯罕爲中書省平章政事。帝曰：「玉速怗木兒朕當思之；撥魯罕寬緩，不可。」安童對曰：「阿必赤合何如？」帝曰：「此事朕自處之。罷行御史臺者，當如所奏。」盧世榮請罷福建行中書省，立宣慰司，隸江西行中書省。又言：「江南行中書省事繁，恐致壅滯，今隨行省立行樞密院總兵，以分其務爲便。」帝曰：「行院之事，前日已言，由阿合馬欲其子忽辛兼兵柄而止，今議行之。」流征占城擅還將帥二十三人於遠方。丙申，帝畋于近郊。陞武備監爲武備寺，尙醫監爲太醫院，職俱三品。陞六部爲二品。以合必赤合爲中書平章政事。命禮部領會同館。初，外國使至，常令翰林院主之，至是改正。荆湖占城行省平叛蠻百六十六洞。詔禁私酒。己亥，分江浙行省所治南康隸江西省。辛丑，以楊兀魯帶爲征骨嵬招討使，佩二珠虎符。壬寅，造大樽於殿，樽以木爲質，銀內而金外，鏤爲雲龍，高一丈七寸。是月壬午，烏馬兒領兵與安南興道王遇，擊敗之，兵次富良江北。乙酉，安南世子陳日烜領戰船千餘艘以拒。丙戌，與戰，大破之，日烜遁去。入其城，還屯富良江北。唆都、唐古帶等引兵與鎭南王會。

二月乙巳，駐蹕柳林。增濟州漕舟三千艘，役夫萬二千人。初，江淮歲漕米百萬石於京師，海運十萬石，膠、萊六十萬石，而濟之所運三十萬石，水淺舟大，恒不能達，更以百石之舟，舟用四人，故夫數增多。塞渾河堤決，役夫四千人。詔改江淮、江西元帥招討司爲上中下三萬戶府，蒙古、漢人、新附諸軍相參，作三十七翼。上萬戶：宿州、蘄縣、眞定、沂郯、益都、高郵、沿海七翼；中萬戶：棗陽、十字路、邳州、鄧州、杭州、懷州、孟州、眞州八翼；下萬戶：常州、鎭江、潁州、廬州、亳州、安慶、江陰水軍、益都新軍、湖州、淮安、壽春、揚州、泰州、弩手、保甲、處州、上都新軍、黃州、安豐、松江、鎭江水軍、建康二十二翼。翼設達魯花赤、萬戶、副萬戶各一人，以隸所在行院。江西盜黎德等餘黨悉平。以應放還五衞軍穿河西務河。舊例，五衛軍十人爲率，七人三人，分爲二番，十月放七人者還，正月復役，正月放三人者還，四月復役，更休息之。丙午，以荆湖行省所隸八番、羅甸隸西川行省。分嵐、管爲二州。加封桑乾河神洪濟公爲顯應洪濟公。己酉，爲皇孫阿難答立衍福司，職四品，使、同知、副使各一員。辛亥，廣東宣慰使月的迷失討潮、惠二州盜郭逢貴等四十五寨，皆平，降民萬餘戶、軍三千六百一十人，請將所獲渠帥入覲，面陳事宜。從之。丙辰，詔罷膠、萊所鑿新河，以軍萬人隸江浙行省習水戰，萬人載江淮米泛海由利津達於京師。辛酉，御史臺臣言：「近中書奏罷行御史臺，改按察司爲提刑轉運司，俾兼錢穀，而糾彈之職廢矣。請令安童與老臣議。」從之。壬戌，太陰犯心。中書省臣盧世榮請立規措所，經營錢穀，秩五品，所用官吏以善賈爲之，勿限白身人。帝從之。參知政事不魯迷失海牙等因奏世榮姻黨有牛姓者，前爲提舉，今浙西運司課程頗多，擬陞轉運副使。亦從之。詔舊城居民之遷京城者，以貲高及居職者爲先，仍定制以地八畝爲一分；其或地過八畝及力不能作室者，皆不得冒據，聽民作室。陞御帶庫爲章佩監。徙右千戶只兒海迷失分地泉州。賜合剌失都兒新附民五千戶，合剌赤、阿速、阿塔赤、昔寶赤、貴由赤等嘗從征者，亦皆賜之。以民八十戶賜皇太子宿衛臣嘗從征者。用盧世榮言，回買江南民土田。詔天下拘收銅錢。申禁私造酒麴。戊辰，車駕幸上都。帝問省臣：「行御史臺何故罷之？」安童曰：「江南盜賊屢起，行御史臺鎮遏居多，臣以爲不可罷。然與江浙行中書省並在杭州，地甚遠僻，徙之江州，居江浙、湖南、江西三省之中爲便。」從之。立眞定、濟南、太原、甘肅、江西、江淮、湖廣等處宣慰司兼都轉運使司，以治課程，仍立條制。禁諸司不得擅追管課官吏，有敢沮擾者，具姓名以聞。增濟州漕運司軍萬二千人。立江西、江淮、湖廣造船提舉司。令江浙行省參政馮珪，湖廣行省右丞要束木、參政潘傑，龍興行省左丞伯顏、參政楊居寬、僉省陳文福，專領課程事。以忽都魯僉吉剌帶爲中書左丞相。己巳，復立按察司。撥民二萬七千戶與駙馬唆郎哥。以忽都魯爲平章政事。詔：「各道提刑按察司，能遵奉條畫，涖事有成者，任滿升職；贓汙不稱任者，罷黜除名。」詔立供膳司，職從五品，達魯花赤、令、丞各一員。罷融州總管府爲州。

三月丙子，遣太史監候張公禮、彭質等往占城測候日晷。癸未，罷甘州行中書省，立宣慰司，隸寧夏行中書省。荆湖占城行省請益兵。時陳日烜所逃天長、長安二處兵力復集，興道王船千餘艘聚萬刼，阮盝在永平，而官兵遠行久戰，懸處其中，唆都、唐古帶之兵又不以時至，故請益兵。帝以水行爲危，令遵陸以往。庚子，詔依舊制，凡鹽一引四百斤，價銀十兩，以折今鈔爲二十貫，商上都者，六十而稅一。增契本爲三錢。立上都規措所回易庫，增壞鈔工墨費每貫二分爲三分。

夏四月癸卯〔朔〕，立行樞密院都鎭撫司。置畏兀驛六所。丙午，以征日本船運糧江淮及教軍水戰。庚戌，監察御史陳天祥劾中書右丞盧世榮罪惡，詔世榮、天祥皆赴上都。壬子，江陵民張二妻鄧氏一產三男。癸丑，詔追捕宋廣王及陳宜中。遣中書省、樞密院、御史臺官各一員，決大都及諸路罪囚。大都、汴梁、益都、廬州、河間、濟寧、歸德、保定蝗。辛酉，以躭羅所造征日本船百艘賜高麗。壬戌，御史中丞阿剌怗木兒、郭佑，侍御史白禿剌怗木兒，參知政事撒的迷失等以盧世榮所招罪狀奏。阿剌怗木兒等與世榮對於帝前，世榮悉款服。改六部依舊爲三品。詔：「安童與諸老臣議世榮所行，當罷者罷之，更者更之，其所用人實無罪者，朕自裁決。」癸亥，敕以麥朮丁所行清潔，與安童治省事。

五月甲戌，以御史中丞郭佑爲中書省參知政事。丁丑，減上都商稅。戊寅，廣平、汴梁、鈞、鄭旱。以遠方曆日取給京師，不以時至，荆湖等處四行省所用者隆興印之，合剌章、河西、西川等處所用者京兆印之。詔甘州每地一頃輸稅三石。壬午，以軍千人修阿失鹽場倉。以忻都爲踢里玉招討使，佩虎符。有旨：「不可興兵遠攻，近地有不服者討之。」右巴等洞蠻平。甲申，立汴梁宣慰司，依安西王故事，汴梁以南至江，以親王鎮之。丁亥，中書省臣言：「六部官冗甚，可止以六十八員爲額，餘悉汰去。」詔擇其廉潔有幹局者存之。分漢地及江南所拘弓箭兵器爲三等，下等毀之，中等賜近居蒙古人，上等貯於庫；有行省、行院、行臺者掌之，無省、院、臺者達魯花赤、畏兀、回回居職者掌之，漢人、新附人雖居職無有所預。

戊子，改昇江、烏定、朵里滅該等府爲路。雲南行省臣脫怙木兒言蠲逋賦、徵侵隱、戍叛民、明黜陟、罷轉運、給親王、賦豪戶、除重稅、決盜賊、增驛馬、取質子、定俸祿、教農桑、優學者、卹死事、捕逃亡十餘事，命中書省議其可者行之。庚寅，眞定、廣平、河間、恩州、大名、濟南蠶災。增大都諸門尉、副各一人。敕朵兒只招集甘、沙、速等州流徙饑民。〔四〕行御史臺復徙于杭州。丁酉，徙行樞密院於建康。戊戌，汴梁、懷孟、濮州、東昌、廣平、平陽、彰德、衞輝旱。罷江南造船提舉司。陳日烜走海港，鎭南王命李恒追襲，敗之。適暑雨疫作，兵欲北還思明州，命唆都等還烏里。安南以兵追躡，唆都戰死。恒爲後距，以衞鎭南王，藥矢中左膝，至思明，毒發而卒。

六月庚戌，命女直、水達達造船二百艘及造征日本迎風船。辛亥，揚州進芝草。丙辰，遣馬速忽、阿里齎鈔千錠往馬八圖求奇寶，〔五〕賜馬速忽虎符，阿里金符。高麗遣使來貢方物。庚午，詔減商稅，罷牙行，省市舶司入轉運司。左丞呂師夔乞假五月，省母江州，帝許之，因諭安童曰：「此事汝蒙古人不知，朕左右復無漢人，可否皆自朕決。汝當盡心善治百姓，無使重困致亂，以爲朕羞。」參知政事張德潤獻其家人四百戶於皇太子。馬湖部田鼠食稼殆盡，其總管祠而祝之，鼠悉赴水死。

秋七月壬申，造溫石浴室及更衣殿。癸酉，詔禁捕獵。甲戌，敕祕書監修地理志。乙亥，安南降者昭國王、武道、文義、彰憲、彰懷四侯赴闕。戊寅，京師蝗。分甘州屯田新附軍三百人，田于亦集乃之地。己卯，以米千石廩瓮吉剌貧民。壬午，陝西四川行中書省左丞汪惟正入見。甲申，改闊里吉思等所平大小十谿洞悉爲府、州、縣。修汴梁城。丁亥，廣東宣慰使月的迷失入覲，以所降渠帥郭逢貴等至京師，言山寨降者百五十餘所。帝問：「戰而後降邪，招之卽降邪？」月的迷失對曰：「其首拒敵者臣已磔之矣，是皆招降者也。」因言：「塔朮兵後未嘗撫治其民，州縣官復無至者，故盜賊各據土地，互相攻殺，人民漸耗，今宜擇良吏往治之。」從之。庚寅，樞密院言：「鎭南王脫歡所總征交趾兵久戰力疲，請於奧魯赤等三萬戶分蒙古軍千人，江淮、江西、荊湖三行院分漢軍、新附軍四千人，選良將將之，取鎭南王脫歡、阿里海牙節制，以征交趾。」從之。復以唐兀帶爲荊湖行省左丞。唐兀帶請放征交趾軍還家休憩，詔從脫歡、阿里海牙處之。給諸王阿只吉分地貧民農具牛種，令自耕播。乙未，雲南行省言：「今年未暇征緬，請收穫秋禾，先伐羅北甸等部。」從之。庚子，改開、達、梁山三州隸夔州路。（八月庚子）給鈔萬二千四百錠爲本，〔六〕取息以贍甘、肅二州屯田貧軍。〔八月〕辛丑〔朔〕，〔七〕命有司祭斗三日。戊申，分四川鎭守軍萬人屯田成都。丙辰，車駕至自上都。己未，詔復立泉府司，秩從二品，以答失蠻領之。初，和禮霍孫以泉府司商販者，所至官給飲食，遣兵防衞，民實厭苦不便，奏罷之。至是，答失蠻復奏立之。（九月）丙寅，〔八〕遣蒙古軍三千人屯田清、滄、靖海。戊辰，罷禁海商。省合剌章、金齒二宣撫司爲一，治永昌。立臨安廣西道宣撫司。中書省臣奏：「近奉旨括江淮水手，江淮人皆能游水，恐因此動搖者衆。」從之。罷榷酤。初，民間酒聽自造，米一石官取鈔一貫。盧世榮以官鈔五萬錠立榷酤法，米一石取鈔十貫，增舊十倍。至是，罷榷酤，聽民自造，增課鈔一貫爲五貫。敕拘銅錢，餘銅器聽民仍用。令福建黃華畲軍有恒產者爲民，無恒產與妻子者編爲守城軍。汪惟正言鞏昌軍民站戶幷諸人奴婢，因饑歲流入陝西、四川者，彼卽括爲軍站。帝曰：「信如所言，當鳩集與之。如非己有而强欲得之者，豈彼於法不知懼邪？」

〔九月〕乙亥，〔九〕聽民自實兩淮荒地，免稅三年。中書省以江北諸城課程錢糧聽杭、鄂二行省節制，道途迂遠，請改隸中書，從之。永昌、騰衝二城在緬國、金齒間，擺圮不可禦敵，敕修之。敕：「自今貢物惟地所產，非所產者毋輒上。」丙子，眞蠟、占城貢樂工十人及藥材、鰐魚皮諸物。辛巳，收集工匠之隱匿者。丙戌，速木都剌、馬答二國遣使來朝。庚寅，敕征交趾諸軍，除留蒙古軍百、漢軍四百爲鎭南王脫歡宿衞，餘悉遣還。別以江淮行樞密院所總蒙古兵戍江西。癸巳，雲南貢方物。烏蒙叛，命四川行院也速帶兒將兵討之，馬湖總管汝作以蠻軍三百爲助。降西崖門酋長阿者等百餘戶。

冬十月己亥〔朔〕，以鈔五千錠和糴于應昌府。復分河間、山東鹽課轉運司爲二。遣合撒兒海牙使安南。遣雪雪的斤領畏兀兒戶一千戍合剌章。庚子，享于太廟。甲辰，修南嶽廟。乙巳，樞密院臣言：「脫脫木兒遣使言，阿沙、阿女、阿則三部欲叛，宜遣人往召，如不至，乘隙伐之。」不允。因敕諭之：「事不議於雲南王也先帖木兒者，毋輒行。」詔征東招討使塔塔兒帶、楊兀魯帶以萬人征骨嵬，因授楊兀魯帶三珠虎符，爲征東宣慰使都元帥。壬子，長葛、郾城各進芝草。癸丑，立征東行省，以阿塔海爲左丞相，劉國傑、陳巖並左丞，洪茶丘右丞，征日本。賜脫里察安、答卽古阿散等印，令考覈中書省，其制如三品。丙辰，以參議怗木兒爲參知政事，位郭佑上，且命之曰：「自今之事，皆責於汝。」馬法國入貢。戊午，以江淮行省平章忙兀帶爲江浙省左丞相。初，西川止立四路，阿合馬濫用官，增而爲九。臺臣言其地民少，留廣元、成都、順慶、重慶、夔府五路，餘悉罷去。後以山谷險要，蠻夷雜處，復置嘉定路、敍州宣撫司以控制之。陞大理寺爲都護府，職從二品。都護府言，合剌禾州民饑，戶給牛二頭、種二石，更給鈔一十一萬六千四百錠，糴米六萬四百石，爲四月糧賑之。癸亥，以答卽古阿散理算積年錢穀，別置司署，與省部敵，干擾政務，併入省中。丁卯，敕樞密院計膠、萊諸處漕船，高麗、江南諸處所造海船，括傭江淮民船，備征日本。仍敕習泛海者，募水工至千人者爲千戶，百人爲百戶。塔海弟六十言：「今百姓及諸投下民，俱令造船於女直，而女直又復發爲軍，工役繁甚。乃顏、勝納合兒兩投下鷹坊、採金等戶獨不調。」有旨遣使發其民。烏蒙蠻夷宣撫使阿蒙叛，詔止征羅必丹兵，同雲南行省出兵討之。郭佑言：「自平江南，十年之間，凡錢糧事八經理算。今答即古阿散等又復鈎考，宜即罷去。」帝嘉納之。

十一月己巳朔，廣東宣慰使月的迷失以英德、循、梅三路民少，請改爲州；又請以管軍總管于躍爲惠州總管，蔚州知州木八剌爲潮州達魯花赤。帝疑其專，不允。御史臺臣言：「御史臺、按察司以糾察百官爲職，近鈎校錢穀者恐發其奸，私聚羣不逞之徒，欲沮其事，願陛下依舊制諭之。」制曰「可」。庚午，賜皇子愛牙赤銀印。壬申，以討日本，遣阿八剌督江淮行省軍需，遣察忽督遼東行省軍需。甲戌，置合剌章、四川、建都等驛。戊寅，遣使告高麗發兵萬人、船六百五十艘，助征日本。仍令於近地多造船。己丑，籍重慶府不花家人百二十三戶爲民。御史臺臣奏：「昔宋以無室家壯士爲鹽軍，數凡五千，今存者一千一百二十二人，性習凶暴，民患苦之，宜給以衣糧，使屯田自贍。」詔議行之。癸巳，敕漕江淮米百萬石，泛海貯於高麗之合浦，仍令東京及高麗各貯米十萬石，備征日本。諸軍期於明年三月以次而發，八月會於合浦。乙未，以禿魯歡爲參知政事。盧世榮伏誅。丙申，赦囚徒，黥其面，及招宋時販私鹽軍習海道者爲水工，以征日本。

十二月，〔一〇〕敕減天下罪囚。以占城遁還忽都虎、劉九、田二復舊職，從征日本。增阿塔海征日本戰士萬人、回回砲手五十人。己亥，從樞密院請，嚴立軍籍條例，選壯士及有力家充軍。敕樞密院：「向以征日本故，遣五衞軍還家治裝，今悉選壯士，以正月一日到京師。」江淮行省以戰船千艘習水戰江中。辛丑，誅答郎古阿散黨人蔡仲英、李蹊。丁未，皇太子薨。戊午，以中衞軍四千人伐木五萬八千六百，給萬安寺修造。己未，丹太廟楹。乙酉，立集賢院，以扎里蠻領之。戊子，罷合剌章打金規（運）〔措〕所及都元帥〔府〕。〔二〕敕合剌章酋長之子入質京師，千戶、百戶子留質雲南王也先怙木兒所。中書省臣奏：「納速丁言，減合剌章冗官，可歲省俸金九百四十六兩；又屯田課程專人主之，可歲得金五千兩。」皆從之。遣只必哥等考覈雲南行省。庚寅，詔毋遷轉工匠官。辛卯，〔三〕敕有司祭北斗。

是歲，命江浙轉運司通管課程。集諸路僧四萬於西京普恩寺，作資戒會七日夜。併省重慶等處州縣。占城行省參政亦黑迷失等以軍還，駐海外四州，遣使以聞，敕放其軍還。賜皇子脫歡，諸王阿魯灰、只吉不花，公主囊家眞等，鈔計七千七百三十二錠、馬六百二十九匹、衣段百匹、弓千、矢二萬發。賜諸王阿只吉、合兒魯、忙兀帶、宋忽兒、阿沙、合丹、別合剌等及官戶散居河西者，羊馬價鈔三萬七千七百五十七錠、布四千匹、絹二千匹。以伯八剌等貧乏，給鈔七萬六千五百二錠。賞諸王阿只吉、小厮、汪總帥、別速帶、也先等所部及征緬、占城等軍，鈔五萬三千五百四十一錠、馬八千一百九十七匹、羊一萬六千六百三十

四、牛十一、米二萬二千一百石、絹帛八萬一千四、綿五百三十斤、木綿二萬七千二百七十九四、甲千被、弓千張、衣百七十九襲。命帝師也憐八合失甲自羅二思八等遞藏佛事于萬安、興教、慶壽等寺，凡一十九會。斷死罪二百七十一人。

校勘記

〔一〕皇子北平王南（北）〔木〕合　從殿本改。按上文至元三年六月丁卯條有「封皇子南木合爲北平王」。南木合，卷一〇八諸王表作「那木罕」。

〔二〕王（瞎）〔瞎〕　見卷九校勘記〔九〕。下同。

〔三〕（叉）〔叉〕巴　見卷一二校勘記〔二〕。

〔四〕甘沙速等州　本書地理志無「速州」，本證云「速當作肅」。

〔五〕馬八圖　按「馬八圖」本書只此一見，疑卽下文至元二十三年正月庚辰條之馬八國，「圖」爲「國」之誤。馬八國卽馬八兒國，本書卷二一〇有傳。

〔六〕（八月庚子）給鈔萬二千四百錠　按庚子爲七月三十日，「八月」二字錯簡，「庚子」重出，今删。

〔七〕〔八月〕辛丑〔朔〕　按是月辛丑朔，原「八月」誤置於七月庚子前，今移補。

〔八〕（九月）丙寅　按丙寅爲八月二十六日，其下之戊辰爲二十八日，「九月」二字錯簡，今删。

〔九〕〔九月〕乙亥　按是月庚午朔，乙亥爲初六日，原「九月」誤置於八月丙寅前，今移補。

〔一〇〕十二月　此處脫干支，以下文「己亥」初二日推，當有「戊戌朔」。

〔一一〕罷合剌章打金規〔運〕〔措〕所及都元帥〔府〕　據上文至元十二年正月己亥條及本書卷一二五賽典赤贍思丁傳附納速剌丁傳改補。

〔一二〕乙酉至戊子至庚寅至辛卯　按是月戊戌朔，無乙酉、戊子、庚寅、辛卯諸日，此乙酉繫己未二十二日之後疑爲辛酉二十四日、戊子疑爲甲子二十七日、庚寅疑爲丙寅二十九日、辛卯疑爲丁卯三十日之誤。

元史卷十四

本紀第十四

世祖十一

二十三年春正月戊辰朔，以皇太子故罷朝賀。禁齎金銀銅錢越海互市。甲戌，帝以日本孤遠島夷，重困民力，罷征日本，召阿八赤赴闕，仍散所顧民船。以江南廢寺土田爲人占據者，悉付總統楊璉眞加修寺。己卯，立羅不、怯台、闍鄽、斡端等驛。呂文煥以江淮行省右丞告老，許之，任其子爲宣慰使。庚辰，馬八國遣使進銅盾。壬午，太陰犯軒轅太民。遣使代祀嶽瀆東海。癸未，罷鞏昌二十四城拘榷所，以其事入有司。發鈔五千錠糴糧于沙、（靜）〔淨〕、隆興。〔一〕從桑哥請，命楊璉眞加遣宋宗戚謝儀孫、全允堅、趙沂、趙太一入質。甲申，忽都魯言：「所部屯田新軍二百人，鑿河渠於亦集乃之地，役久功大，乞以傍近民、西僧餘戶助其力。」從之。憨答孫遣使言：「軍士疲乏者八百餘人，乞賑贍，宜於朶魯朶海處驗其虛實。」帝曰：「比遣人往，事已緩矣。其使贍之。」丁亥，焚陰陽僞書顯明曆。辛卯，命阿里海牙等議征安南事宜。癸巳，陞福州長溪縣爲福寧州，以福安、寧德二縣隸之。丙申，以新附軍千人屯田合思罕關東曠地，官給農具牛種。丁酉，畋于近郊。降敍州爲縣，隸蠻夷宣撫司。詔禁沮擾鹽課。設諸路推官以審刑獄，上路二員，(中)〔下〕路一員。〔二〕陞龍興武寧縣爲寧州，以分寧隸之。

二月己亥，敕中外，凡漢民持鐵尺、手撾及杖之藏刃者，悉輸于官。辛丑，遣使以鈔五千錠賑諸王小薛所部饑民。甲辰，以雪雪的斤爲緬中行省左丞相，阿台董阿參知政事，兀都迷失僉行中書省事。以阿里海牙仍安南行中書省左丞相，奧魯赤平章政事，都元帥烏馬兒、亦里迷失、〔三〕阿里、昝順、樊楫並參知政事。遣使諭皇子也先鐵木兒，〔四〕調合剌章軍千人或二三千，付阿里海牙從征交趾，仍具將士姓名以聞。乙巳，廷議以東北諸王所部雜居其間，宣慰司望輕，罷山北遼東道、開元等路宣慰司，立東京等處行中書省，以闊闊你敦爲左丞相，遼東道宣慰使塔出右丞，同僉樞密院事楊仁風、宣慰使亦而撒合並參知政事。敕中書省：「太府監所儲金銀，循先朝例分賜諸王。」復立大司農司，專掌農桑。陞宣徽院正二品。降鎭巢府爲巢州。丁未，用御史臺臣言，立按察司巡行郡縣法，除使二員留司，副使以下每歲二月分莅按治，十月還司。丙午，〔五〕太陰犯井。戊申，樞密院奏：「前遣蒙古軍萬人屯田，所獲除歲費之外可糶鈔三千錠，乞分廩諸翼軍士之貧者。」帝悅，令從便行之。調京師新附軍二千立營屯田。癸丑，復置隰州大寧縣。丁巳，命湖廣行省造征交趾海船三百，期以八月會欽、廉州。戊午，併江南行樞密院四處入行省。命荆湖占城行省將江浙、湖廣、江西三行省兵六萬人伐交趾。荆湖行省平章奥魯赤以征交趾事宜請入覲，詔乘傳赴闕。集賢直學士程文海言：「省院諸司皆以南人參用，惟御史臺按察司無之。江南風俗，南人所諳，宜參用之，便。」帝以語玉速鐵木兒，對曰：「當擇賢者以聞。」帝曰：「汝漢人用事者，豈皆賢邪？」江南諸路學田昔皆隸官，詔復給本學，以便教養。封陳益稷爲安南王，陳秀嵈爲輔義公，仍下詔諭安南吏民。復立岳、鄂、常德、潭州、靜江榷茶提舉司。癸亥，太史院上授時曆經、曆議，敕藏于翰林國史院。甲子，復以平原郡公趙與芮江南田隸東宮。立甘州行中書省。丙寅，以編地理書，召曲阜教授陳儼、京兆蕭𣂏、蜀人虞應龍，唯應龍赴京師。

三月己巳，御史臺臣言：「近奉旨按察司參用南人，非臣等所知，宜令侍御史、行御史臺（等）〔事〕程文海與行臺官，〔六〕博采公潔知名之士，具以名聞。」帝命賫詔以往。太陰犯婁。浚治中興路河渠。省雲和署入教坊司。辛未，降梅、循爲下州。甲戌，雄、霸二州及保定諸縣水泛溢，冒官民田，發軍民築河堤禦之。乙亥，以麥朮丁仍中書右丞，與郭佑並領錢穀，楊居寬典銓選。立欽察衞親軍都指揮使司。賜諸王脫忽帖木兒羊二萬。丙子，大駕幸上都。詔行御史臺按察司以八月巡行郡縣。中書省臣言：「阿合馬時諸王駙馬往來餉給之費，悉取於萬億庫。後徵百官俸入以償，最非便。」詔在籍者除之勿徵。以権茶提舉李起南爲江西権茶轉運使。起南嘗言：「江南茶每引價三貫六百文，今宜增每引五貫。」事下中書議，因令起南爲運使，置達魯花赤處其上。丁丑，徙東京行中書省于咸平府。癸巳，歲星犯壘壁陣。以臨江路爲北安王分邑。

夏四月庚子，中書省臣請立汴梁行中書省及燕南、河東、山東宣慰司。有旨：「南京戶寡盜息，不必置省。其宣慰司如所請。濟南乃勝納合兒分地，太原乃阿只吉分地，其令各位委官一人同治之。」敕免雲南從征交趾蒙古軍屯田租。立烏蒙站。江南諸路財賦並隸中書省。雲南省平章納速剌丁上便宜數事：一曰弛道路之禁，通民來往；二曰禁負販之徒，毋令從征；三曰罷丹當站賦民金爲飲食之費；四曰聽民伐木貿易；五曰戒使臣勿擾民居，立急遞鋪以省驛騎。詔議行之。辛丑，陝西行省言：「延安置屯田鷹坊總管府，其火失不花軍逃散者，皆入屯田，今復供秦王阿難答所部阿黑答思飼馬及輸他賦。」有旨皆罷之，其不悛者罪當死。甲辰，行御史臺自杭州徙建康。以山南、淮東、淮西三道按察司隸內臺。增置行臺色目御史員數。丁未，江東宣慰司進芝一本。庚戌，制謚法。壬子，樞密院納速剌丁言：

「前所統漸丁軍五千人往征打馬國，其力已疲，今諸王復籍此軍征緬，宜取進止。」帝曰：「苟事力未損，即遣之。」仍諭納速剌丁分阿剌章、蒙古軍千人，以能臣將之，赴交趾助皇子脫歡。己未，遣要束木勾考荆湖行省錢穀。中書擬要束木平章政事，脫脫忽參知政事。有旨：「要束木小人，事朕方五年，授一理算官足矣。脫脫忽人奴之奴，令史、宣使才也。讀卿等所進擬，令人耻之。其以朕意諭安童。」以漢民就食江南者多，又從官南方者秩滿多不還，遣使盡徙北還。仍設脫脫禾孫於黄河、江、淮諸津渡，凡漢民非齎公文適南者止之，爲商者聽。中書省臣言：「比奉旨，凡爲盜者毋釋。今竊鈔數貫及佩刀微物，與童幼竊物者，悉令配役。臣等議，一犯者杖釋，再犯依法配役爲宜。」帝曰：「朕以漢人徇私，用泰和律處事，致盜賊滋衆，故有是言。人命至重，今後非詳讞者，勿輒殺人。」

五月丁卯朔，樞密院臣言：「臣等與玉速帖木兒議别十八里軍事，凡軍行並聽伯顔節制，其留務委孛欒帶及諸王阿只吉官屬統之爲宜。」從之。己巳，熒惑犯太微西垣上將。荆湖行省阿里海牙上言：「要束木在鄂省鈎考，豈無貪賄？臣亦請鈎考之。」詔遣參知政事禿魯罕、樞密院判李道、治書侍御史陳天祥偕行。甲戌，汴梁旱。徙江東按察司于宣州。庚辰，歲星犯壘壁陣。乙酉，熒惑犯太微右執法。敕遣躭羅戍兵四百人還家。庚寅，廣平等路蠶災。辛卯，霸州、漷州蝻生。安南國遣使來貢方物。癸巳，京畿旱。

六月丙申朔，太白犯御女。辛丑，中書省臣言：「禿魯罕來奏，前要束木、阿里海牙互請鈎考，今阿里海牙雖已死，事之是非，當令暴白。」帝曰：「卿言良是，其連引諸人，近者卽彼追逮，遠者宜以上聞。此事自要束木所發，當依其言究行之。」乙巳，以立大司農司詔諭中外。皇孫鐵木兒不花駐營亦奚不薛，其糧餉仰於西川，遠且不便，徙駐重慶府。詔以大司農司所定農桑輯要書頒諸路。命雲南、陝西二行省籍定建都稅賦。戊申，括諸路馬。凡色目人有馬者三取其二，漢民悉入官，敢匿與互市者罪之。辛亥，以亦馬剌丹忒忽里使交趾。癸丑，湖廣行省線哥言：「今用兵交趾，分本省戍兵二萬八千七百人，期以七月悉會靜江，今已發精銳啓行，餘萬七千八百人，皆羸病、屯田等軍，不可用。」敕今歲姑罷之。丁巳，設陝西等路諸站總管府，從三品。庚申，甘肅新招貧民百一十八戶，敕廩給之。敕路、府、州、縣捕盜者持弓矢，各路十副，府、州七副，縣五副。以薛闍干爲中書省平章政事。辛酉，封楊邦憲妻田氏爲永安郡夫人，領播州安撫司事。遣鎭西平緬等路招討使怯烈招諭緬國。廣元路閬中麥秀兩岐。高麗國遣使來貢。

秋七月丙寅朔，遣必剌蠻等使爪哇。己巳，用中書省臣言，以江南隸官之田多爲强豪所據，立營田總管府，其所據田仍履畝計之。復尙醞監爲光祿寺。罷遼陽等處行中書省。復北京、咸平等三道宣慰司。給鐵古思合敦貧民幣帛各二千、布千匹。庚午，江淮行省忙兀帶言：「今置省杭州，兩淮、江東諸路財賦軍實，皆南輸又復北上，不便。揚州地控江海，宜置省，宿重兵鎮之，且轉輸無往返之勞。行省徙揚州便。」從之。立淮南洪澤、芍陂兩處屯田。壬申，平陽饑民就食隣郡者，所在發倉賑之。置中尚監。右丞拜答兒將兵討阿蒙，幷其妻子禽之，皆伏誅。丁丑，斡脫吉思部民饑，〔七〕遣就食北京，其不行者發米賑之。以雄、易二州復隸保定。給和林軍儲，自京師輸米萬石，發鈔即其地糴米萬石。辛巳，八都兒饑民六百戶駐八剌忽思之地，給米千石賑之。壬午，總制院使桑哥具省臣姓名以上，帝曰：「右丞相安童，右丞麥朮丁，參知政事郭佑、楊居寬，並仍前職。以鐵木兒為左丞。其左丞相瓮吉剌帶、平章政事阿必失合、忽都魯皆別議。」仍諭中書選可代者以聞。給金齒國使臣圓符。癸巳，銓定省、院、臺、部官，詔諭中外：「中書省，除中書令外，左、右丞相並二員，平章政事二員，左、右丞並一員，參知政事二員；行中書省，平章政事二員，左、右丞並一員，參知政事、僉行省事並二員；樞密院，除樞密院使外，同知樞密院事一員，樞密院副使、僉樞密院事並二員，樞密院判一員；御史臺，御史大夫一員，中丞、侍御史、治書侍御史並二員；行臺同；六部，尚書、侍郎、郎中、員外郎並二員。其餘諸衙門，並委中書省斟酌裁減。」

八月丙申，發鈔二萬九千錠、鹽五萬引，市米賑諸王阿只吉所部饑民。己亥，敕樞密院遣侍衞軍千人扈從北征。平陽路歲比不登，免貧民稅賦。罷淮東、蘄黃宣慰司，以黃、蘄、壽昌隸湖廣行省，安慶、六安、光州隸淮西宣慰司。招集宋鹽軍。以市舶司隸泉府司。乙卯，太白犯軒轅右角。辛酉，婺州永康縣民陳巽四等謀反，伏誅。甘州饑，禁酒。罷德平、定昌二路，置德昌軍民總管府。

九月乙丑朔，馬八兒、須門那、僧急里、南無力、馬蘭丹、那旺、丁呵兒、來來、急闌亦帶、蘇木都剌十國，各遣子弟上表來覲，仍貢方物。以太廟雨壞，遣瓮吉剌帶致告，奉安神主別殿。甲申，太陰犯天關。壬辰，高麗遣使獻日本俘。是月，南部縣生嘉禾，一莖九穗。芝產于蒼溪縣。

冬十月甲午朔，太白犯右執法。以南康路隸江西行省。徙浙西按察司治杭州。罷諸道提刑按察司判官。行御史臺監察御史及按察司官，雖漢人並毋禁弓矢。襄邑縣尹張玘爲治有績，鄒平縣達魯花赤回回能捕盜理財，進秩有差。丁酉，享于太廟。戊戌，太陰犯建星。己亥，車駕至自上都。壬寅，太白犯左執法。遣兵千人戍畏吾境。乙巳，賜合迷里貧民及合剌和州民牛種，給鈔萬六千二百錠當其價，合迷里民加賜幣帛並千匹。己酉，遣塔塔兒帶、楊兀魯帶以兵萬人、船千艘征骨嵬。中書省具宣徽、大司農、大都、上都留守司存減員數以聞，帝曰：「在禁近者朕自沙汰，餘從卿等議之。」辛亥，太陰犯東井。河決開封、祥符、陳留、杞、太康、通許、鄢陵、扶溝、洧川、尉氏、陽武、延津、中牟、原武、睢州十五處，調南京民夫二十萬四千三百二十三人，分築隄防。癸丑，諭江南各省所統軍官敎練水軍。遣侍衞新附兵千人屯田別十八里，置元帥府卽其地總之。甲寅，太白犯進賢。以征緬功，調招討使張萬爲征緬副都元帥，也先鐵木兒征緬招討司達魯花赤，千戶張成征緬招討使，並虎符；敕造戰船，將兵六千人以征緬，俾禿滿帶爲都元帥總之。乙卯，給皇子脫歡馬四千匹，部曲人三匹。庚申，濟寧路進芝二莖。壬戌，改河間鹽運司爲都轉運使司。徙戍甘州新附軍千人屯田中興，千人屯田亦里黑。高麗遣使來獻日本俘十六人。馬法國進鞍勒、氊甲。興化路仙游縣蟲傷禾。

十一月乙丑，中書省臣言：「朱淸等海道運糧，以四歲計之，總百一萬石，斗斛耗折願如數以償，風浪覆舟請免其徵。」從之。遂以昭勇大將軍、沿海招討使張瑄，明威將軍、管軍萬戶兼管海道運糧船朱淸，並爲海道運糧萬戶，仍佩虎符。敕禽獸字孕時無畋獵。戊辰，太白犯亢。遣蒙古千戶曲出等總新附軍四百人，屯田別十八里。己巳，改思明等四州並爲路。以阿八赤爲征交趾行省右丞。丙子，以涿、易二州，良鄉、寶坻縣饑，免今年租，給糧三月。平灤、太原、汴梁水旱爲災，免民租二萬五千六百石有奇。改廣東轉運市舶提舉司爲鹽課市舶提舉司。丁丑，命塔叉兒、忽難使阿兒渾。戊寅，遣使閱實宣寧縣饑民，周給之。己卯，太陰犯井。辛巳，歲星犯壘壁陣。

十二月乙未，遼東開元饑，賑糧三月。戊戌，太白犯東咸。癸卯，要束木籍阿里海牙家貲，運致京師。賜諸王朮伯所部軍五千人銀萬五千兩、鈔三千錠，探馬赤二千人羊七萬口。丙午，置燕南、河東、山東三道宣慰司。罷大有署。丁未，太陰犯井。乙卯，諸道宣慰司，在內地者設官四員，江南者六員。以阿里海牙所庇逃民無主者千人屯田。遣中書省斷事官禿不申復鈎考湖廣行省錢穀。復置泉州市舶提舉司。大都饑，發官米低其價糶貧民。丙辰，遣蒲昌赤貧民墾甘肅閑田，官給牛、種、農具。賜安南國王陳益稷羊馬鈔百錠。丁巳，太陰犯氐。戊午，翰林承旨撒里蠻言："國史院纂修太祖累朝實錄，請以畏吾字繙譯，俟奏讀然後纂定。"從之。諸路分置六道勸農司。庚申，置尙珍署於濟寧等路，秩從五品。

是歲，以亦攝思憐〔眞〕爲帝師。〔八〕賜皇子奧魯赤、脫歡、諸王朮伯、也不干等，羊馬鈔一十五萬一千九百二十三錠，馬七千二百九十四，羊三萬六千二百六十九口，幣帛、毳段、木綿三千二百八十八匹，貂裘十四。又賜皇子脫歡所部憐牙思不花等及欠州諸局工匠，鈔五萬六千一百三十九錠一十二兩。命西僧遞作佛事于萬壽山、玉塔殿、萬安寺，凡三十會。大司農司上諸路學校凡二萬一百六十六所，儲義糧九萬五百三十五石，植桑棗雜菓諸樹二千三百九萬四千六百七十二株。斷死刑百一十四人。

二十四年春正月乙丑，復雲南石梁縣。戊辰，以修築柳林河堤南軍三千，浚河西務漕渠。皇子奧魯赤部曲饑，命大同路給六十日糧。免唐兀衞河西地元籍徭賦。壬申，御正殿受諸王百官朝賀。癸酉，俱藍國遣使不六溫乃等來朝。甲戌，太陰犯東井。乙酉，太陰犯房。丙戌，以參政程鵬飛爲中書右丞，阿里爲中書左丞。丁亥，以不顏里海牙爲參知政事。發新附軍千人從阿八赤討安南。弛女直、水達達地弓矢之禁。復改江浙省爲江淮行省。戊子，以鈔萬錠賑斡端貧民。西邊歲饑民困，賜絹萬匹。庚寅，遣使代祀嶽、瀆、后土、東海。辛卯，以淮東、淮西、山南三道按察司隸行御史臺。立上林署，秩從七品。詔發江淮、江西、湖廣三省蒙古、漢券軍，及雲南兵，及海外四州黎兵，命海道運糧萬戶張文虎等運糧十七萬石，分道以討交趾。置征交趾行尚書省，奧魯赤平章政事，烏馬兒、樊楫參知政事，總之，並受鎭南王節制。

二月壬辰朔，遣使持香幣詣龍虎、閤皂、三茅設醮，召天師張宗演赴闕。癸巳，雍古部民饑，發米四千石賑之，不足，復給六千石米價。甲午，畋于近郊。乙未，以麥朮丁爲平章政事。眞定路饑，發沿河倉粟減價糶之。以眞定所牧官馬四萬餘匹分牧他郡。禁畏吾地禽獸孕孳時畋獵。庚子，太陰犯天關。辛丑，太陰犯東井。甲辰，陞江淮行大司農司事秩二品，設勸農營田司六，秩四品，使副各二員，隸行大司農司。以范文虎爲中書右丞，商議樞密院事。壬子，封駙馬昌吉爲寧濮郡王。設都總管府以總皇子北安王民匠、斡端大小財賦。中書省臣言：「自正旦至二月中旬費鈔五十萬錠，臣等兼總財賦，自今侍臣奏請賜賚，乞令臣等預議。」帝曰：「此朕所常慮。」仍諭玉速鐵木兒、月赤徹兒知之。丙辰，馬八兒國貢方物。戊午，敕諸王闊里鐵木兒節制諸軍。以趙與芮子孟桂襲平原郡公。乃顏遣使徵東道兵，諭闊里鐵木兒毋輒發。

閏二月癸亥，太陰犯辰星。以女直、水達達部連歲饑荒，移粟賑之，仍盡免今年公賦及減所輸皮布之半。以宋畲軍將校授管民官，散之郡邑。敕春秋二仲月上丙日祀堯帝祠。西京等處管課官馬合謀自言歲以西京、平陽、太原課程額外羨錢市馬駝千輸官，而實盜官錢市之。按問有跡，伏誅。乙丑，畋于近郊。召麥朮丁、鐵木兒、楊居寬等與集賢大學士阿魯渾撒里及葉李、程文海、趙孟頫論鈔法。麥朮丁言：「自制國用使司改尚書省，頗有成效，今仍分兩省爲便。」詔從之，各設官六員。其尚書，以桑哥、鐵木兒平章政事，阿魯渾撒里右丞，葉李左丞，馬紹參知政事，餘一員議選回回人充；中書，宜設丞相二員、平章政事二員、參知政事二員。省隴右河西道提刑按察司，分置鞏昌者入甘州，設官五員；以鞏昌改隸京兆提刑按察司，設官六員；省太原提刑按察司，分置西京者入太原。辛未，以復置尚書省詔天下。除行省與中書議行，餘並聽尚書省從便以聞。設國子監，立國學監官：祭酒一員，司業二員，監丞一員，學官博士二員，助教四員，生員百二十人，蒙古、漢人各半，官給紙劄、飲食，仍隸集賢院。設江南各道儒學提舉司。甲申，太陰犯牽牛。車駕還宮。乙酉，改淄萊路爲般陽路，置錄事司。大都饑，免今歲銀俸鈔，諸路半徵之。罷江南竹木柴薪及岸例魚牙諸課。停不給之務。勑行省宣慰司勿濫舉官吏。受除官延引歲月不卽之任者，追所受宣敕。鎭南王脫歡徙鎭南京。改福建市舶都漕運司爲都轉運鹽使司。范文虎改尚書右丞，商議樞密院事。改行中書省爲行尚書省，六部爲尚書六部，以吏部尚書忻都爲尚書省參知政事。庚寅，大駕幸上都。札魯忽赤合剌合孫等言：「去歲審囚官所錄囚數，南京、濟南兩路應死者已一百九十人，若總校諸路，爲數必多，宜留札魯忽赤數人分道行刑。」帝曰：「囚非羣羊，豈可遽殺耶！宜悉配隸淘金。」

三月甲午，更造至元寶鈔頒行天下，中統鈔通行如故。以至元寶鈔一貫文當中統交鈔五貫文，子母相權，要在新者無冗，舊者無廢。凡歲賜、周乏、餉軍，皆以中統鈔爲准。禁無籍自效軍擾民，仍籍充軍。丙申，太陰犯東井。乙卯，幸凉陘。遼東饑，弛太子河捕魚禁。丙辰，馬八兒國遣使進奇獸一，類騾而巨，毛黑白間錯，名阿塔必卽。降重慶路定遠州爲縣。命都水監開汶、泗水以達京師。汴梁河水泛溢，役夫七千修完故堤。

夏四月癸酉，太陰犯氐。甲戌，太陰犯房。甲申，忻都奏發新鈔十一萬六百錠、銀千五百九十三錠、金百兩，付江南各省與民互市。是月，諸王乃顏反。

五月己亥，遣也先傳旨諭北京等處宣慰司，凡隸乃顏所部者禁其往來，毋令乘馬持弓矢。庚子，以不魯合罕總探馬赤軍三千人出征。移濟南宣慰司治益都，燕南按察司治大名，南京按察司治南陽，太原按察司治西京。復立豐州亦剌眞站。壬寅，以御史臺吏王良弼等誹訕尚書省政事，誅良弼，籍其家，餘皆斷罪。用桑哥言，置上海、福州兩萬戶府，以維制沙不丁、烏馬兒等海運船。戶、工兩部各增尚書二員。授高麗王（睶）〔賰〕行尚書省平章政事。〔九〕罷諸路站脫脫禾孫。括江南諸路匠戶。沙不丁言：「江南各省南官多，每省宜用一二人。」帝曰：「除陳巖、呂師夔、管如德、范文虎四人，餘從卿議。」帝自將征乃顏，發上都。括江南僧道馬匹。詔范文虎將衛軍五百鎭平灤，以欽察（爲）〔衛〕親軍都指揮使也速帶兒、右衛僉事王通副之。〔一〇〕甲辰，免北京今歲絲銀，仍以軍旅經行，給鈔三千錠賑之。壬子，高麗王（睶）〔賰〕請益兵征乃顏，以五百人赴之。

六月庚申朔，百官以職守不得從征乃顏，願獻馬以給衛士。壬戌，至撒兒都魯之地。乃顏黨塔不帶率所部六萬逼行在而陣，遣前軍敗之。乙丑，敕遼陽省督運軍儲。壬申，發諸衛軍萬人、蒙古軍千人戍豪、懿州。諸王失都兒所部鐵哥率其黨取咸平府，渡遼，欲劫取豪、懿州，守臣以乏軍求援，敕以北京戍軍千人赴之。括平灤路馬。北京饑，免絲銀、租稅。

乙亥，霸州益津縣霖雨傷稼。以陝西涇、邠、乾及安西屬縣閑田立屯田總管府，置官屬，秩三品。車駕駐干大利斡魯脫之地。〔一〕獲乃顏輜重千餘，仍禁秋毫無犯。

秋七月癸巳，乃顏黨失都兒犯咸平，宣慰塔出從皇子愛牙(亦)〔赤〕，〔二〕合兵出瀋州進討，宣慰亦兒撒合分兵趣懿州，其黨悉平。丁酉，弘州匠官以犬兔毛製如西錦者以獻，授匠官知弘州。戊戌，太陰犯南斗。樞密院奏：「僉征緬行省事合撒兒海牙言，比至緬國，諭其王赴闕，彼言鄰番數叛，未易卽行，擬遣阿難答剌奉表齎土貢入覲。」辛丑，太陰犯牽牛。壬寅，熒惑犯輿鬼。庚戌，雲南行省愛魯言，金齒酋打奔等兄弟求內附，且乞入覲。壬子，太陰犯司怪。癸丑，日暈連環，白虹貫之。罷乃顏所署益都、平灤，也不干河間分地達魯花赤，及勝納合兒濟南分地所署官。移北京道按察司置豪州。免東京等處軍民徭賦。陞福建鹽運使司，依兩淮等例，爲都轉運使司。以中興府隸甘州行省。以河西(管)〔愛〕牙赤所部屯田軍同沙州居民修城河西瓜、沙等處。〔三〕立闍鄽屯田。

八月癸亥，太白犯亢。濬州進瑞麥，一莖九穗。乙丑，車駕還上都。以李海剌孫爲征緬行省參政，將新附軍五千、探馬赤軍一千以行，仍調四川、湖廣行省軍五千赴之。召能通白夷、金齒道路者張成及前占城軍總管劉全，並爲招討使，佩虎符，從征。以脫滿答兒爲都元帥，將四川省兵五千赴緬省，仍令其省駐緬近地，以俟進止。置江南四省交鈔提舉司。

己巳，謫從叛諸王赴江南諸省從軍自效。諭鎮南王脫歡，禁戢從征諸王及省官奧魯赤等，毋縱軍士焚掠，毋以交趾小國而易之。癸酉，朵兒朵海獲叛王阿赤思，赦之。亦集乃路屯田總管忽都魯請疏浚管內河渠，從之。丙子，塡星南犯壘壁陣。己卯，太陰犯天關。辛巳，太陰犯東井。甲申，太白犯房。丁亥，瀋州饑，又經乃顏叛兵蹂踐，免其今歲絲銀、租賦。以北京伐木三千戶屯田平灤。立豐贍、昌國、濟民三署，秩五品，設達魯花赤、令、丞、直長各一員。女人國貢海人。置河西務馬站。

九月辛卯，東京、(誼)〔義〕、靜、麟、威遠、婆娑等處大霖雨，〔一四〕江水溢，沒民田。大定、金源、高州、武平、興中等處霜雹傷稼。丁酉，熒惑犯長垣。己亥，湖廣省臣言：「海南瓊州路安撫使陳仲達、南寧軍總管謝有奎、延欄總管苻庇成，以其私船百二十艘、黎兵千七百餘人，助征交趾。」詔以仲達仍爲安撫使，佩虎符，有奎、庇成亦仍爲沿海管軍總管，佩金符。庚子，太白犯天江。給諸王八八所部窮乏者鈔萬一千錠。禁市毒藥者。以西京、平灤路饑，禁酒。乙巳，太陰犯畢。以米二萬石、羊萬口給阿沙所統唐兀軍。丁未，安南國遣其中大夫阮文彥、通侍大夫黎仲謙貢方物。戊申，咸平、懿州、北京以乃顏叛，民廢耕作，又霜雹爲災，告饑。詔以海運糧五萬石賑之。辛亥，熒惑犯太微西垣上將。壬子，太白犯南斗。禁沮撓江南茶課。高麗王王(睶)〔賰〕來朝。

冬十月戊午朔，日有食之。壬戌，太陰犯牽牛大星。甲子，享于太廟。桑哥請賜葉李、馬紹、不忽木、高翥等鈔，詔賜李鈔百五十錠，不忽木、紹、翥各百錠。又言：「中書省舊在大內前，阿合馬移置於北，請仍舊爲宜。」從之。癸酉，江西行院月的迷失言：「廣東窮邊險遠，江西、福建諸寇出沒之窟，乞於江南諸省分軍一萬益臣。」詔江西忽都帖木兒以軍五千付之。丙子，誅郭佑、楊居寬。戊寅，桑哥言：「北安王王相府無印，而安西王相獨有印，實非事例，乞收之。諸王勝納合兒印文曰『皇姪貴宗之寶』，寶非人臣所宜用，因其分地改爲『濟南王印』爲宜。」皆從之。從總帥汪惟和言，分所部戍四川軍五千人屯田六盤。乙酉，熒惑犯左執法。立陝西寶鈔提舉司。羅北甸土官火者、阿禾及維摩合剌孫之子並內附。丙戌，范文虎言：「豪、懿、東京等處，人心未安，宜立省以撫綏之。」詔立遼陽等處行尚書省，以薛闍干、闍里帖木兒並行尚書省平章政事，洪茶丘右丞，亦兒撒合左丞，楊仁風、阿老瓦丁並參知政事。

十一月壬辰，太白犯壘壁陣，月暈金、土二星。雲南省右丞愛魯兵次交趾木兀門，其將昭文王以四萬人守之，愛魯擊破之，獲其將黎石、何英。弛太原、保德河魚禁。以桑哥爲金紫光祿大夫、尚書右丞相，兼(統)〔總〕制院使，〔一五〕領功德使司事。從桑哥請，以平章帖木兒代其位，右丞阿剌渾撒里陞平章政事，葉李陞右丞，參知政事馬紹陞左丞。陞集賢院秩正二品。丙申，熒惑犯太微東垣上相。丁酉，桑哥言：「先是皇子忙哥剌封安西王，統河西、土番、四川諸處，置王相府，後封秦王，綰二金印。今嗣王安難答仍襲安西王印，弟按攤不花別用秦王印，其下復以王傅印行，一藩而二王，恐於制非宜。」詔以阿難答嗣爲安西王，仍置王傅，而上秦王印，按攤不花所署王傅罷之。戊戌，以別十八里漢軍及新附軍五百人屯田合迷玉速曲之地。己亥，鎭南王次思明，程鵬飛與奧魯赤等從鎭南王分道並進，阿八赤以萬人爲前鋒。庚子，太白晝見。大都路水，賜今年田租十二萬九千一百八十石。辛丑，烏馬兒、樊楫及程鵬飛等遂趨交趾，所向克捷。改衞尉院爲太僕寺，秩三品，仍隸宣徽，以月赤徹兒、禿禿合領之。丙午，鎭南王次界河，交趾發兵拒守，前鋒皆擊破之。己酉，詔議弭盜。桑哥、玉速帖木兒言：「江南歸附十年，盜賊迄今未靖者，宜降旨立限招捕，而以安集責州縣之吏，其不能者黜之。」葉李言：「臣在漳州十年，詳知其事。大抵軍官嗜利與賊通者，尤難弭息。宜令各處鎭守軍官，例以三年轉徙，庶革斯弊。」帝皆從其議，詔行之。封駙馬帖木兒濟寧郡王。壬子，以江西行省平章忽都帖木兒督捕廣東等處盜賊。甲寅，命京畿、濟寧兩漕運司分掌漕事。鎭南王次萬劫，諸軍畢會。獲福建首賊張治囝，其黨皆平。諭江南四省招捕盜賊。丙辰，熒惑犯進賢。

十二月癸亥，立尙乘寺。順元宣慰使禿魯古言，金竹寨主搔驢等以所部百二十五寨內附。甲子，皇子北安王置王傅，凡軍需及本位諸事並以王傅領之。丙寅，太陰犯畢，太白晝見。丁卯，減揚州省歲額米十五萬石，以鹽引五十萬易糧。免浙西魚課三千錠，聽民自漁。發河西、甘肅等處富民千人往闍鄽地，與漢軍、新附軍雜居耕植。從安西王阿難答請，設本位諸匠都總管府。陞萬億庫官秩四品。癸酉，鎭南王次茅羅港，攻浮山寨，破之。諸王薛徹都等所駐之地，雨土七晝夜，羊畜死不可勝計，以鈔曁幣帛綿布雜給之，其直計鈔萬四百六十七錠。丁丑，以朱清、張瑄海漕有勞，遙授宣慰使。乙酉，鎭南王以諸軍渡富良江，次交趾城下，敗其守兵。日烜與其子棄城走敢喃堡。

是歲，命西僧監臧宛卜卜思哥等作佛事坐靜于大殿、寢殿、萬壽山、五臺山等寺，凡三十三會。斷天下死刑百二十一人。浙西諸路水，免今年田租十之二。西京、北京、隆興、平灤、南陽、懷孟等路風雹害稼。保定、太原、河間、般陽、順德、南京、眞定、河南等路霖雨害稼，太原尤甚，屋壞壓死者衆。平陽春旱，二麥枯死，秋種不入土。鞏昌雨雹，蚮蚄爲災。分賜皇子、諸王、駙馬、怯薛帶等羊馬鈔，總二十五萬三千五百餘錠，又賜諸王、怯薛帶等軍人，馬一萬二千二百、羊二萬二千六百、駝百餘。賑貧乏者合剌忽答等鈔四萬八千二百五十錠。

校勘記

〔一〕沙(靜)〔淨〕隆興　見卷一校勘記〔一四〕。

〔二〕上路二員(中)〔下〕路一員　據本書卷九一百官志改。按本書百官志及事林廣記前集卷四郡邑類，路僅分上、下，無中路。

〔三〕亦里迷失　當卽本書卷一三一之「亦黑迷失」，「里」、「黑」形近致誤。蒙史已校。

〔四〕皇子也先鐵木兒　按本書卷一〇七宗室世系表，營王也先帖木兒爲元世祖第五子雲南王忽哥赤之子，此處「子」當作「孫」。本證已校。

〔五〕丙午　上文丁未爲初十日，此丙午爲初九日，兩日倒舛。

〔六〕行御史臺(簿)〔事〕程文海　從南監本天啓三年補刊頁改。

〔七〕斡脫吉思部民　按上文至元十七年三月辛未條有「給月脫古思八部屯田牛具」，疑此處「吉」爲「古」之誤。「斡脫古思」，蒙古語，意爲「耆老」，指功臣世勳。

〔八〕亦攝思憐〔眞〕　按本書卷二〇二釋老傳作「亦攝思連眞」，據補。此名藏語，意爲「智寶」。

〔九〕王(睹)〔賭〕　見卷九校勘記〔九〕。下同。

〔一〇〕以欽察(爲)〔衞〕親軍都指揮使也速帶兒右衞僉事王通副之　本證云：「繼培案，爲蓋衞字之誤，也速帶兒卽康里也速斛兒，爲欽察親軍指揮使，有傳。此欽察非人名也。右衞，通傳作左衞。」

從改。

〔一一〕車駕駐干大利斡魯脫之地　按本書卷一五四洪福源傳附洪萬傳記同一事作「失剌斡耳朶」，此處「干」疑爲「于」之誤，「大利」疑爲「失剌」之誤。

〔一二〕皇子愛牙（亦）〔赤〕　據上文至元九年四月辛卯條及本書卷一〇七宗室世系表改。

〔一三〕（管）〔愛〕牙赤　據下文至元二十五年十一月丙申條及本書卷一〇七宗室世系表改。

〔一四〕東京（誼）〔義〕靜麟威遠婆娑　據本書卷五九地理志東寧路條改。

〔一五〕（統）〔總〕制院　據前文至元二十三年七月壬午、後文二十五年十一月甲辰條改。按本書卷八七百官志志總制院立于至元初，二十五年改宣政院。

元史卷十五

本紀第十五

世祖十二

二十五年春正月，日烜復走入海，鎭南王以諸軍追之，不及，引兵還交趾城。命烏馬兒將水兵迎張文虎等糧船，又發兵攻其諸寨，破之。己丑，詔江淮省管內並聽忙兀帶節制。庚寅，祭日于司天臺。賜諸王火你赤銀五百兩、珠一索、錦衣一襲，玉都銀千兩、珠一索、錦衣一襲。辛卯，尚書省臣言：「初以行省置丞相與內省無別，罷之。今江淮省平章政事忙兀帶所統，地廣事繁，乞依前爲丞相。」詔以忙兀帶爲(右)〔左〕丞相。〔一〕以蘄、黃二州、壽昌軍隸湖廣省。毀中統鈔板。乙未，賞征東功：從乘輿，將吏陞散官二階，軍士鈔人三錠；從皇孫，將吏陞散官一階，軍士鈔人二錠；死事者，給其家十錠。凡爲鈔四萬一千四百二十五錠。丁酉，遣使代祀岳、瀆、東海、后土。戊戌，大赦。敕弛遼陽漁獵之禁，惟毋殺孕獸。壬寅，高麗遣使來貢方物。賀州賊七百餘人焚掠封州諸郡。循州賊萬餘人掠梅州。癸卯，海都犯邊。敕駙馬昌吉、諸王也只烈、察乞兒、合丹兩千戶，皆發兵從諸王朮伯北征。賜諸王亦憐眞部曲鈔三萬錠。掌吉舉兵叛，諸王拜答罕遣將追之，至八立渾，不及而還。甲辰，也速不花謀叛，逮捕至京師，誅之。乙巳，太陰犯角。蠻洞十八族饑餓，死者二百餘人，以鈔千五百錠有奇市米賑之。丙午，畋于近郊。以平江鹽兵屯田于淮東、西。杭、蘇二州連歲大水，賑其尤貧者。戊申，太陰犯房。己酉，詔中興、西涼無得沮壞河渠，兩淮、兩浙無得沮壞歲課。發海運米十萬石，賑遼陽省軍民之饑者。辛亥，省器盒局入諸路金玉人匠總管府。癸丑，詔：「行大司農司、各道勸農營田司，巡行勸課，舉察勤惰，歲具府、州、縣勸農官實迹，以爲殿最。路經歷官、縣尹以下並聽裁決。或怙勢作威侵官害農者，從提刑按察司究治。」募民能耕江南曠土及公田者，免其差役三年，其輸租免三分之一。江淮行省言：「兩淮土曠民寡，兼幷之家皆不輸稅。又，管內七十餘城，止屯田兩所，宜增置淮東、西兩道勸農營田司，督使耕之。」制曰「可」。

二月丁巳，改濟州漕運司爲都漕運司，併領濟之南北漕。京畿都漕運司惟治京畿。鎭南王引兵還萬刼。烏馬兒迎張文虎等糧船不至，諸將以糧盡師老，宜全師而還，鎭南王從之。戊午，命李庭整漢兵五千東征。賜葉李平江、嘉興田四頃。庚申，司徒撒里蠻等進讀祖宗實錄，帝曰：「太宗事則然，睿宗少有可易者，定宗固日不暇給，憲宗汝獨不能憶之耶？猶當詢諸知者。」徵大都南諸路所放扈從馬赴京，官給芻粟價，令自糴之，無擾諸縣民。遼陽、武平等處饑，除今年租賦及歲課貂皮。浚滄州鹽運渠。辛酉，忙兀帶、忽都忽言其軍三年荐饑，賜米五百石。壬戌，省遼東海西道提刑按察司入北京，江南湖北道提刑按察司入（京）〔荆〕南。〔二〕敕江淮勿捕天鵝。弛魚濼禁。丙寅，賜雲南王塗金駝鈕印。改南京路爲汴梁路，北京路爲武平路，西京路爲大同路，東京路爲遼陽路，中興路爲寧夏府路。改江西茶運司爲都轉運使司，幷榷酒醋稅。改河渠提舉司爲轉運司。江淮總攝楊璉眞加言以宋宮室爲塔一，爲寺五，已成，詔以水陸地百五十頃養之。詔徵葛洪山隱士劉彥深。甲戌，蓋州旱，民饑，蠲其租四千七百石。己卯，以高麗國王王（睶）〔賰〕復爲征東行尙書省左丞相。〔三〕豪、懿州饑，以米十五萬石賑之。禁遼陽酒。京師水，發官米，下其價糶貧民。以江南站戶貧富不均，命有司料簡，合戶稅至七十石當馬一匹，並免雜徭；獨戶稅逾七十石願入站者聽。合戶稅不得過十戶，獨戶稅無上百石。辛巳，以杭州西湖爲放生池。壬午，鎭南王命烏馬兒、樊楫將水兵先還，程鵬飛、塔出將兵護送之。以御史臺監察御史、提刑按察司多不舉職，降詔申飭之。命皇孫雲南王也先鐵木兒帥兵鎭大理等處。

三月丙戌，諸王昌童部曲饑，給糧三月。丁亥，熒惑犯太微東垣上相。戊子，太陰犯畢。車駕還宮。淞江民曹夢炎願歲以米萬石輸官，乞免他徭，且求官職。桑哥以爲請，遂授浙東道宣慰副使。改曲靖路總管府爲宣撫司。庚寅，大駕幸上都。改闌遺所爲闌遺監，陞正四品。敕遼陽省亦乞列思、吾魯兀、札剌兒探馬赤自懿州東征。李庭遙授尙書左丞，食其祿，將漢兵以行。江淮行省忙兀帶言：「宜除軍官更調法，死事者增散官，〔四〕病故者降一等。」帝曰：「父兄雖死事，子弟不勝任者，安可用之？苟賢矣，則病故者亦不可降也。」辛卯，以六衞漢兵千二百、新附軍四百、屯田兵四百造尙書省。鎭南王以諸軍還。張文虎糧船遇賊兵船三十艘，文虎擊之，所殺略相當。費拱辰、徐慶以風不得進，皆至瓊州。凡亡士卒二百二十人、船十一艘、糧萬四千三百石有奇。癸巳，賜諸王朮伯銀五萬兩、幣帛各一萬匹，兀魯台、爪忽兒銀五千兩、幣帛各一百。甲午，禁捕鹿羔。鎭南王次內傍關，賊兵大集以遏歸師，鎭南王遂由單已縣趨盝州，間道以出。乙未，以往歲北邊大風雪，拔突古倫所部牛馬多死，賜米千石。丁酉，駐蹕野狐嶺，命阿束、塔不帶總京師城守諸軍。己亥，太陰掩角。壬寅，禮部言：「會同舘蕃夷使者時至，宜令有司倣古職貢圖，繪而爲圖，及詢其風俗、土產、去國里程，籍而錄之，實一代之盛事。」從之。鎭南王次思明州，命愛魯引兵還雲南，奧魯赤以諸軍北還。日烜遣使來謝，進金人代己罪。乙巳，詔江西管內並聽行尙書省節制。戊申，改山東轉運使司爲都轉運使司，兼濟南路酒稅醋課。己酉，徐、邳屯田及靈壁、(濉)〔睢〕

寧二屯雨雹如雞卵，〔五〕害麥。甲寅，循州賊萬餘人寇漳浦，泉州賊二千人寇長泰，汀、贛畲賊千餘人寇龍溪，皆討平之。

夏四月丙辰，萊縣、蒲臺旱饑，出米下其直賑之。戊午，太陰犯井。庚申，以武岡、寶慶二路荐經寇亂，免今年酒稅課及前歲逋租。辛酉，從行泉府司沙不丁、烏馬兒請，置鎭撫司、海船千戶所、市舶提舉司。省平陽投下總管府入平陽路，雜造提舉司入雜造總管府。桑哥言：「自至元丙子置應昌和糴所，其間必多盜詐，宜加鉤考。扈從之臣，種地極多，宜依軍站例，除四頃之外，驗畝征租。」並從之。癸亥，渾河決，發軍築堤捍之。乙丑，廣東賊董賢舉等七人皆稱大老，聚衆反，剽掠吉、贛、瑞、撫、龍興、南安、韶、雄、汀諸郡，連歲擊之不能平，江西行樞密院副使月的米失請益兵，江西行省平章忽都鐵木兒亦以地廣兵寡爲言，詔江淮省分萬戶一軍詣江西，俟賊平還翼。戊辰，浚怯烈河以溉口溫腦兒黃土山民田。庚午，立弘吉剌站。癸酉，尙書省臣言：「近以江淮饑，命行省賑之，吏與富民因緣爲姦，多不及於貧者。今杭、蘇、湖、秀四州復大水，民鬻妻女易食，請輟上供米二十萬石，審其貧者賑之。」帝是其言。甲戌，萬安寺成，佛像及窗壁皆金飾之，凡費金五百四十兩有奇、水銀二百四十斤。遼陽省新附軍逃還各衞者，令助造尙書省，仍命分道招集之。增立直沽海運米倉。命征交趾諸軍還家休息一歲。敕緬中行省，比到緬中，一禀雲南王節制。庚辰，安南國王陳日烜遣中大夫陳克用來貢方物。賜諸王小薛金百兩、銀萬兩、鈔千錠及幣帛有差。辛巳，賜諸王阿赤吉金二百兩、銀二萬二千五百兩、鈔九千錠及紗羅絹布有差。命甘肅行省發新附軍三百人屯田亦集乃，陝西省督鞏昌兵五千人屯田六盤山。癸未，雲南省右丞愛魯上言：「自發中慶，經羅羅、白衣入交趾，往返三十八戰，斬首不可勝計，將士自都元帥以下獲功者四百七十四人。」甲申，詔皇孫撫諸軍討叛王火魯火孫、合丹禿魯干。

五月丙戌，敕武平路括馬千匹。戊子，諸王察合子闊闊帶叛，床兀兒執之以來。己丑，汴梁大霖雨，河決襄邑，漂麥禾。以左右怯薛衞士及漢軍五千三百人從皇孫北征。甲午，發五衞漢兵五千人北征。乙未，桑哥言：「中統鈔行垂三十年，省官皆不知其數，今已更用至元鈔，宜差官分道置局鈎考中統鈔本。」從之。丙申，賜諸王八八金百兩、銀萬兩、金素段五百、紗羅絹布等四千五百。兀馬兒來獻璞玉。丁酉，平江水，免所負酒課。減米價，賑京師。改雲南烏撒宣撫司爲宣慰司，兼管軍萬戶府。戊戌，復蘆臺、越支、三叉沽三鹽使司。王家奴、火魯忽帶、察罕復舉兵反。己亥，雲南行省言：「金沙江西通安等五城，宜依舊隸察罕章宣撫司，金沙江東永寧等處五城宜廢，以北勝施州爲北勝府。」從之。壬寅，渾天儀成。運米十五萬石詣懿州餉軍及賑饑民。乙巳，罷興州採蜜提舉司。營上都城內倉。丁未，奉安神主于太廟。戊申，太白犯畢。賜拔都不倫金百五十兩、銀萬五千兩及幣帛紗羅等萬匹。辛亥，孟州烏河川雨雹五寸，大者如拳。癸丑，詔湖廣省管内並聽平章政事禿滿、要束木節制。遷四川省治重慶，復遷宣慰司於成都。高麗遣使來貢方物。詔四川管内並聽行尚書省節制。河決汴梁，太康、通許、杞三縣，陳、潁二州皆被害。

六月甲寅〔朔〕，以新附軍修尚食局。庚申，賑諸王答兒伯部曲之饑者及桂陽路饑民。辛酉，禁上都、桓州、應昌、隆興酒。壬戌，賜諸王朮伯金銀皆二百五十兩、幣帛紗羅萬匹。乙丑，詔蒙古人總漢軍，閱習水戰。丁卯，又賜諸王朮伯銀二萬五千兩、幣帛紗羅萬匹。復立咸平至建州四驛。以延安屯田總管府復隸安西省。戊辰，海都將暗伯、著暖以兵犯業里干腦兒，管軍元帥阿里帶戰却之。壬申，睢陽霖雨，河溢害稼，免其租千六十石有奇。命諸王怯憐口及扈從臣，轉米以饋將士之從皇孫者。太醫院、光祿寺、儀鳳〔寺〕〔司〕、〔六〕侍儀司、拱衞司，皆毋隸宣徽院。罷教坊司入拱衞司。癸酉，詔加封南海明著天妃爲廣祐明著天妃。甲戌，太白犯井。改西南番總管府爲永寧路。乙亥，以考城、陳留、通許、杞、太康五縣大水及河溢沒民田，蠲其租萬五千三百石。丙子，給兵五十人衞浙西宣慰使史弼，使任治盜之責。丁丑，太陰犯歲星。發兵千五百人詣漢北浚井。〔七〕癸未，處州賊柳世英寇靑田、麗水等縣，浙東道宣慰副使史耀討平之。資國、富昌等一十六屯雨水、蝗害稼。

秋七月甲申朔，復葺輿、靈二州倉，始命昔寶赤、合刺赤、貴由赤、左右衞士轉米輸之，委省官督運，以備賑給。丙戌，眞定、汴梁路蝗。運大同、太原諸倉米至新城，爲邊地之儲。以南安、瑞、贛三路連歲盜起，民多失業，免逋稅萬二千六百石有奇。弛寧夏酒禁。發大同路粟賑流民。保定路霖雨害稼，蠲今歲田租。改儲偫所爲提舉司。敕征交趾兵官還家休息一歲。壬辰，遣必闍赤以鈔五千錠往應昌和糴軍儲。改會同館爲四賓庫。戊戌，駐蹕許泥百牙之地。同知江西行樞密院事月的迷失上言：「近以盜起廣東，分江西、江淮、福建三省兵萬人令臣將之討賊。臣願萬人內得蒙古軍三百，并臣所籍降戶萬人，置萬戶府，以撒木合兒爲達路花赤，佩虎符。」詔許之。以（沘）〔沐〕川等五寨割隸嘉定者，〔八〕還隸馬湖蠻部總管府。己亥，熒惑犯氐。庚子，太白犯鬼。膠州連歲大水，民採橡而食，命減價糶米以賑之。霸、漷二州霖雨害稼，免其今年田租。乙巳，太陰掩畢。諸王也眞部曲饑，分五千戶就食濟南。保定路唐縣野蠶繭絲可爲帛。壬子，命斡端戍兵三百一十人屯田。命六衞造兵器。

八月癸丑〔朔〕，諸王也眞言：「臣近將濟寧投下蒙古軍東征，其家皆乏食，願賜濟南路歲賦銀，使易米而食。」詔遼陽省給米萬石賑之。丙辰，熒惑犯房。袁之萍鄉縣進嘉禾。詔安童以本部怯薛蒙古軍三百人北征。己未，太白犯軒轅大星。辛酉，免江州學田租。癸亥，尚書省成。壬申，安西省管內大饑，蠲其田租二萬一千五百石有奇，仍貸粟賑之。癸酉，以河間等路鹽運司兼管順德、廣平、綦陽三鐵冶。丙子，發米三千石賑滅吉兒帶所部饑民。趙、晉、冀三州蝗。丁丑，嘉祥、魚臺、金鄉三縣霖雨害稼，蠲其租五千石。庚辰，車駕次孛羅海腦兒。以咸平荐經兵亂，發瀋州倉賑之。分萬億庫爲寶源、賦源、綺源、廣源四庫。

九月癸未朔，熒惑犯天江。大駕次野狐嶺。甘州旱饑，免逋稅四千四百石。丙戌，置汀、梅二州驛。己丑，獻、莫二州霖雨害稼，免田租八百餘石。壬辰，大駕至大都。乙未，罷檀州淘金戶。都哇犯邊。庚子，太陰犯畢。鬼國、建都皆遣使來貢方物。從桑哥請，營五庫禁中以貯幣帛。癸卯，熒惑犯南斗。命忽都忽民戶履地輸稅。尙書省臣言：「自立尙書省，凡倉庫諸司無不鈎考，宜置徵理司，秩正三品，專治合追財穀，以甘肅等處行尙書省參政禿烈羊呵、僉省吳誠並爲徵理使。」從之。陞寶鈔總庫、永盈庫並爲從五品。改八作司爲提舉八作司，秩正六品。增元寶、永豐及八作司官吏俸。庚戌，太醫院新編本草成。

冬十月己未，享于太廟。庚申，從桑哥請，以省、院、臺官十二人理算江淮、江西、福建、四川、甘肅、安西六省錢穀，給兵使以爲衞。烏思藏宣慰使軟奴汪朮嘗賑其管內兵站饑戶，桑哥請賞之，賜銀二千五百兩。甲子，置虎賁司，復改爲武衞司。丙寅，賜瀛國公趙㬎鈔百錠。以甘州轉運司隸都省。湖廣省言：「左、右江口溪洞蠻獠，置四總管府，統州、縣、洞百六十，而所調官畏憚瘴癘，多不敢赴，請以漢人爲達魯花赤，軍官爲民職，雜土人用之。」就擬夾谷三合等七十四人以聞，從之。大同民李伯祥、蘇永福八人，以謀逆伏誅。庚午，海都犯邊。桑哥請明年海道漕運江南米須及百萬石。又言：「安山至臨淸，爲渠二百六十五里。若開浚之，爲工三百萬，當用鈔三萬錠、米四萬石、鹽五萬斤。其陸運夫萬三千戶復罷爲民，其賦入及芻粟之估爲鈔二萬八千錠，費略相當，然渠成亦萬世之利。請以今冬備糧費，來春浚之。」制可。丙子，始造鐵羅圈甲。瀛國公趙㬎學佛法于土番。己卯，也不干入寇，不都馬失引兵奮擊之。塔不帶反，忽剌忽、阿塔海等戰却之。詔免儒戶雜徭。尙書省臣請令集賢院諸司，分道鈎考江南郡學田所入羨餘，貯之集賢院，以給多才藝者，從之。給倉官俸。高麗遣使來貢方物。

十一月壬午〔朔〕，鞏昌路荐饑，免田租之半，仍以鈔三千錠賑其貧者。以忽撒馬丁爲管領甘肅陝西等處屯田等戶達魯花赤，督斡端、可失合兒工匠千五十戶屯田。丁亥，金齒遣使貢方物。以山東東西道提刑按察使何榮祖爲中書省參知政事。修國子監以居胄子。禁有分地臣私役富室爲柴米戶及賦外雜徭。柳州民黃德淸叛，潮州民蔡猛等拒殺官軍，並伏誅。庚寅，牀哥里合引兵犯建州，殺三百餘人，咸平大震。辛卯，兀良合饑民多殍死，給三月糧。壬辰，罷建昌路屯田總管府。癸巳，賜諸王也里(千)〔干〕金五十兩、〔九〕銀五千兩、鈔千錠、幣帛紗羅等二千匹。也速帶兒、牙林海剌孫執揑坤、忽都答兒兩叛王以歸。甲午，北兵犯邊。詔福建省管内並聽行尚書省節制。丙申，合迷裏民饑，種不入土，命愛牙赤以屯田餘糧給之。己亥，命李思衍爲禮部侍郎，充國信使，以萬奴爲兵部郎中副之，同使安南，詔諭陳日烜親身入朝，否則必再加兵。大都民史吉等請立桑哥德政碑，從之。辛丑，馬八兒國遣使來朝。帖列滅入寇。甲辰，以鞏昌便宜都總帥府統五十餘城兵民事繁，改爲宣慰使司，兼便宜都總帥府。改釋敎總制院爲宣政院，秩從一品，印用三臺，以尚書右丞相桑哥兼宣政使。庚戌，益咸平府戍兵三百。

十二月乙卯，賜按答兒秃等金千二百五十兩、銀十二萬五千兩、鈔二萬五千錠、幣帛布氎布二萬三千六百六十六匹。命上都募人運米萬石赴和林，應昌府運米三萬石給弘吉剌軍。丁巳，海都兵犯邊，拔都也孫脱迎擊，死之。先是，安童將兵臨邊，爲失里吉所執，一軍皆沒。至是八鄰來歸，從者凡三百九十人，賜鈔萬二千五百一十三錠。辛酉，太陰犯畢。癸亥，置大都等路打捕民匠等戶總管府。甲子，太陰犯井。辛未，桑哥言：「有分地之臣，例以貧乏爲辭，希覬賜與。財非天墜地出，皆取於民，苟不愼其出入，恐國用不足。」帝曰：「自今不當給者汝卽畫之，當給者宜覆奏，朕自處之。」甲戌，太陰犯亢，熒惑犯壘壁陣。安西王阿難答來告兵士饑，且闕橐駝，詔給米六千石及橐駝百。乙亥，湖頭賊張治囝掠泉州，免泉州今歲田租。丙子，也速不花以昔列門叛。甘肅行省官約諸王八八、拜答罕、駙馬昌吉，合兵討之，皆自縛請罪。獨昔列門以其屬西走，追至朶郎不帶之地，邀而獲之，以歸于京師。庚辰，六衞屯田饑，給更休三千人六十日糧。高麗國王遣使來貢方物。賜諸王愛牙合赤等，金千兩、銀一萬八千三百六十兩、絲萬兩、綿八萬三千二百兩、金素幣一千二百匹、絹五千九十八匹。賜皇子愛牙赤部曲等，羊馬鈔二十九萬百四十七錠、馬二萬六千九百一十四、羊十萬二百一十、駝八、牛九百。賙諸王貧乏者，鈔二十一萬六百錠、馬六千七百二十五、羊一萬二千八百五十七、牛四十。賜妻子家貲沒于寇者，鈔三萬二千八百八十錠、馬羊百。償以羊馬諸物供軍者，鈔千六百七十四錠、馬四千三百二十五、羊三萬四千百九十九、駝七十二、牛三十。賞自寇中拔歸者，鈔四千七十八錠。因雨雹、河溢害稼，除民租二萬二千八百石。命亦思廉等七百餘人作佛事坐靜于玉塔殿、寢殿、萬壽山、護國仁王等寺凡五十四會。命天師張宗演設醮三日。以光祿寺直隸都省。置醴源倉，分太倉之麴米藥物隸焉。以滄州之軍營城爲滄溟縣，以施州之淸江縣隸夔路總管府。罷安和署。大司農言耕曠地三千五百七十頃。立學校二萬四千四百餘所。積義糧三十一萬五千五百餘石。斷死罪九十五人。

二十六年春正月丙戌，地震。詔江淮省忙兀帶與不魯迷失海牙及月的迷失合兵進討羣盜之未平者。己丑，發兵塞沙陀閘、鐵烈兒河。辛卯，拔都不倫言其民千一百五十八戶貧乏，賜銀十萬五千一百五十兩。徙江州都轉運使司治龍興。沙不丁上市舶司歲輸珠四百斤、金三千四百兩，詔貯之以待貧乏者。合丹入寇。戊戌，以荆湖占城省左丞唐兀帶副按的忽都合爲蒙古都萬戶，統兵會江淮、福建二省及月的迷失兵，討盜于江西。蠲漳、汀二州田租。辛丑，遣使代祀岳、瀆、后土、東南海。立武衞親軍都指揮使司，以侍衞軍六千、屯田軍三千、江南鎭守軍一千，合兵一萬隸焉。太陰犯氐。壬寅，海船萬戶府言：「山東宣慰使樂實所運江南米，陸負至淮安，易閘者七，然後入海，歲止二十萬石。若由江陰入江至直沽倉，民無陸負之苦，且米石省運估八貫有奇。乞罷膠萊海道運糧萬戶府，而以漕事責臣，當歲運三十萬石。」詔許之。癸卯，高麗遣使來貢方物。賊鍾明亮寇贛州，掠寧都，據秀嶺，詔發江淮省及鄰郡戍兵五千，遷江西省參政管如德爲左丞，使將兵往討。畬民丘大老集衆千人寇長泰縣，福州達魯花赤脫歡同漳州路總管高傑討平之。甲辰，復立光祿寺。戊申，徙廣州按察司於韶州。以荆南按察司所統遼遠，割三路入淮西，二路入江西。立咸平至聶延驛十五所。廢甘州路宣課提舉司入寧夏都轉運使司。遣參知政事張守智、翰林直學士李天英使高麗，督助征日本糧。

二月辛亥朔，詔籍江南戶口，凡北方諸色人寓居者亦就籍之。濬滄州御河。癸丑，愛牙合赤請以所部軍屯田咸平、懿州，以省糧餉。己未，發和林糧千石賑諸王火你赤部曲。置延禧司，秩正三品。壬戌，合木里饑，命甘肅省發米千石賑之。癸亥，詔立崇福司，爲從二品。徙江淮省治杭州。改浙西道宣慰司爲淮東道宣慰司，治揚州。丙寅，尚書省臣言：「行泉府所統海船萬五千艘，以新附人駕之，緩急殊不可用。宜招集乃顏及勝納合兒流散戶爲軍，自泉州至杭州立海站十五，站置船五艘、水軍二百，專運番夷貢物及商販奇貨，且防禦海道，爲便。」從之。命福建行省拜降、江西行院月的迷失、江淮行省忙兀帶，合兵擊賊江西。大都路總管府判官蕭儀嘗爲桑哥掾，坐受賕事覺，帝貸其死，欲徙爲淘金。桑哥以儀嘗鉤考萬億庫，有追錢之能，足贖其死，宜解職杖遣之，帝曲從之。丁卯，幸上都。以中書右丞相伯顏知樞密院事，將北邊諸軍。成都管軍萬戶劉德祿上言，願以兵五千人招降八番蠻夷，因以進取交趾。樞密院請立元帥府，以藥剌罕及德祿並爲都元帥，分四川軍萬人隸之，帝從之。以伯答兒爲中書平章政事。紹興大水，免未輸田租。合丹兵寇胡魯口，開元路治中兀顏牙兀格戰連日，破之。己巳，立左右翼屯田萬戶府，秩從三品。玉呂魯奏，江南盜賊凡四百餘處，宜選將討之。帝曰：「月的迷失屢以捷聞，忙兀帶已往，卿無以爲慮。」皇孫甘不剌所部軍乏食，發大同路榷場糧賑之。甲戌，命鞏昌便宜都總帥汪惟和將所部軍萬人北征，令過闕受命。乙亥，省屯田六署爲營田提舉司。

三月庚辰朔，日有食之。台州賊楊鎭龍聚衆寧海，僭稱大興國，寇東陽、義烏，浙東大震。諸王瓮吉帶時謫婺州，帥兵討平之。立雲南屯田，以供軍儲。桑哥言：「省部成案皆財穀事，當令監察御史卽省部稽照，書姓名於卷末，仍命侍御史堅童視之，失則連坐。」從之。安西饑，減估糶米二萬石。甘州饑，發鈔萬錠賑之。己丑，賜陝西屯田總管府農器種粒。癸巳，東流縣獻芝。甲午，太陰犯亢。乙未，鑄渾天儀成。癸巳，〔一〇〕金齒人塞完以其民二十萬一千戶有奇來歸，仍進象三。

夏四月己酉〔朔〕，復立營田司于寧夏府。遼陽省管內饑，貸高麗米六萬石以賑之。壬子，孛羅帶上別十八里招集戶數，令甘肅省賑之。癸丑，命塔海發忽都不花等所部軍，屯狗站北以禦寇。寶慶路饑，下其估糶米萬一千石。丙辰，命甘肅行省給合的所部饑者粟。丁巳，遣官驗視諸王按灰貧民，給以糧。戊午，禁江南民挾弓矢，犯者籍而爲兵。置江西福建打捕鷹坊總管府，福建轉運司及管軍總管言其非宜，詔罷之。省江淮屯田打捕提舉司七所，存者徐邳、海州、揚州、兩淮、淮安、高郵、昭信、安豐、鎭巢、蘄黃、魚網、石湫，猶十二所。甲子，池州貴池縣民王勉進紫芝十二本。戊辰，安南國王陳日烜遣其中大夫陳克用等來貢方物。己巳，乞兒乞思戶居和林，驗其貧者賑之。庚午，沙河決，發民築堤以障之。癸酉，以高麗國多產銀，遣工卽其地，發旁近民冶以輸官。以萊蕪鐵冶提舉司隸山東鹽運司。

甲戌，以御史大夫玉呂魯爲太傅，加開府儀同三司，僉江西等處行尚書省事。召江淮行省參知政事忻都赴闕，以戶部尚書王巨濟專理算江淮省，左丞相忙兀帶總之。置浙東、江東、江西、湖廣、福建木綿提舉司，責民歲輸木綿十萬匹，以都提舉司總之。罷皇孫按攤不花所設斷事官也先，仍收其印。尚書省臣言：「鞏昌便宜都總帥府已陞爲宣慰使司，乞以舊兼府事別立散府，調官分治。」從之。立諸王愛牙赤投下人匠提舉司於益都。併省雲南大理、中慶等路州縣。丁丑，陞市令司爲從五品。改大都路甲匠總管府爲軍器人匠都總管府。尚書省臣言：「乃顏以反誅，其人戶月給米萬七千五百二十三石，父母妻子俱在北方，恐生它志，請徙置江南，充沙不丁所請海船水軍。」從之。

五月庚辰，發武衞親軍千人濬河西務至通州漕渠。癸未，移諸王小薛饑民就食汴梁。發大同、宣德等路民築倉於昂兀剌。壬辰，太白犯鬼。軟奴(玉)〔王〕朮私以金銀器皿給諸王出伯、合班等，〔一〕且供饋有勞，命有司如數償之，復賞銀五萬兩、幣帛各二千匹。丙申，詔：「季陽、益都、淄萊三萬戶軍久戍廣東，疫死者衆，其令二年一更。」賊鍾明亮率衆萬八千五百七十三人來降。江淮、福建、江西三省所抽軍各還本翼。行御史臺復徙於揚州，浙西提刑按察司徙蘇州。以參知政事忻都爲尚書左丞，中書參知政事何榮祖爲參知政事，參議尚書省事張天祐爲中書參知政事。己亥，設回回國子學。陞利用監爲從三品。遼陽路饑，免往歲未輸田租。尙書省臣言：「括大同、平陽、太原無籍民及人奴爲良戶，略見成效。益都、濟南諸道，亦宜如之。」詔以農時民不可擾，俟秋冬行之。罷永盈庫，以所貯上供幣帛入太府監及萬億庫。辛丑，御河溢入會通渠，漂東昌民廬舍。以莊浪路去甘肅省遠，改隸安西省。省流江縣入渠州。泰安寺屯田大水，免今歲租。青山猫蠻以不莫臺、卑包等三十三寨相繼內附。

六月戊申朔，發侍衞軍二千人濬口溫腦兒河渠。己酉，鞏昌汪惟和言：「近括漢人兵器，臣管內已禁絕，自今臣凡用兵器，乞取之安西官庫。」帝曰：「汝家不與它漢人比，弓矢不汝禁也，任汝執之。」辛亥，詔以雲南行省地遠，州縣官多闕，六品以下，許本省選辟以聞。桂陽路寇亂水旱，下其估糶米八千七百二十石以賑之。己未，西番進黑豹。庚申，諸王乃蠻帶敗合丹兵於托吾兒河。丙寅，要忽兒犯邊。〔二〕辛巳，〔三〕詔遣尙書省斷事官禿烈羊呵理算雲南。復立雲南提刑按察司。月的迷失請以降賊鍾明亮爲循州知州，宋士賢爲梅州判官，丘應祥等十八人爲縣尹、巡尉，帝不允，令明亮、應祥並赴都。大都增設倒鈔庫三所。遼陽等路饑，免今歲差賦。移八八部曲饑者就食甘州。海都犯邊，和林宣慰使怯伯、同知乃滿帶、副使八黑鐵兒皆反應之。合剌赤饑，出粟四千三百二十八石有奇以賑之。甲戌，西南夷中下爛土等處洞長忽帶等以洞三百、寨百一十來歸，得戶二千餘。乙亥，金剛奴寇折連怯兒。立江淮等處財賦總管府，掌所籍宋謝太后貲產，隸中宮。丁丑，汲縣民朱良進紫芝。濟寧、東平、汴梁、濟南、棣州、順德、平灤、眞定霖雨害稼，免田租十萬五千七百四十九石。

秋七月戊寅朔，海都兵犯邊，帝親征。尙珍署屯田大水，從征者給其家。己卯，駙馬爪忽兒部曲饑，賑之。辛巳，兩淮屯田雨雹害稼，蠲今歲田租。雨壞都城，發兵、民各萬人完之。開安山渠成，河渠官禮部尙書張孔孫、兵部郎中李處選、員外郎馬之貞言：「開魏博之渠，通江淮之運，古所未有。」詔賜名會通河，置提舉司，職河渠事。甲申，四川山齊蠻民四寨五百五十戶內附。丙戌，命百官市馬助邊。敕以禿魯花及侍衞兵百人爲桑哥導從。丁亥，發至元鈔萬錠，市馬于燕南、山東、河南、太原、平陽、保定、河間、平灤。戊子，太白經天四十五日。庚寅，黃兀兒月良等驛乏食，以鈔賑之。辛卯，太陰犯牛。詔遣牙牙住僧詣江南搜訪術藝之士。發和林所屯乞兒乞思等軍北征。癸巳，平灤屯田霖雨損稼。甲午，御河溢。東平、濟寧、東昌、益都、眞定、廣平、歸德、汴梁、懷孟蝗。乙未，太陰犯歲星。丁酉，命遼陽行省益兵戍咸平、懿州。戊戌，誅信州叛賊鮑惠日等三十三人。(右)〔左〕丞李庭等北征。〔一四〕辛丑，發侍衞親軍萬人赴上都。河間大水害稼。壬寅，賦百官家，製戰襖。癸卯，沙河溢。鐵燈杆堤決。

八月壬子，霸州大水，民乏食，下其估糴直沽倉米五千石。乙卯，郴之宜章縣爲廣東寇所掠，免今歲田租。辛酉，大都路霖雨害稼，免今歲租賦，仍減價糶諸路倉糧。壬戌，灤州饑，發河西務米二千石，減其價賑糶之。癸亥，諸王鐵失、孛羅帶所部皆饑，敕上都留守司、遼陽省發粟賑之。甲子，月的迷失以鍾明亮貢物來獻。辛未，歲星晝見。癸酉，以八番羅甸宣慰使司隸四川省。台、婺二州饑，免今歲田租。甲戌，詔兩淮、兩浙都轉運使司及江西榷茶都轉運司諸人，毋得沮辦課。改四川金竹寨爲金竹府。徙浙東道提刑按察司治婺州，河東山西道提刑按察司治太原，宣慰司治大同。

九月戊寅，歲星犯井。己卯，置高麗國儒學提舉司，從五品。丙戌，罷濟州泗汶漕運使司。丁亥，罷斡端宣慰使元帥府。癸巳，以京師糴貴，禁有司拘顧商車。乙未，太陰犯畢。丙申，熒惑犯太微西垣上將。增浙東道宣慰使一員。江淮省平章沙不丁言：「提調錢穀，積怨於衆，乞如要束木例，撥戍兵三百人爲衞。」從之。平灤、昌國等屯田霖雨害稼。甲辰，以保定、新城、定興屯田糧賑其戶饑貧者。乙巳，詔福建省及諸司毋沮擾魏天祐銀課。

冬十月癸丑，營田提舉司水害稼。太陰犯牛宿距星。甲寅，熒惑犯右執法。以駝運大都米五百石有奇給皇子北安王等部曲。乙卯，以八番、羅甸隸湖廣省。丙辰，禁內外百官受人饋酒食者，沒其家貲之半。甲子，享于太廟。己巳，赤那主里合花山城置站一所。癸酉，尚書省臣言：「沙不丁以便宜增置浙東二鹽司，合浙東、西舊所立者爲七，乞官知鹽法者五十六人。」從之。平灤水害稼。以平灤、河間、保定等路饑，弛河泊之禁。

閏十月戊寅，車駕還大都。尚書省臣言：「南北鹽均以四百斤爲引，今權豪家多取至七百斤，莫若先貯鹽於席，來則授之，爲便。」從之。庚辰，桑哥言：「初改至元鈔，欲盡收中統鈔，故令天下鹽課以中統、至元鈔相半輸官。今中統鈔尚未可急斂，宜令稅賦並輸至元鈔，商販有中統料鈔，聽易至元鈔以行，然後中統鈔可盡。」從之。月的迷失以首賊丘應祥、董賢舉歸于京師。癸未，命遼陽行省給諸王乃蠻帶民戶乏食者。乙酉，命自今所授宣敕並付尚書省。通州河西務饑，民有鬻子、去之他州者，發米賑之。丙戌，西南夷生番心樓等八族計千二百六十戶內附。廣東賊鍾明亮復反，以衆萬人寇梅州，江羅等以八千人寇漳州，又韶、雄諸賊二十餘處皆舉兵應之，聲勢張甚。詔月的迷失復與福建、江西省合兵討之，且諭旨月的迷失：「鍾明亮既降，朕令汝遣之赴闕，而汝玩常不發，致有是變。自今降賊，其即遣之。」丁亥，安南國王陳日烜遣使來貢方物。左、右衞屯田新附軍以大水傷稼乏食，發米萬四百石賑之。辰星犯房。己丑，太陰犯畢，熒惑犯進賢。庚寅，江西宣慰使胡頤孫援沙不丁例，請至元鈔千錠爲行泉府司，歲輸珍異物爲息，從之。以胡頤孫遙授行尚書省參政、泉府大卿、行泉府司事。詔籍江南及四川戶口。丙申，寶坻屯田大水害稼。河南宣慰司請給管內河間、眞定等路流民六十日糧，遣還其土，從之。婺州賊葉萬五以衆萬人寇武義縣，殺千戶一人，江淮省平章不鄰吉帶將兵討之。遣使鈎考大同錢穀及區別給糧人戶。庚子，取石泗濱爲磬，以補宮縣之樂。辛丑，羅斛、女人二國遣使來貢方物。癸卯，禁殺羔羊。浙西宣慰使史弼請討浙東賊，以爲浙東道宣慰使，位合剌帶上。甲辰，武平路饑，發常平倉米萬五千石。賑保定等屯田戶饑，給九十日糧。檀州饑民劉德成犯獵禁，詔釋之。湖廣省臣言：「近招降贛州賊胡海等，令將其衆屯田自給，今過耕時，不恤之，恐生變。」命贛州路發米千八百九十石賑之。丙午，〔一五〕緬國遣委馬剌菩提班的等來貢方物。

十一月丙午朔，回回、昔寶赤百八十六戶居汴梁者，申命宣慰司給其田。丁未，禁江南、北權要之家毋沮鹽法。戊申，敕尙書省發倉賑大都饑民。壬子，漳州賊陳機察等八千人寇龍（巖）〔巖〕，〔一六〕執千戶張武義，與楓林賊合。福建行省兵大破之。陳機察、丘大老、張順等以其黨降，行省請斬之以警衆，事下樞密院議。范文虎曰：「賊固當斬，然旣降乃殺之，何以示信？宜並遣赴闕。」從之。癸丑，建寧賊黃華弟福，結陸廣、馬勝復謀亂，事覺皆論誅。甲寅，瓜、沙二州城壞，詔發軍民修完之。丙辰，罷阿你哥所領采石提舉司。發米五百八十七石給昔寶赤五百七十八人之乏食者。丁巳，平灤、昌國屯戶饑，賑米千六百五十六石。改播州爲播南路。丁卯，詔山東東路毋得沮淘金。賑文安縣饑民。陝西鳳翔屯田大水。戊辰，太陰犯亢。己巳，發米千石賑平灤饑民。改平恩鎭爲丘縣。武平路饑，免今歲田租。桓州等驛饑，以鈔給之。

十二月丁丑，蠡州饑，發義倉糧賑之。戊寅，罷平州望都、榛子二驛，放其戶爲民。辛巳，詔括天下馬。一品、二品官許乘五匹，三品三匹，四品、五品二匹，六品以下皆一匹。平灤大水傷稼，免其租。小薛坐與合丹禿魯干通謀叛，伏誅。紹興路總管府判官白絜矩言：「宋趙氏族人散居江南，百姓敬之不衰，久而非便，宜悉徙京師。」桑哥以聞，請擢絜矩爲尙書省舍人，從之。給玉呂魯所招集戶五百人九十日糧。徙瓮吉剌民戶貧乏者就食六盤。乙酉，命四川蒙古都萬戶也速帶選所部軍萬人西征。太白犯南斗。丁亥，封皇子闊闊出爲寧遠王。河間、保定二路饑，發義倉糧賑之，仍免今歲田租。木鄰站經亂乏食，給九十日糧。命回回司天臺祭熒惑。庚寅，禿木合之地霜殺稼，禿魯花之地饑，給九十日糧。甲午，以官軍萬戶汪惟能爲征西都元帥，〔一七〕將所部軍入漠，其先戍漠兵無令還翼。乙未，鐲大名、清豐逋租八百四十石。命甘肅行省賑千戶也先所部人戶之饑者。給鈔賑黃兀兒月良站人戶。庚子，武平饑，以糧二萬三千六百石賑之。伯顏遣使來言邊民乏食，詔賜網罟，使取魚自給。拔都昔剌所部阿速戶饑，出粟七千四百七十石賑之。癸卯，發麥賑廣濟署饑民。

是歲，馬八兒國進花驢二。寧州民張世安進嘉禾二本。詔天下梵寺所貯藏經，集僧看誦，仍給所費，俾爲歲例。幸大聖壽萬安寺，置旃檀佛像，命帝師及西僧作佛事坐靜二十會。免災傷田租：眞定三萬五千石，濟寧二千一百五十四石，東平一百四十七石，大名九百二十二石，汴梁萬三千九十七石，冠州二十七石。賜諸王、公主、駙馬如歲例，爲金二千兩、銀二十五萬二千六百三十兩、鈔一十一萬二百九十錠、幣十二萬二千八百匹。斷死罪五十九人。

校勘記

〔一〕詔以忙兀帶爲(右)〔左〕丞相　按上文至元二十二年十月戊午條及下文至元二十六年四月甲戌條皆作「左丞相」，據改。續編已校。

〔二〕(京)〔荆〕南　按元無「京南」之稱，下文至元二十六年正月戊申條有「荆南按察司」，據改。道光本已校。

〔三〕王(晧)〔瞎〕　見卷九校勘記〔九〕。

〔四〕死事者增散官　「增」疑誤，續通鑑改「增」爲「贈」，於文義爲長。

〔五〕(濰)〔睢〕寧　據本書卷五九地理志改。

〔六〕儀鳳（寺）〔司〕　按上文中統元年十二月乙巳、至元二十一年十二月辛亥條及本書祭祀志、選舉志、百官志皆作「儀鳳司」，據改。本證已校。

〔七〕詣漢北浚井　按「漠北」一名本書屢見，「漢北」則無此稱，蒙史改「漢」作「漠」，疑是。

〔八〕（沭）〔沐〕川　從北監本改。

〔九〕也里（千）〔干〕　據上文至元二十年正月己巳條及本書卷一〇七宗室世系表改。

〔一〇〕癸巳　按是月庚辰朔，癸巳爲十四日，已見於己丑初十日與甲午十五日間。此重出之「癸巳」，疑爲癸卯二十四日或乙巳二十六日之誤。

〔一一〕軟奴（玉）〔王〕朮　據上文至元二十五年十月庚申條所見「軟奴汪朮」語音改。藏語「軟奴王朮」，意爲「自在童子」。

〔一二〕要忽兒　蒙史云：「要忽兒犯邊，卽藥不忽兒犯邊之誤脫。蓋海都之前鋒軍。」

〔一三〕辛巳　按是月戊申朔，無辛巳日。此「辛巳」在丙寅十九日與甲戌二十七日間，疑爲己巳二十二日或辛未二十四日之誤。

〔一四〕（右）〔左〕丞李庭　按上文至元二十五年三月庚寅條及本書卷一六二本傳均作「左丞」，據改。本證已校。

〔一五〕丙午　按是月丁丑朔，小盡，無丙午日。丙午爲次月十一月朔日，此誤。

〔一六〕龍（巖）〔巖〕 從北監本改。

〔一七〕官軍萬戶 按「管軍萬戶」本書屢見，疑此處「官」爲「管」之誤。

元史卷十六

本紀第十六

世祖十三

二十七年春正月戊申，改大都路總管府爲都總管府。庚戌，太白犯牛。改儲偫提舉司爲軍儲所，秩從三品。以河東山西道宣慰使阿里火者爲尚書右丞，宣慰使如故。癸丑，太陰犯井。敕從臣子弟入國子學。安南國王陳日烜遣其中大夫陳克用來貢方物。乙卯，造祀天幄殿。高麗國王王（睶）〔賰〕遣使來貢方物。〔一〕丁巳，遣使代祀岳、瀆、海神、后土。戊午，遼陽自乃顏之叛，民甚疲敝，發鈔五千八十錠賑之。己未，賜鎮遠王牙忽都、靖遠王合帶塗金銀印各一。章吉寇甘木里，諸王朮伯、拜答寒、亦憐眞擊走之。庚申，賑馬站戶饑。給滕竭兒回回屯田三千戶牛、種。辛酉，營懿州倉。壬戌，造長甲給北征軍。乙丑，伸思、八兒朮答兒、移剌四十、石抹蠻忒四人，以謀不軌伏誅。丙寅，合丹餘寇未平，命高麗國發耽羅戍兵千人討之。賜河西質子軍五百人馬。丁卯，熒惑犯房。高麗國王王（睶）〔賰〕言：「臣昔宿衞京師，遭林衍之叛，國內大亂，高麗民居大同者皆籍之，臣願復以還高麗爲民。」從之。己巳，改西南番總管府爲永寧路。辛未，賜也速帶兒所部萬人鈔萬錠。豐閏署田戶饑，給六十日糧。無爲路大水，免今年田租。癸酉，忻都所部別笳兒田戶饑，給九十日糧。降臨淮府爲盱眙縣，隸泗州。復立興文署，掌經籍板及江南學田錢穀。合丹寇遼東海陽。

二月乙亥朔，立全羅州道萬戶府。江西諸郡盜未平，詔江淮行省分兵一千益之。命太僕寺毋隸宣徽院。丙子，新附屯田戶饑，給六十日糧。順州僧、道士四百九十一人饑，給九十日糧。戊寅，太陰犯畢。開元路寧遠等縣饑，民、站戶逃徙，發鈔二千錠賑之。播州安撫使楊漢英進雨氊千，駙馬鐵別赤進羅羅斯雨氊六十、刀五十、弓二十。己卯，興州興安饑，給九十日糧。庚辰，伯答罕民戶饑，給六十日糧。辛巳，括河間昔寶赤戶口。癸未，泉州地震。乙酉，賑新附民居昌平者。丙戌，改奉先縣爲房山縣。泉州地震。己丑，江西羣盜鍾明亮等復降，詔徙爲首者至京師，而給其餘黨糧。浙東諸郡饑，給糧九十日。庚寅，太陰犯亢。辛卯，復立南康、興國榷茶提舉司，秩從五品。發虎賁更休士二千人赴上都修城。河間路任丘饑，給九十日糧。癸巳，晉陵、無錫二縣霖雨害稼，並免其田租。江西賊華大老、黃大老等掠樂昌諸郡，行樞密院討平之。闊兀所部闌遺戶饑，給六十日糧。常寧州民遭羣盜之亂，免其田租。己亥，保定路定興饑，發粟五千二百六十四石賑之。辛丑，晙𣊬禾稼不登，給九十日糧。

三月乙巳，中山畋戶饑，給六十日糧。戊申，廣濟署饑，給粟二千二百五十石以爲種。壬子，熒惑犯鈎鈐。薊州漁陽等處稻戶饑，給三十日糧。戊午，出忙安倉米，賑燕八撒兒所屬四百二十人。己未，改雲南蒙憐甸爲蒙憐路軍民總管府，蒙萊甸爲蒙萊路。放罷福建獵戶、沙魚皮戶爲民，以其事付有司總之。發雲州民夫鑿銀洞。永昌站戶饑，賣子及奴產者甚衆，命甘肅省贖還，給米賑之。併福、泉二州人匠提舉司爲一，仍放無役者爲民。庚申，陞御史臺侍御史正四品，治書侍御史正五品，增蒙古經歷一員，從五品。罷行司農司及各道勸農營田司；增提刑按察司僉事二員，總勸農事。四川行省舊移重慶，成都之民苦於供給，詔復徙治成都。立江南營田提舉司，秩從五品，掌僧寺貲產。放壽、潁屯田軍千九百五十九戶爲民，撤江南戍兵代之。凡工匠隸呂合剌、阿尼哥、段貞無役者，皆區別爲民。詔風憲之選仍歸御史臺，如舊制。置金竹府大隘等四十二寨蠻夷長官。癸亥，建昌賊丘元等稱大老，集衆千餘人掠南豐諸郡，建昌副萬戶擒斬之。甲子，楊（震）〔鎭〕龍餘衆剽浙東。〔三〕總兵官討賊者，多俘掠良民，敕行御史臺分揀之，凡爲民者千六百九十五人。庚午，以建昌路廣昌縣經鍾明亮之亂，免其田租九千四百四十七石。辛未，太平縣賊葉大五集衆百餘人寇寧國，皆擒斬之。

夏四月癸酉朔，大駕幸上都。婺州螟害稼，雷雨大作，螟盡死。丙子，太陰犯井。辛巳，命大都路以粟六萬二千五百六十四石賑通州、河西務等處流民。芍陂屯田以霖雨河溢，害稼二萬二千四百八十畝有奇，免其租。癸未，罷海道運糧萬戶府。江淮行省言：「近朝廷遣白絜矩來，與沙不丁議，令發兼幷戶偕宋宗族赴京，人心必致動搖，江南之民方患增課、料民、括馬之苦，宜俟它日行之。」從之。阿速敦等二百九十五人乏食，命驗其實，給糧賑之。改利津海道運糧萬戶府爲臨淸御河運糧上萬戶府。諸王小薛部曲萬二千六十一戶饑，給六十日糧。發六衞漢軍萬人伐木爲修城具。甲申，以荐饑免今歲銀俸鈔，其在上都、大都、保定、河間、平灤者萬一百八十錠，在遼陽省者千三百四十八錠有奇。丙戌，遣桑吉剌失等詣馬八兒國訪求方伎士。壬辰，熒惑守氐十餘日。癸巳，河北十七郡蝗。千戶也先、小闊闊所部民及喜魯、不別等民戶並饑，敕河東諸郡量賑之。千戶也不干所部乏食，敕發粟賑之。太傅玉呂魯言：「招集斡者所屬亦乞烈，今已得六百二十一人，令與高麗民屯田，宜給其食。」敕遼陽行省驗實給之。平山、眞定、棗强三縣旱，靈壽、元氏二縣大雨雹，並免其租。丁酉，以鈔二千五百錠賑昌平至上都站戶貧乏者。定興站戶饑，給三十日糧。己亥，命考大都路貧病之民在籍者，二千八百三十七人，發粟二百石賑之。庚子，合丹復寇海陽。

復立安和署，從六品。

五月乙巳，罷秦王典藏司，收其印。括江南闌遺人雜畜、錢帛。合丹寇開元。戊申，江西行省管如德、江西行院月的迷失合兵討反寇鍾明亮，明亮降，詔縛致闕下，如德等留不遣，明亮復率衆寇贛州。樞密院以如德等違詔縱賊，請詰之，從之。詔罷江西行樞密院。庚戌，陝西南市屯田隕霜殺稼，免其租。壬子，賜諸王鐵木兒等軍一萬七百人糧，一人一從者五石，二人一從者七石五斗。丙辰，發粟賑御河船戶。敍州等處諸部蠻夷進雨氈八百。戊午，移江西行省於吉州，以便捕盜。尙書省遣人行視雲南銀洞，獲銀四千四十八兩。奏立銀場官，秩從七品。出魯等千一百一十五戶饑，給六十日糧。癸亥，敕：「諸王分地之民有訟，王傅與所置監郡同治，無監郡者王傅聽之。」平灤民萬五千四百六十五戶饑，賑粟五千石。徽州績溪賊胡發、饒必成伏誅。乙丑，太陰犯塡星。丙寅，罷奉宸庫。遷江西行尙書省參政楊文璨爲左丞，文璨踰歲不之官，詔以外剌帶代之。外剌帶至，文璨復署事，桑哥乃奏文璨陞右丞。江西行省言：「吉、贛、湖南、廣東、福建，以禁弓矢，賊益發，乞依內郡例，許尉兵持弓矢。」從之。己巳，立雲南行御史臺。命徹里鐵木兒所部女直、高麗、契丹、漢軍輸地稅外，並免他徭。江陰大水，免田租萬七百九十石。庚午，復置諸王也只里王傅，秩正四品。尙珍署廣備等屯大水，免其租。伯要民乏食，命撒的迷失以車五百輛運米千石賑之。婺州永康、東陽，處州縉雲賊呂重二、楊元六等反，浙東宣慰使史弼禽斬之。泉州南安賊陳七師反，討平之。括天下陰陽戶口，仍立各路教官，有精于藝者，歲貢各一人。

六月壬申朔，陞閬鹽州爲柏興府，降普樂州爲閬鹽縣，金州爲金縣。河溢太康，沒民田三十一萬九千八百餘畝，免其租八千九百二十八石。納鄰等站戶饑，給九十日糧。甲戌，桑州總管黃布蓬、那州長羅光寨、安郡州長閉光過率蠻民萬餘戶內附。丙子，放保定工匠楚通等三百四十一戶爲民。庚辰，從江淮行省請，陞廣濟庫爲提舉司，秩從五品。用江淮省平章沙不丁言，以參政王巨濟鈎考錢穀有能，賞鈔五百錠。繕寫金字藏經，凡糜金三千二百四十四兩。廣州增城、韶州樂昌以遭畬賊之亂，並免其田租。杭州賊唐珍等伏誅。己丑，熒惑犯房。辛卯，敕應昌府以米千二百石給諸王亦只里部曲。壬辰，別給江西行省印，以便分省討賊。泉州大水。丙申，發侍衛兵萬人完都城。丁酉，大司徒撒里蠻、翰林學士承旨兀魯帶進定宗實錄。己亥，棣州厭次、濟陽大風雹害稼，免其租。庚子，從江西省請，發各省戍兵討賊。辛丑，免河間、保定、平灤歲賦絲之半。懷孟路武陟縣、汴梁路祥符縣皆大水，蠲田租八千八百二十八石。

秋七月，終南等屯霖雨害稼萬九千六百餘畝，免其租。丙午，禁平地、忙安倉釀酒，犯者死。戊申，江西霖雨，贛、吉、袁、瑞、建昌、撫水皆溢，龍興城幾沒。癸丑，罷緬中行尙書省。

江淮省平章沙不丁，以倉庫官盜欺錢糧，請依宋法黥而斷其腕，帝曰：「此回回法也。」不允。免大都路歲賦絲。戊午，貴州猫蠻三十餘人作亂，劫順元路，入其城。遂攻阿牙寨，殺傷官吏，其衆遂盛。湖廣省檄八番蔡州、均州二萬戶府及八番羅甸宣慰司合兵討之。鳳翔屯田霖雨害稼，免其租。建平賊王靜照伏誅。辛酉，熒惑犯天江。壬申，〔三〕駐蹕老鼠山西。乙丑，蕪湖賊徐汝安、孫惟俊等伏誅。丙寅，雲南闍力白衣甸酋長凡十一甸內附。丁卯，用桑哥言，詔遣慶元路總管毛文豹搜括宋時民間金銀諸物，已而罷之。滄州樂陵旱，免田租三萬三百五十六石。江夏水溢，害稼六千四百七十餘畝，免其租。魏縣御河溢，害稼五千八百餘畝，免其租百七十五石。

八月辛未朔，日有食之。併廣東道眞陽、浛光二縣爲英德州。沁水溢，害冀氏民田，免其租。禁諸人毋沮平陽、太原、大同宣課。丁丑，廣州清遠大水，免其租。庚辰，免大都、平灤、河間、保定四路流民租賦及酒醋課。丁亥，復徙四川南道宣慰司于重慶府。以南安、贛、建昌、〔南〕豐州嘗罹鍾明亮之亂，〔四〕悉免其田租。癸巳，地大震，武平尤甚，壓死按察司官及總管府官王連等及民七千二百二十人，壞倉庫局四百八十間，民居不可勝計。己亥，帝聞武平地震，慮乃顏黨入寇，遣平章政事鐵木兒、樞密院官塔魯忽帶引兵五百人往視。

九月壬寅，河東山西道饑，勑宣慰使阿里火者炒米賑之。癸卯，歲星犯鬼。申嚴漢人田獵之禁。乙巳，禁諸王遣僧建寺擾民。敕河東山西道宣慰使阿里火者發大同鈔本二十萬錠，糴米賑饑民。平章政事闊里鐵木兒帥師與合丹戰于瓦法，大破之。丁未，御河決高唐，沒民田，命有司塞之。戊申，武平地震，盜賊乘隙剽劫，民愈憂恐。平章政事鐵木兒以便宜蠲租賦，罷商稅，弛酒禁，斬爲盜者；發鈔八百四十錠，轉海運米萬石以賑之。金竹府知府掃閭貢馬及雨氈，且言：「金竹府雖內附，蠻民多未服。近與趙堅招降竹古弄、古魯花等三十餘寨，乞立縣，設長官、總把，參用土人。」從之。己酉，福建省以管內盜賊蜂起，請益戍兵，命江淮省調下萬戶一軍赴之。發蒙古都萬戶府探馬赤軍五百人戍鄂州。辛亥，修東海廣德王廟。丙辰，赦天下。丁卯，命江淮行省鉤考行教坊司所總江南樂工租賦。置四巡檢司于宿遷之北。以所罷陸運夫爲兵，護送會通河上供之物，禁發民挽舟。

冬十月壬申，封皇孫甘麻剌爲梁王，賜金印，出鎭雲南。癸酉，享于太廟。甲戌，立會通汶泗河道提舉司，從四品。丁丑，尙書省臣言：「江陰、寧國等路大水，民流移者四十五萬八千四百七十八戶。」帝曰：「此亦何待上聞，當速賑之！」凡出粟五十八萬二千八百八十九石。己卯，增上都留守司副留守、判官各一員。從甘肅行省請，簽管內民千三百人爲兵，以戍其境。辛巳，太白犯斗。只深所部八魯剌思等饑，命寧夏路給米三千石賑之。禁大同路釀酒。乙酉，門答占自行御史臺入覲。梁洞梁宮朝、吳曲洞吳湯踐等凡二十洞，以二千餘戶內附。丁亥，賜北邊幣帛十萬匹。己丑，新作太廟登歌、宮懸樂。以昔寶赤歲取鷓鴣成都擾民，罷之。

十一月辛丑，廣濟署洪濟屯大水，免租萬三千一百四十一石。興、松二州隕霜殺禾，免其租。隆興苦鹽濼等驛饑，發鈔七千錠賑之。丁未，大同路蒙古多冒名支糧，置千戶、百戶十員，以達魯花赤總之，食糧戶以富爲貧者，籍家貲之半。戊申，太陰掩鎭星。桑哥言：「向奉詔，內外官受命不赴及受代官居五年不赴銓者，罷不復敍。臣謂苟無大故，不可終棄。」帝復允其請。江淮行省平章不憐吉帶言：「福建盜賊已平，惟浙東一道，地極邊惡，賊所巢穴。復還三萬戶，以合剌帶一軍戍沿海明、台，亦怯烈一軍戍溫、處，札忽帶一軍戍紹興、婺。其寧國、徽，初用土兵，後皆與賊通，今以高郵、泰兩萬戶漢軍易地而戍。揚州、建康、鎭江三城，跨據大江，人民繁會，置七萬戶府。杭州行省諸司府庫所在，置四萬戶府。水戰之法，舊止十所，今擇瀕海沿江要害二十二所，分兵閱習，伺察諸盜。錢塘控扼海口，舊置戰船二十艘，故海賊時出，奪船殺人，今增置戰船百艘、海船二十艘，故盜賊不敢發。」從之。庚戌，罷雲南會川路采碧甸子。甲寅，禁上都釀酒。乙卯，貴赤三百三十戶乏食，發粟賑之。己未，禁山後釀酒。庚申，賜伯顏所將兵，幣帛各萬三千四百匹、綿三千四百斤。辛酉，太陰掩左執法。隆興路隕霜殺稼，免其田租五千七百二十三石。壬戌，大司徒撒里蠻、翰林學士承旨兀魯帶進太宗實錄。癸亥，河決祥符義唐灣，太康、通許，陳、潁二州大被其患。甲子，御史臺言：「江南盜起，討賊官利其剽掠，復以生口充贈遺，請給還其家。」帝嘉納之。徙河北河南道提刑按察司治許州。罷大都東西二驛脫脫禾孫，以通政院總之。乙丑，易水溢，雄、莫、任丘、新安田廬漂沒無遺，命有司築堤障之。丙寅，括遼陽馬六千匹，擇肥者給闊里鐵木兒所部軍。丁卯，立新城榷場、平地脫脫禾孫。遣使鉤考延安屯田。降南雄州爲保昌縣，韶州爲曲江縣。

十二月辛未，以衞尉院爲太僕寺。戊寅，免大都、平灤、保定、河間自至元二十四年至二十六年逋租十三萬五百六十二石。己卯，命樞密院括江南民間兵器及將士習武，如戊子歲詔。甲申，遣兵部侍郎靳榮等閱實安西、鳳翔、延安三道軍戶，元籍四千外，復得三萬三千二百八十丁，樞密院欲以爲兵，桑哥不可，帝從之。丙戌，興化路仙游賊朱三十五集衆寇青山，萬戶李綱討平之。京兆省上屯田所出羊價鈔六百九錠，敕以賜札散、晤伯民貧乏者。辛卯，太陰犯亢。乙未，初，分萬億爲四庫，以金銀輸內府，至是，立提舉富寧庫，秩從五品，以掌之。大同路民多流移，免其田租二萬一千五百八石。洪贊、灤陽驛饑，給六十日糧。不耳答失所部滅乞里饑，給九十日糧。詔諸王乃蠻帶、遼陽行省平章政事薛闍干、右丞洪察忽，摘蒙古軍萬人分戍雙城及婆娑府諸城，以防合丹兵。己亥，省溧陽路爲縣，入建康。

湖廣省上二年宣課珠九萬五百一十五兩。處州青田賊劉甲乙等集衆萬餘人寇溫州平陽。是歲，賜諸王、公主、駙馬金、銀、鈔、幣如歲例。命帝師西僧遞作佛事坐靜于萬壽山厚載門、茶罕腦兒、聖壽萬安寺、桓州南屏庵、雙泉等所，凡七十二會。斷死罪七十二人。

二十八年春正月壬寅，太白、熒惑、鎭星聚奎。癸卯，給諸王愛牙赤印。命玄敎宗師張留孫置醮祠星三日。上都民仰食于官者衆，詔傭民運米十萬石致上都，官價石四十兩，命留守木八剌沙總其事。辛亥，罷汴梁至正陽、杞縣、睢州、中牟、鄭、唐、鄧十二站站戶爲民。癸丑，高麗國遣使來貢方物。丁巳，遣貴由赤四百人北征。辛酉，罷江淮漕運司，併於海船萬戶府，由海道漕運。併浙西金玉人匠提舉司入浙西道金玉人匠總管府。降無爲、和州二路、六安軍爲州，巢州爲縣，入無爲，並隸廬州路。升安豐府爲路，降壽春府、懷遠軍爲縣，懷遠入濠州，並隸安豐路。升各處行省理問所爲四品。免江淮貧民至元十二年至二十五年所逋田租二百九十七萬六千餘石，及二十六年未輸田租十三萬石、鈔千一百五十錠、絲五千四百斤、綿千四百三十餘斤。罷淘金提舉司。立江東兩浙都轉運使司。壬戌，以札散、禿禿合總兵于甕古之地，命有司供其軍需。敕大同路發米賑甕古饑民。尙書省臣桑哥等以罪罷。

二月辛未，賜也速帶兒所部兵驟馬萬匹。徙萬億庫金銀入禁中富寧庫。尙書省言：「大同仰食于官者七萬人，歲用米八十萬石，遣使覆驗，不當給者萬三千五百人，乞徵還官。」從之。癸酉，以隴西四川總攝輦眞朮納思爲諸路釋教都總統。改福建行省爲宣慰司，隸江西行省。詔：「行御史臺勿聽行省節度。」雲南行省言：「敍州、烏蒙水路險惡，舟多破溺，宜自葉稍水站出陸，經中慶，又經鹽井、土老、必撒諸蠻，至敍州慶符，可治爲驛路，凡立五站。」從之。也速帶兒、汪總帥言：「近制，和雇和買不及軍家，今一切與民同。」詔自今軍勿輸。丙子，罷徵理司。上都、太原饑，免至元十二年至二十六年民間所逋田租三萬八千五百餘石。遣使同按察司賑大同、太原饑民，口給糧兩月或三月。以桑哥黨與，罷揚州路達魯花赤唆羅兀思。遣官覆驗水達達、咸平貧民，賑之。丁丑，以太子右詹事完澤爲尙書右丞相，翰林學士承旨不忽木平章政事，詔告天下。以列兀難粳米賑給貧民。己卯，遣官持香詣中嶽、南海、淮瀆致禱。立金齒等處宣慰司都元帥府。以上都虎賁士二千人屯田，官給牛具農器，用鈔二萬錠。以雲南曲靖路宣撫司所轄地廣，民心未安，改立曲靖等處宣慰司、管軍萬戶府以鎭之。辛巳，以湖廣行省八番羅甸司復隸四川省。壬午，以桑哥沮抑臺綱，又箠監察御史，命御史大夫月兒魯辨之。癸未，太陰犯左執法。大駕幸上都。是日次大口，復召御史臺及中書、尙書兩省官辨論桑哥之罪。復以闌遺監隸宣徽院。詔毋沮擾山東轉運使司課程。甲申，太白犯昴。命江淮行省鈎考沙不丁所總詹事院江南錢穀。乙酉，立江淮、湖廣、江西、四川等處行樞密院，詔諭中外；江淮治廣德軍，湖廣治岳州，江西治汀州，四川治嘉定。丙戌，詔：「改提刑按察司爲肅政廉訪司，每道仍設官八員，除二使留司以總制一道，餘六人分臨所部，如民事、錢穀、官吏奸弊，一切委之。俟歲終，省、臺遣官考其功效。」以集賢大學士何榮祖爲尚書右丞，集賢學士賀勝爲尚書省參知政事。詔江淮行省遣蒙古軍五百、漢兵千人，從皇子鎮南王鎮揚州。執河間都轉運使張庸，仍遣官鈎考其事。丁亥，營建宮城南面周廬，以居宿衞之士。執湖廣要束木詣京師。戊子，籍要束木家貲，金凡四千兩。辛卯，封諸王鐵木兒不花爲肅遠王，賜之印。壬辰，雨壞太廟第一室，奉遷神主別殿。癸巳，籍桑哥家貲。遣行省、行臺官發粟，賑徽之績溪，杭之臨安、餘杭、於潛，昌化、新城等縣饑民。命江淮行省參政燕公楠整治鹽法之弊。丁酉，詔加嶽、瀆、四海封號，各遣官詣祠致告。

三月己亥朔，眞定、河間、保定、平灤饑，平陽、太原尤甚，民流移就食者六萬七千戶，饑而死者三百七十一人。桑哥妻弟八吉由爲燕南宣慰使，以受賂積贓伏誅。仆桑哥輔政碑。太原饑，嚴酒禁。丁未，太陰犯御女。己酉，太陰犯右執法。庚戌，太陰犯太微東垣上相。甲寅，常德路水，免田租二萬三千九百石。乙卯，太白犯五車。乃顏所屬牙兒馬兀等同女直兵五百人追殺內附民餘千人，遣塔海將千人平之。辛酉，呂連站木赤五十戶饑，賑三月糧。發侍衞兵營紫檀殿。壬戌，以甘肅行省右丞崔彧爲中書右丞。南丹州莫國麟入覲，授國麟安撫使、三珠虎符。杭州、平江等五路饑，發粟賑之，仍弛湖泊蒲、魚之禁。溧陽、太平、徽州、廣德、鎭江五路亦饑，賑之如杭州。武平路饑，百姓困於盜賊軍旅，免其去年田租。凡州郡田嘗被災者悉免其租，不被災者免十之五。罷甘州轉運司。江淮豪家多行賄權貴，爲府縣卒史，容庇門戶，遇有差賦，惟及貧民，詔江淮行省嚴禁之。賑遼陽、武平饑民，仍弛捕獵之禁。

夏四月己巳，禁屠宰牝羊。甲戌，詔各路府、州、司、縣長次官兼管諸軍奧魯。以地震故，免侍衞兵籍武平者今歲徭役。增置欽察衞經歷一員，用漢人爲之，餘不得爲例。庚辰，弛杭州西湖禽魚禁，聽民網罟。丙戌，詔凡負斡脫銀者，入還皆以鈔爲則。乙未，歲星犯輿鬼。〔五〕以沙不丁等米賑江南饑民。召朱清、張瑄詣闕。庚寅，併總制院入宣政院。以鈔法故，召葉李還京師。乙未，徙湖廣行樞密院治鄂州。丙申，以米三千石賑闊里吉思饑民。

五月戊戌，召江西行樞密院副使阿里詣闕。升章佩監秩三品。遣脫脫、塔剌海、忽辛三人追究僧官江淮總攝楊璉眞伽等盜用官物。以參知政事廉希恕爲湖廣等處行省右丞，行海北海南道宣慰使都元帥，瓊州安撫使陳仲達海北海南道宣慰使都元帥，湖廣行省左右司郎中不顏于思、別十八里副元帥王信並同知海北海南道宣慰司事副元帥，並佩虎符，將二千二百人以征黎蠻，僚屬皆從仲達辟置。立左右兩江宣慰司都元帥府。壬寅，太陰犯少民。徙江淮行樞密院治建康。甲辰，中書省臣麥朮丁、崔彧言：「桑哥當國四年，諸臣多以賄進，親舊皆授要官，唯以欺蔽九重、朘削百姓爲事。宜令兩省嚴加考覈，並除名爲民。」從之。要束木以桑哥妻黨爲湖廣行省平章，至是坐不法者數十事，詔械致湖廣省誅之。辛亥，以太原及杭州饑，免今歲田租。增河東道宣慰使一員。徵太子贊善劉因。因前爲太子贊善，以繼母病去，至是母亡，以集賢學士徵之，不起。罷脫脫、塔剌海、忽辛等理算僧官錢穀。罷江南六提舉司歲輸木綿。鞏昌舊惟總帥府，桑哥特升爲宣慰司，以其弟答麻剌答思爲使，桑哥敗，懼誅自殺，至是復總帥府。增置異珍、御帶二庫，秩從五品，並設提點、使、副各一員。減中外冗官三十七員。宮城中建蒲萄酒室及女工室。詔以桑哥罪惡繫獄按問，誅其黨要束木、八吉等。發兵塞晃火兒月連地河渠，修城堡，令蒙古戍兵屯田川中以禦寇。癸丑，罷尚書省事皆入中書。改尚書右丞相、右詹事完澤爲中書右丞相，平章政事麥朮丁、不忽木並中書平章政事，尚書右丞何榮祖中書右丞，尚書左丞馬紹中書左丞，參知政事賀勝、高翥並參知中書政事；征東行尚書省左丞相、駙馬高麗國王王(睶)〔賰〕爲征東行中書省左丞相。罷大都燒鈔庫，仍舊制，各路昏鈔令行省官監燒。增置戶部司計、工部司程，正七品。甲寅，太陰犯牛。賑上都、桓州、楡林、昌平、武平、寬河、宣德、西站、女直等站饑民。乙卯，以政事悉委中書，仍遣使布告中外。詔禁失陷錢糧者託故詣京師。丁巳，建白塔二，各高一丈一尺，以居呪師朶四的性吉等七人。何榮祖以公規、治民、禦盜、理財等十事緝爲一書，名曰至元新格，命刻版頒行，使百司遵守。桑哥嘗以劉秉忠無子，收其田土。其妻竇氏言秉忠嘗鞠猶子蘭章爲嗣，敕以地百頃還之。己未，以門答占復爲御史大夫，行御史臺事。高麗國王王賰乞以其子謜爲世子，詔立謜爲高麗王世子，授特進上柱國，賜銀印。

六月丁卯朔，禁蒙古人往回回地爲商賈者。〔六〕湖廣饑，敕以剌里海牙米七萬石賑之。辛巳，洞蠻鎭遠立黃平府。乙酉，以雲南諸路行省參知政事兀難爲梁王傅。洗國王洞主、市備什王弟同來朝。益江淮行院兵二萬擊郴州、桂陽、寶慶、武岡四路盜賊。以汴梁逃人男女配偶成家，給農具耕種。丙戌，敕：「屯田官以三歲爲滿，互於各屯內調用。」宣諭江淮民恃總統璉眞加力不輸租者，依例徵輸。辛卯，太陰犯畢。癸巳，以漣、海二州隸山東宣慰司。

秋七月丙申朔，雲南省參政怯剌言：「建都地多產金，可置治，令旁近民煉之以輸官。」從之。己亥，太白犯井。詔諭尙州等處諸洞蠻夷。庚子，徙江西行樞密院治贛州。乙巳，大都饑，出米二十五萬四千八百石賑之。戊申，揚州路學正李淦上言：「人皆知桑哥用羣小之罪，而不知尙書右丞葉李妄舉桑哥之罪，宜斬葉李以謝天下。」有旨驛召淦詣京師，淦至而李卒，除淦江陰路教授，以旌直言。給還行臺監察御史周祚妻子。祚嘗劾行尙書省官，桑哥誣以他罪，流祚于憨答孫，妻子家貲入官，及是還之。禁屠宰馬牛。敕：「江南重囚，依舊制聞奏處決。」罷江南諸省買銀提舉司。遣官招集宋時涅手軍可充兵者八萬三千六百人，以蒙古、漢人、宋人參爲萬戶、千戶、百戶領之。遼陽諸路連歲荒，加以軍旅，民苦饑，發米二萬石賑之。己酉，召交趾王弟陳益稷、右丞陳巖、鄭鼎子那懷並詣京師。癸丑，賜師壁洞安撫司、師壁鎭撫所、師羅千戶所印，安撫司從三品，餘皆五品。丁巳，桑哥伏誅。募民耕江南曠土，戶不過五頃，官授之劵，俾爲永業，三年後徵租。遣憨散總兵討平江南盜賊。己未，降江陰路爲州，宜興府爲縣，並隸常州路。移揚子縣治新城，分華亭之上海爲縣，松江府隸行省。罷淘金提舉司、江淮人匠提舉司凡五，以其事並隸有司。雨壞都城，發兵二萬人築之。增置各衞經歷一員，俾漢人爲之。壬戌，弛畿內秋耕禁。

八月乙丑朔，平陽地震，壞民廬舍萬有八百二十六區，壓死者百五十人。丙寅，太白犯輿鬼。己巳，置中書省檢校二員，秩正七品，俾考覈戶、工部文案疏緩者。罷江西等處行泉府司、大都甲匠總管府、廣州人匠提舉司、廣德路錄事司。罷泉州至杭州海中水站十五所。

撫州路饑，免去歲未輸田租四千五百石。馬八兒國遣使進花牛二、水牛土彪各一。丙子，太陰犯牽牛。大名之清河、南樂諸縣霖雨害稼，免田租萬六千六百六十九石。己卯，詔諭思州提省溪洞官楊都要招安叛蠻，悔過來歸者，與免本罪。罷雲南四州，立東川(府)〔路〕。〔七〕癸未，歲星犯軒轅大星。乙酉，遣廝速忽、阿散乘傳詣雲南，捕黑虎。戊子，太白犯軒轅大星，幷犯歲星。咀喃番邦遣馬不剌罕丁進金書、寶塔及黑獅子、番布、藥物。婺州水，免田租四萬一千六百五十石。辛卯，命工部造飛車五輛。癸巳，太陰掩熒惑。

九月辛丑，以平章政事麥朮丁商議中書省事，復以咱喜魯丁平章政事代之。乙巳，景州、河間等縣霖雨害稼，免田租五萬六千五百九十五石。丙午，立行宣政院，治杭州。己酉，設安西、延安、鳳翔三路屯田總管府。庚戌，太白犯右執法。襄陽南(障)〔漳〕縣民李氏妻黃一產三男。〔八〕辛亥，安南王陳日烜遣使上表貢方物，且謝不朝之罪。徽州績溪縣賊未平，免二十七年田租。禁宣德府田獵。壬子，酒醋課不兼隸茶鹽運司，仍隸各府縣。立乞里(台)〔吉〕思至外剌等六驛。〔九〕命海船副萬戶楊祥、合迷、張文虎並爲都元帥，將兵征瑠求。置左右兩萬戶府，官屬皆從祥選辟。旣又用福建吳誌斗言「祥不可信，宜先招諭之」，乃以祥爲宣撫使，佩虎符，阮監兵部員外郎，誌斗禮部員外郎，並銀符，齎詔往瑠求。明年，楊祥、阮監果不能達瑠求而還，誌斗死于行，時人疑爲祥所殺，詔福建行省按問，會赦，不治。乙卯，以歲荒，免平灤屯田二十七年田租三萬六千石有奇。丙辰，熒惑犯左執法。戊午，太白犯熒惑。徙四川行樞密院治成都。以八忽答兒、禿魯歡、唆不闌、脫兒赤四翼蒙古兵復隸蒙古都萬戶府。庚申，以鐵里爲禮部尚書，佩虎符，阿老瓦丁、不剌並爲侍郎，遣使俱藍。辛酉，歲星犯少民。免大都今歲田租。保定、河間、平灤三路大水，被災者全免，收成者半之。以別鐵木兒、亦列失金爲禮部侍郎使馬八兒國；陝西脫西爲禮部侍郎，佩金符，使于馬都。尙衣局織無縫衣。

冬十月乙丑朔，賜薛徹溫都兒等九驛貧民三月糧。己巳，修太廟在眞定傾壞者。壬申，以前緬中行尙書省平章政事雪雪的斤爲中書省平章政事。癸酉，享太廟。遣使發倉，賑大同屯田兵及教化的所部軍士之饑者。江淮行省言：「鹽課不足，由私鬻者多，乞付兵五千巡捕。」從之。塔剌海、張忽辛、崔同知並坐理算錢穀受賕論誅。辛巳，召高麗國王王(睶)〔賰〕、公主忽都魯揭里迷失詣闕。癸未，羅斛國王遣使上表，以金書字，仍貢黃金、象齒、丹頂鶴、五色鸚鵡、翠毛、犀角、篤縟、龍腦等物。高麗國饑，給以米二十萬斛。罷各處行樞密院，事入行省。割八番洞蠻自四川隸湖廣行省。丙戌，太陰犯軒轅大星幷御女。丁亥，洞蠻爛土立定雲府，改陳蒙洞爲陳蒙州，合江爲合江州。嚴山後酒禁。中書省臣言：「洞蠻請歲進馬五十匹、雨氊五十被、刀五十握，丹砂、雌雄黃等物，率二歲一上。」有詔從其所爲。

己丑，太陰犯太微東垣上相。敕沒入𨁂眞加、沙不丁、烏馬兒妻，並遣詣京師。召行省轉運司官赴京師，集議治賦法。辛卯，諸王出伯部曲饑，給米賑之。癸巳，武平路饑，免今歲田租。以武平路總管張立道爲禮部尙書，使交趾。免衛輝種仙茅戶徭役。從遼陽行省言，以乃顏、合丹相繼叛，詔給蒙古人內附者及開元、南京、水達達等三萬人牛畜、田器。詔嚴益都、般陽、泰安、寧海、東平、濟寧畋獵之禁，犯者沒其家貲之半。

十一月丙申，以甘肅曠土賜昔寶赤合散等，俾耕之。壬寅，遣左吉奉使新合剌的音。甲辰，太白犯房。減太府監冗員三十一人。罷器備、行內藏二庫。詔：「回回以答納珠充獻及求售者還之，留其估以濟貧者。」塔叉兒、塔帶民饑，發米賑之。給按答兒民戶四月糧。罷海道運糧鎭撫司。丙午，熒惑犯亢。丁未，太陰犯畢。躭羅遣使貢東紵百匹。太史院靈臺上修祀事三晝夜。甲寅，太陰犯歲星。郴州路達魯花赤曲列有罪論誅。復置會同館。禁沮擾益都淘金。乙卯，新添葛蠻宋安撫率洞官阿汾、靑貴來貢方物。監察御史言：「沙不丁、納速剌丁滅里、烏(里)〔馬〕兒、〔一〇〕王巨濟、𨁂眞加、沙的、敎化的皆桑哥黨與，受賕肆虐，使江淮之民愁怨載路，今或繫獄，或釋之，此臣下所未能喻。」帝曰：「桑哥已誅，納〔速〕剌丁滅里在獄，〔一一〕唯沙不丁朕姑釋之耳。」武平、平灤諸州饑，弛獵禁，其孕字之時勿捕。諭中書議增中外官吏俸。戊午，金齒國遣阿腮入覲。庚申，熒惑犯氐。辛酉，升宣德龍門鎭爲望雲縣，割隸雲州。置望雲銀冶。

十二月乙丑，復都水監，秩從三品。遣官迓雲南鴨池所遣使。遼陽洪寬女直部民饑，借高麗粟賑給之。籍探馬赤八忽帶兒等六萬戶成丁者爲兵。丁卯，高麗國鴨綠江西十九驛，經乃顏反，掠其馬畜，給以牛各四十。大都饑，下其價糶米二十萬石賑之。己巳，詔罷遣官招集畏兀氏。改辰、沅、靖州轉運司爲湖北湖南道轉運司。立葛蠻軍民安撫司。宣政院臣言：「宋全太后、瀛國公母子以爲僧、尼，有地三百六十頃，乞如例免徵其租。」從之。辛未，以鐵滅爲兵部尚書，佩虎符，明思昔答失爲兵部侍郎，佩金符，使于羅孛卜兒。御史臺臣言：「鈎考錢穀，自中統初至今餘三十年，更阿合馬、桑哥當國，設法已極，而其餘黨公取賄賂，民不堪命，不如罷之。」有旨：「議擬以聞。」壬申，立河南江北行中書省，治汴梁。撒里蠻、老壽並爲大司徒，領太常寺。中書省臣言：「江南在宋時，差徭爲名七十有餘，歸附後一切未徵，今分隸諸王城邑，歲賜之物仰給京師，又中外官吏俸少，似宜量添，可令江南依宋時諸名征賦盡輸之。」何榮祖言：「宜召各省官任錢穀者詣京師，集議科取之法以聞。」從之。甲戌，詔：「罷鈎考錢穀，應昔年逋負錢穀文卷，聚置一室，非朕命而視之者有罪。」仍遣使布告中外。庚辰，太陰犯御女。江北州郡割隸河南江北行中書省。改江淮行省爲江浙等處行中書省，治杭州。賑闊闊出饑民米。闍里帶言：「乃顏餘黨竄女直之地，臣與月兒魯議，乞益兵千五百人，可平之。」從之。癸未，太陰犯東垣上相。廣濟署大昌等屯水，免田租萬九千五百石。平灤路及豐贍、濟民二署饑，出米萬五千石賑之。別都兒丁前以桑哥專恣不肯仕，命仍爲中書左丞。丙戌，八番洞官吳金叔等以所部二百五十寨民二萬有奇內附，詣闕貢方物。戊子，詔釋天下囚非殺人抵罪者。己丑，熒惑犯房。庚寅，熒惑犯鉤鈐。升營田提舉司爲規運提點所，正四品。辛卯，濬運糧壩河，築隄防。授吃剌思八斡節兒爲帝師，統領諸國僧尼釋教事。賜親王、公主、駙馬金、銀、鈔、幣如歲例。令僧羅藏等遞作佛事坐靜于聖壽萬安、涿州寺等所，凡五十度。遣眞人張志仙持香詣東北海嶽、濟瀆致禱。戶部上天下戶數，內郡百九十九萬九千四百四十四，江淮、四川一千一百四十三萬八百七十八，口五千九百八十四萬八千九百六十四，游食者四十二萬九千一百一十八。司農司上諸路所設學校二萬一千三百餘，墾地千九百八十三頃有奇，植桑棗諸樹二千二百五十二萬七千七百餘株，義糧九萬九千九百六十石。宣政院上天下寺宇四萬二千三百一十八區，僧、尼二十一萬三千一百四十八人。斷死刑五十五人。

校勘記

〔一〕王（睶）〔瞎〕　見卷九校勘記〔九〕。下同。

〔二〕楊（震）〔鎮〕龍　按上文至元二十六年三月庚辰條及本書卷一六二史弼傳、元文類卷四一經世大典序錄招捕均作「楊鎮龍」，據改。續通鑑已校。

〔三〕壬申　按是月壬寅朔，無壬申日。此「壬申」在辛酉二十日、乙丑二十四日間，疑爲壬戌二十一日之誤。

〔四〕〔南〕豐州　據本書卷六二地理志補。按此處史文言江西南安、贛州、建昌、南豐田租事，與腹裏大同路豐州無涉。

〔五〕乙未歲星犯輿鬼　此條亦見本書卷四八天文志。是月戊辰朔，乙未爲二十八日，此處誤置於庚寅二十三日前，錯簡。

〔六〕六月丁卯朔禁蒙古人往回回地爲商賈者　按通制條格卷二七「蒙古男女過海」條有「至元二十八年六月初一日，欽奉聖旨：泉州那裏每海船裏，蒙古男子婦女人每做買賣的往回回田地裏、忻都田地裏將去的有麽道聽得來。如今行文書禁約者，休教將去者，將去人有罪過者麽道聖旨了也」。元典章卷五十七「禁下番人口等物」條有「體知得一等不畏公法之人，往往將蒙古人口販入番邦博易，若有違犯者嚴罪」。此處史文有脫誤，原意全乖，「蒙古人」應作「將蒙古人口」。

〔七〕立東川（府）〔路〕　據本書卷六一地理志改。按東川路，至元二十八年立，東川府則爲順慶路至元十五年前舊稱。本證已校。

〔八〕襄陽南(障)〔漳〕縣　據本書卷五十九地理志襄陽路條改。道光本已校。

〔九〕乞里(台)〔吉〕思　按「乞里吉思」一名本書屢見，此處「吉」誤爲「台」，今改。蒙史已校。

〔一〇〕烏(里)〔馬〕兒　據上文至元二十四年五月壬寅、二十五年四月辛酉、二十八年十月己丑諸條及本書卷一三〇徹里傳、卷二〇五桑哥傳改。本證已校。

〔一一〕納〔速〕剌丁滅里　據上文補。按本書卷一三〇不忽木傳、卷一七三崔彧傳均作「納速剌丁滅里」。

元史卷十七

本紀第十七

世祖十四

二十九年春正月甲午朔，以日食免朝賀。日食時，左右有珥，上有抱氣。丙申，雲南行中書省言：「羅甸歸附後改普定府，隸雲南省三十餘年。今創羅甸宣慰安撫司，隸湖南省，不便，乞罷之，仍以其地隸雲南省。」制曰「可」。戊戌，淸州饑，就陵州發粟四萬七千八百石賑之。己亥，命太史令郭守敬兼領都水監事，仍置都水監少監、丞、經歷、知事凡八員。八作司官舊制六員，今分爲左右二司，增官二員。庚子，江西行省左丞高興言：「江西、福建汀、漳諸處連年盜起，百姓入山以避，乞降旨招諭復業。福建鹽課既設運司，又設四鹽使司，今若設提舉司專領鹽課，其酒稅課悉歸有司爲便。福建銀鐵又各立提舉司，亦爲冗濫，請罷去。」詔皆從之。禁商賈私以金銀航海。壬寅，以武平地震，全免去年稅四千五百三十六錠，今年量輸之，止徵二千五百六十九錠。癸卯，命玉典赤阿里置司邕州以便糧餉，而以輕軍邏思明州。以〔嗣〕漢天師張宗演男與棣嗣其教。〔一〕陞利用監正三品。甲辰，詔：「江南州縣學田，其歲入聽其自掌，春秋釋奠外，以廩師生及士之無告者。貢士莊田，則令覈數入官。」乙巳，賜諸王失都兒金千兩。丙午，河南、福建行中書省臣請詔用漢語，有旨以蒙古語諭河南，漢語諭福建。罷河南宣慰司。以汴梁、襄陽、河南、南陽、歸德皆隸河南行省。復割湖廣省之德安、漢陽、信陽隸荆湖北道，蘄黃隸淮西道，幷淮東道三宣慰司咸隸河南省。其荆湖北道宣慰司舊領辰、沅、澧、靖、歸、常德，直隸湖廣省。從葛蠻軍民安撫使宋子賢請，詔諭未附平伐、大甕眼、紫江、皮陵、潭溪、九堡等處諸洞貓蠻。戊申，太陰犯歲及軒轅左角。己酉，興州之興安、宜興兩縣饑，賑米五千石。罷南雄、韶州、惠州三路錄事司。壬子，桓州至赤城站戶告饑，給鈔計口賑之。癸丑，罷四賓庫。復會同館。初置織造段匹提舉司五。八番都元帥劉德祿言：「新附洞蠻十五寨，請置官府以統之。」詔設陳蒙、爛土軍民安撫司。江西行省伯顏、阿老瓦丁言：「蒙山歲課銀二萬五千兩。初制，鍊銀一兩，免役夫田租五斗，今民力日困，每兩擬免一石。」帝曰：「重困吾民，民何以生！」從之。丙辰，播州洞蠻因籍戶懷疑竄匿，降詔招集之。以行播州軍民安撫使楊漢英爲紹慶珍州南平等處沿邊宣慰使、行播州軍民宣撫使、播州等處管軍萬戶，仍佩虎符。壬戌，召嗣漢天師張與棣赴闕。

二月甲子朔，金竹酋長騷驢貢馬、氊各二十有七，從其請減所部貢馬，降詔招諭之。賜新附黑蠻衣襖，遣回，命進所產朱砂、雄黃之精善者，無則止。遣使代祀嶽、瀆、后土、四海。乙丑，給輝州龍山、里州和中等縣饑民糧一月。〔二〕丁卯，畋于近郊。命宿衞受月廩及蒙古軍以艱食受糧者，宣徽院仍領之。己巳，太陰犯畢。發通州、河西務粟，賑東安、固安、薊州、寶坻縣饑民。申禁鞭背。庚午，斡羅思招附桑州生貓、羅甸國古州等峒酋長三十一，所部民十一萬九千三百二十六戶，詣闕貢獻。壬申，敕遣使分行諸路，釋死罪以下輕囚。澤州獻嘉禾。乙亥，立總管高麗女直漢軍萬戶府，頒銀印，總軍六千人。以泉府太卿亦黑迷失、鄧州舊軍萬戶史弼、福建行省右丞高興並爲福建行中書省平章政事，將兵征爪哇，用海船大小五百艘、軍士二萬人。戊寅，立征行左、右軍都元帥府，都元帥四、副都元帥二。上萬戶府達魯花赤四、萬戶皆四、副萬戶八、鎭撫四，各佩虎符。詔加高麗王王（睶）〔賰〕太保，〔三〕仍錫功臣之號。詔從諸王阿禿作亂者，朶羅帶以付闊里吉思，脫迭出以付阿里，抄兒赤以付月的迷失，合麥以付亦黑迷失，使從軍自效。又詔諸王從合丹作亂者，訥答兒之鎭南王所，聶怯來之合剌合孫答剌罕所，阿禿之雲南王所，朶列禿之阿里所，八里帶之月的迷失所，斡里羅、忽里帶之東海。發義倉官倉糧，賑德州、齊河、淸平、泰安州饑民。庚辰，月兒魯等言：「納速剌丁滅里、忻都、王巨濟黨比桑哥，恣爲不法，楮幣、銓選、鹽課、酒稅，無不更張變亂之。銜命江南理算者，皆嚴急輸期，民至嫁妻賣女，禍及親鄰。維揚、錢塘，受害最慘，無故而隕其生五百餘人。其初士民猶疑事出國家，今乃知天子仁愛元元，而使民至此極者，實桑哥及其凶黨之爲，莫不願食其肉。臣等議，此三人既已伏辜，乞依條論坐以謝天下。」從之。牙亦迷失招無籍民千四百三十六戶，請隸東宮，詔命之耕田。辛巳，從樞密院臣暗伯等請，就襄陽給出先塔林合剌魯六百三十七戶田器種粟，俾耕而食。丁亥，以汪惟和爲鞏昌等二十四處便宜都總帥，兼鞏昌府尹，仍佩虎符。御史臺月兒魯、崔彧等言：「馮子振、劉道元指陳桑哥同列罪惡，詔令省臺臣及董文用、留夢炎等議。其一言：翰林諸臣撰桑哥輔政碑者，廉訪使閻復近已免官，餘請聖裁。」帝曰：「死者勿論，其存者罰不可恕也。」乞台不花等使緬國，詔令遙授左丞。廷議以尚書行使事，其副以郎中處之。制曰「可」。戊子，禁杭州放鷹。己丑，歲星犯軒轅大星。庚寅，宣政院臣言，授諸路釋教都總統輦眞朮納思爲太中大夫、土蕃等處宣慰使都元帥。敕畸零拔都兒三百四十七戶佃益都閑田，給牛種農具，官爲屋居之。壬辰，山東廉訪司申：「棣州境內春旱且霜，夏復霖澇，饑民啖藜藿木葉，乞賑卹。」敕依東平例，發附近官廩，計口以給。

三月甲午，詔遣脫忽思、儂獨赤昔烈門至合敦奴孫界，與駙馬闊里吉思議行屯田。己亥，樞密院臣言：「出征女直納里哥，議於合思罕三千新附軍內選撥千人。」詔先調五百人，行中書省具舟給糧，仍設征東招討司。壬寅，御史大夫月兒魯等奏：「比監察御史商琥舉昔任詞垣風憲，時望所屬而在外者，如胡祗遹、姚燧、王惲、雷膺、陳天祥、楊恭懿、高道、〔四〕程文海、陳儼、趙居信十人，宜召置翰林，備顧問。」帝曰：「朕未深知，俟召至以聞。」丙午，中書省臣言：「京畿荐饑，宜免今歲田租。上都、隆興、平灤、河間、保定五路供億視他路爲甚，宜免今歲公賦。漢地河泊隸宣徽院，除入太官外，宜弛其禁，便民取食。」並從之。丁未，納速剌丁滅里以盜取官民鈔一十三萬餘錠，忻都以徵理逋負迫殺五百二十人，皆伏誅。王巨濟雖無贓，帝以與忻都同惡，并誅之。中書省與御史臺共定贓罪十三等，枉法者五，不枉法者八，罪入死者以聞。制曰「可」。戊申，以威寧、昌等州民饑，給鈔二千錠賑之。己酉，以大司農、同知宣徽院事兼領尙饍監事鐵哥，翰林學士承旨、通政院使兼知尙乘寺事剌眞，並爲中書平章政事，兼領舊職。中書省臣言：「右丞何榮祖以疾，平章政事麥朮丁以久居其任，乞令免署，惟食其祿，與議中書省事。」從之。以阿里爲中書右丞，梁暗都剌爲參知政事。中書省臣言：「亦奚不薛及八番羅甸旣各設宣慰司，又復立都元帥府，其地甚狹而官府多，宜合二司帥府爲一。」詔從之，且命〔亦〕奚不薛與思、播州同隸湖廣省，〔五〕羅甸還隸雲南，以八番羅甸宣慰使斡羅思等並爲八番順元等處宣慰使都元帥，佩虎符。以安南國王陳益稷遙授湖廣等處行中書省平章政事，佩虎符，居鄂州。庚戌，車駕幸上都。賜速哥、斡羅思、賽因不花蠻夷之長五十六人金紋綾絹各七十九匹及弓矢、鞍轡。壬子，樞密院臣奏：「延安、鳳翔、京兆三路籍軍三千人，桑哥皆罷爲民，今復其軍籍，屯田六盤。」從之。敕都水監分視黃河堤堰，罷河渡司。庚申，免寶慶路邵陽縣田租萬三千七百九十三斛。壬戌，給還楊璉眞加土田、人口之隸僧坊者。初，璉眞加重賂桑哥，擅發宋諸陵，取其寶玉，凡發冢一百有一所，戕人命四，攘盜詐掠諸贓爲鈔十一萬六千二百錠，田二萬三千畝，金銀、珠玉、寶器稱是。省臺諸臣乞正典刑以示天下，帝猶貸之死，而給還其人口、土田。隆興府路饑，給鈔二千錠，復發粟以賑之。

夏四月丙子，太陰犯氐。己卯，復典瑞監三品。弛甘肅酒禁，榷其酤。辛巳，弛太原酒禁，仍榷酤。辛卯，設雲南諸路學校，其教官以蜀士充。

五月甲午，遼陽水達達、女直饑，詔忽都不花趣海運給之。丙午，敕：「雲南邊徼入朝，非初附者不聽乘傳，所進馬不給芻豆。」丁未，中書省臣言：「妄人馮子振嘗爲詩譽桑哥，且涉大言，及桑哥敗，即告詞臣撰碑引諭失當，國史院編修官陳孚發其姦狀，乞免所坐遣還家。」帝曰：「詞臣何罪！使以譽桑哥爲罪，則在廷諸臣，誰不譽之！朕亦嘗譽之矣。」詔以楊居寬、郭佑死非其罪，給還其家貲。改思州安撫司爲軍民宣撫司，隸湖廣省，詔諭其民因鬩戶驚逃者，各使安業。以陝西鹽運司酒稅等課已入州縣，罷諸子鹽司。併罷東平路河道提舉司事入都水監。己未，龍興路南昌、新建、進賢三縣水，免田租四千四百六十八石。是月，眞定之中山新樂、平山、獲鹿、元氏、靈壽，河間之滄州無棣，景之阜城、東光，益都之濰州北海縣，有蟲食桑葉盡，無蠶。

六月甲子，平江、湖州、常州、鎭江、嘉興、松江、紹興等路水，免至元二十八年田租十八萬四千九百二十八石。戊辰，詔聽僧食鹽不輸課。己巳，日本來互市，風壞三舟，惟一舟達慶元路。壬申，江西省臣言：「肇慶、德慶二路，封、連二州，宋時隸廣東，今隸廣西不便，請復隸廣東。」從之。鐵旗城後察昔折乙烈率其族類部曲三千餘戶來附。甲戌，設司籍庫，秩從五品，隸太府監，儲物之籍入者。丙子，(太)〔大〕寧路惠州連年旱澇，〔六〕加以役繁，民餓死者五百人，詔給鈔二千錠及糧一月賑之，仍遣使責遼陽省臣阿散。壬午，敕以海南新附四州洞寨五百一十九、民二萬餘戶，置會同、定安二縣，隸瓊州，免其田租二年。癸未，以征爪哇，暫禁兩浙、廣東、福建商賈航海者，俟舟師已發後，從其便。丁亥，湖州、平江、嘉興、鎭江、揚州、寧國、太平七路大水，免田租百二十五萬七千八百八十三石。己丑，太白犯歲星。鐵木塔兒、薛闍禿、揑古帶、闊闊所部民饑，詔給米四千石付鐵木塔兒、薛闍禿，一千石付揑古帶、闊闊，俾以賑之。

閏六月辛卯朔，陞上都兵馬司四品，如大都。丁酉，遼陽、瀋州、廣寧、開元等路雹害稼，免田租七萬七千九百八十八石。岳州華容縣水，免田租四萬九百六十二石。東昌路蝗。壬寅，以（東安）〔安東〕、海寧改隸淮安路。〔七〕詔大都事繁，課稅改隸轉運司。通州造船畢，罷提舉司。罷福建歲造象齒鞶帶。戊申，熒惑犯狗國。庚戌，回回人忽不木思售大珠，帝以無用却之。辛亥，河西務水，給米賑饑民。（江北）河南〔江北〕省既立，〔八〕詔江北諸城悉隸其省。詔漢陽隸湖廣省。左江總管黃堅言：「其管內黃勝許聚衆二萬，據忠州，乞調軍萬人、土兵三千人，命劉國傑討之。臣願調軍民萬人以從。」詔許之。太平、寧國、平江、饒、常、湖六路民艱食，發粟賑之。高麗饑，其王遣使來請粟，詔賜米十萬石。中書省臣言：「今歲江南海運糧至京師者一百五萬石，至遼陽者十三萬石，比往歲無耗折不足者。」甲寅，右江岑從毅降，從毅老疾，詔以其子斗榮襲，佩虎符，爲鎭安路軍民總管。廣南西路安撫副使賽甫丁等誹謗朝政，沙不丁復資給之，以風聞三十餘事，妄告省官，帝以有傷政體，捕惡黨下吏如法。乙卯，濟南、般陽蝗。是月詔諭廉訪司巡行勸課農桑。禮部尚書張立道、郎中歪頭使安南回，以其使臣阮代乏、何維岩至闕。陳日燇拜表牋，修歲貢。

秋七月庚申朔，詔以史弼代也黑迷失、高興，將萬人征爪哇，仍召三人者至闕。遣使檢覈竄名鷹坊受糧者。辛酉，河北河南道廉訪司還治汴梁。癸亥，完大都城。也里嵬里、沙沙嘗簽僧、道、儒、也里可溫、答赤蠻爲軍，詔令止隸軍籍。甲子，降詔申嚴牛馬踐稼之禁。

乙丑，阿里願自備船，同張存從征爪哇軍，往招占城、甘不察，詔授阿里三珠虎符，張存一珠虎符，仍蠲阿里父布伯所負斡脫鈔三千錠。丙寅，罷徽州路錄事司。免屯田租一萬二千八百一十一石。辛未，太陰犯牛。壬申，建社稷和義門內，壇各方五丈，高五尺，白石爲主，飾以五方色土。壇南植松一株，北墉瘞坎壝垣，悉倣古制，別爲齋廬，門廡三十三楹。戊寅，黎兵百戶鄧志願謀叛，伏誅。庚辰，敕雲南省擬所轄州縣官如福建、二廣例，省臺委官銓選以姓名聞，隨給授宣敕。

八月己丑朔，賽甫丁處死，餘黨杖而徒之，仍籍其家產。壬辰，敕禮樂户仍與軍站、民戶均輸賦。丁酉，辰星犯右執法。己亥，太白犯房。辛丑，寧夏府屯田成功，升其官脫兒赤。壬寅，括唐兀禿魯花所部闊象赤及河西逃人入蠻地者。甲辰，車駕至自上都。討浙東孟總把等賊，敕諸軍之駐福建者，聽平章政事闍里節度。乙巳，歲星犯右執法。丙午，用郭守敬言，浚通州至大都漕河十有四，役軍匠二萬人，又鑿六渠灌昌平諸水。以廣濟署屯田既蝗復水，免今年田租九千二百十八石。丁未，也黑迷失乞與高興等同征爪哇，帝曰：「也黑迷失惟熟海道，海中事當付之，其兵事則委之史弼可也。」以史弼爲福建等處行中省平章政事，統領出征軍馬。庚戌，高苑縣高希允以非所宜言，伏誅。壬子，詔塔剌赤、程鵬飛討黃聖許，劉國傑駐馬軍戍守。戊午，福建行省參政魏天祐獻計，發民一萬鑿山鍊銀，歲得萬五千兩。天祐賦民鈔市銀輸官，而私其一百七十錠，臺臣請追其贓而罷鍊銀事，從之。改燕南河北廉訪司還治眞定。高麗、女直界首雙城告饑，敕高麗王於海運內以粟賑之。弛平灤州酒禁。詔不敦、忙兀〔禿〕魯迷失以軍征八百媳婦國。〔九〕

九月己未朔，治書侍御史裴居安言：「月的迷失遇盜起不卽加兵，盜去乃延誅平民。」詔臺院遣官雜問之。辛酉，詔諭安南國陳日燇使親入朝。選湖南道宣慰副使梁曾，授吏部尚書，佩三珠虎符，翰林國史院編修官陳孚，授禮部郎中，佩金符，同使安南。山東東西道廉訪司劾：「宣慰使樂實盜庫鈔百二十錠，買庫銀九百五十兩，官局私造弓勒等物，受屯田鈔百八十錠，樂實宜解職。」從之。丁卯，中書省臣言：「茆鸛、十圍、安化等新附洞蠻凡八萬，宜設管軍民司，以其土人蒙意、蒙世、莫仲文爲長官，以呂天佑、塔不帶爲達魯花赤。八番斡羅思招附光蘭州洞蠻，宜置定遠府，就用其所舉禿干、高守文、黃世曾、燕只哥爲達魯花赤、知府、同知、判官。」制曰「可」。癸酉，徙沔州治鐔水縣，廢新得州置通江縣，復漢州綿竹縣。沙州、瓜州民徙甘州，詔於甘、肅兩界，畫地使耕，無力者則給以牛具農器。寧夏戶口繁多，而土田半蓺紅花，詔令盡種穀麥，以補民食。丁丑，以平灤路大水且霜，免田租二萬四千四十一石。辛巳，太白犯南斗。罷雲南行臺，徙置西川，設雲南廉訪司。壬午，水達達、女直民戶由反地驅出者，押回本地，分置萬夫、千夫、百夫內屯田。甲申，烏思藏宣慰司言：「由必里公反後，站驛遂絕，民貧無可供億。」命給烏思藏五驛各馬百、牛二百、羊五百，皆以銀；軍七百三十六戶，戶銀百五十兩。丁亥，從宣政院言，置烏思藏納里速古兒孫等三路宣慰使司都元帥。〔一〇〕

冬十月戊子朔，詔福建廉訪司知事張師道赴闕，師道至，乞汰內外官府之冗濫者。詔麥朮丁、何榮祖、馬(紀)〔紹〕、〔一一〕燕公楠等與師道同區別之。數月，授師道翰林直學士。日本舟至四明，求互市，舟中甲仗皆具，恐有異圖，詔立都元帥府，令哈剌帶將之，以防海道。詔浚浙西河道，導水入海。庚寅，兩淮運使納速剌丁坐受商賈賄，多給之鹽，事覺，詔嚴加鞫問。癸巳，弛上都酒禁。燕公楠言：「歲終，各行省臣赴闕奏事，亦宜令行臺臣赴闕，奏一歲舉刺之數。」制曰「可」。丙申，四川行省以洞蠻酋長向思聰等七人入朝。壬寅，從朱淸、張瑄請，授高德誠管領海船萬戶，佩雙珠虎符，復以殷實、陶大明副之，令將出征水手。甲辰，信合納帖音國遣使入覲。廣東道宣慰司遣人以暹國主所上金冊詣京師。乙巳，太陰犯井。丁未，太陰犯鬼。己酉，樞密院臣言：「六衞內領漢軍萬戶，見存者六千戶，撥分爲三：力足以備車馬者二千五百戶，每甲令備馬十五匹、牛車二輛；力足以備車者五百戶，每甲令備牛車三輛；其三千戶，惟習戰鬬，不他役之。六千戶外，則供他役。庶能各勤乃事，而兵亦精銳。」詔施行之。詔擇囚徒罪輕者釋之。癸丑，完澤等言：「凡賜諸人物，有二十萬錠者，爲數既多，先賜者盡得之，及後將賜，或無可給，不均爲甚。今計怯薛帶、怯憐口、昔博赤、哈剌赤，凡近侍人，上等以二百戶爲率，次等半之，下等又半之，於下等擇尤貧者歲加賞賜，則無不均之失矣。一歲天下所入，凡二百九十七萬八千三百五錠，今歲已辦者纔一百八十九萬三千九百九十三錠，其中有未至京師而在道者，有就給軍旅及織造物料館傳俸祿者，自春至今，凡出三百六十三萬八千五百四十三錠，出數已逾入數六十六萬二百三十八錠矣。懷孟竹課，歲辦千九十三錠，尙書省分賦於民，人實苦之，宜停其稅。」帝皆嘉納其言。命趙德澤、吳榮領逃奴無主者二百四十戶，淘銀耕田於廣寧、瀋州。乙卯，太陰犯氐。

十一月庚申，岳州華容縣水，發米二千一百二十五石賑饑民。壬戌，太陰犯壘壁陣。戊寅，樞密院奏：「一衞萬人，嘗調二千屯田，木八剌沙上都屯田二年有成，擬增軍千人。」從之。己卯，太陰犯太微東垣上相。癸未，禁所在私渡，命關津譏察姦宄。丙戌，提省溪、錦州、銅人等洞酋長楊秀朝等六人入見，進方物。

十二月庚寅，中書省臣言：「皇孫晉王甘麻剌昔鎭雲南，給梁王印，今進封晉王，請給晉王印。」北安王府(慰)〔尉〕也里古帶、〔二〕司馬荒兀，並爲晉王中尉，仍命不只答魯帶、狄琮並爲司馬。金齒適當忙兀禿兒迷失出征軍馬之衝，資其芻糧，立爲木來府。」敕應昌府給乞答帶糧五百石，以賑饑民。癸巳，中書省臣言：「寧國路民六百戶鑿山冶銀，歲額二千四百兩，皆市銀以輸官，未嘗採之山，乞罷之。」制曰「可」。庚子，太陰犯井。甲辰，太陰犯太微西垣。己酉，故麓川路軍民總管達魯花赤阿散男布八同趙昇等，招木忽魯甸金齒土官忽魯馬男阿魯來入見，貢方物。阿魯言其地東南隣境未附者約二十萬民，慕化願附，請頒詔旨，命布八、趙昇諭之，從之。壬子，敕中書省用烏思藏站例，給合里、忽必二站馬牛羊，凡爲銀九千五百兩。丁巳，敕都水監修治保定府沙塘河堤堰。

是歲，賜皇子、皇孫、諸王、藩戚、禁衞、邊庭將士等，鈔四十六萬六千七百十三錠。給軍士畸零口糧五千五百二十三石，賑其乏者爲鈔三十六萬八千四百二十八錠。命國師、諸僧、呪師修佛事七十二會。斷死獄七十四。

三十年春正月壬戌，詔遣使招諭漆頭、金齒蠻。乙丑，敕福建毋進鶻。戊戌，〔三〕和林漢軍四百，留百人，餘令耕屯杭海。丙寅，太陰犯畢。命中書汰冗員，凡省內外官府二百五十五所，總六百六十九員。丁卯，安西王請仍舊設常侍，不允。罷雲南延慶司，以洛波、卜兒二蠻酋遙授知州，各賜璽書。戊辰，樞密院臣奏：「兀渾察部兀末魯罕軍，每歲運米六千四百二十六石以給之，計傭直爲鈔萬二千八百五十二錠。」詔邊境無事，令本軍屯耕以食。庚午，驗洞酋長楊總國等來朝。捏怯烈女直二百人以漁自給，有旨：「與其漁於水，曷若力田，其給牛價、農具使之耕。」甲戌，河南江北行省平章伯顏言：「揚州忙兀臺所立屯田，爲田四萬餘頃，官種外，宜聽民耕墾。揚州鹽轉運一司設三重官府，宜削去鹽司，止留管勾。襄陽舊食京兆鹽，以水陸難易計之，莫若改食揚州鹽。蔡州去汴梁地遠，宜陞散府，以潁、息、信陽、光州隸之。」詔皆從其議。陞廣州爲上路總管府。罷納速剌丁滅里所立魚鹽局。割江西興國路隸湖廣行省。乙亥，謚皇太子曰明孝。丙子，西番一甸蠻酋三人來覲，各授以蠻夷軍民官，仍以招諭人張道明爲達魯花赤。丁丑，太陰犯氐。戊寅，詔舊隸乃顏、勝納(答)〔合〕兒女直戶四百，〔一四〕虛縻廩食，令屯田揚州。庚辰，歲星犯左執法。立豪、懿州七驛。辛巳，置遼陽路慶雲至合里賓二十八驛，驛給牛三十頭、車七輛。壬午，淮西道宣慰使昂吉兒，斂軍鈔六百錠、銀四百五十兩、馬二匹，敕省臺及扎魯火赤鞫問。丁亥，遣使代祀嶽、瀆、東海及后土。

二月己丑，從阿老瓦丁、燕公楠之請，以楊璉眞加子宣政院使暗普爲江浙行省左丞。詔：「上都管倉庫者無資品俸秩，故爲盜詐，宜於六品、七品內委用，以俸給之。」高麗國王王(睶)〔賰〕請易名曰昛，其僉議府請陞僉議司，降二品印，從之。減河南、江浙海運米四十萬石。中書省添設檢校二員。免大都今歲公賦。益上都屯田軍千人，給農具、牛價鈔五千錠，以木八剌沙董之。詔以只速滅里與鬼蠻之民隸詹事院。壬辰，太陰犯畢。丙申，却江淮行樞密院官不憐吉帶進鷹，仍敕自今禁戢軍官無從禽擾民，違者論罪。丁酉，回回孛可馬合謀沙等獻大珠，邀價鈔數萬錠，帝曰：「珠何爲！當留是錢以賙貧者。」敕海運米十萬石給遼陽戍兵，仍諭其省官薛闍干，令伯鐵木部欽察等耕漁自養，糧不須給。甲辰，中書省臣言：「侍臣傳旨予官者，先後七十人，臣今欲加汰擇，不可用者不敢奉詔。」帝曰：「率非朕言。凡來奏者朕祇令諭卿等，可用與否，卿等自處之。」又言：「今歲給餉上都、大都及甘州、西京，經費浩繁，自今賞賜悉宜姑止。」從之。乙巳，熒惑犯天街。丁未，車駕幸上都。以新附洞蠻吳動鰲爲潭溪等處軍民官，佩金符。給新附軍三百人，人鈔十錠，屯田眞定。庚戌，太陰犯牛。辛亥，詔發總帥汪惟和所部軍三千征土番，又發陝西、四川兵萬人，以行樞密官明安答兒統之，征西番。敕以韶、贛相去地遠，分贛州行院官一員鎭韶州。復立雲南行御史臺。詔沿海置水驛，自耽羅至鴨淥江口凡十一所，令洪君祥董之。癸丑，太白犯壘壁陣。江西行院官月的迷失言：「江南豪右多庇匿盜賊，宜誅爲首者，餘徙內縣。」從之。申嚴江南兵器之禁。

三月庚申，以同知樞密院事扎散知樞密院事。以平章政事范文虎董疏漕河之役。平章政事李庭率諸軍扈從上都。雨壞都城，詔發侍衞軍三萬人完之，仍命中書省給其傭直。甲子，括天下馬十萬匹。己巳，立行大司農司。洪澤、芍陂屯田舊委四處萬戶，詔存其二，立民屯二十。辛未，太陰犯氐。

夏四月己亥，行大司農燕公楠、翰林學士承旨留夢炎言：「杭州、上海、澉浦、溫州、慶元、廣東、泉州置市舶司凡七所，唯泉州物貨三十取一，餘皆十五抽一，乞以泉州爲定制。」從之。仍併溫州舶司入慶元，杭州舶司入稅務。江南行大司農司自平江徙揚州，兼管兩淮農事。省八番重設州縣官。罷徽州錄事司。皇孫晉王位立內史府。詔諸二品官府自今與各部文移相關。鞏昌二十四城，依舊例於總帥汪氏弟兄子姪內選用二人。壬寅，樞密院臣言：「去年征爪哇軍二萬，各給鈔二錠，其後祇以五千人往，宜徵元給鈔三萬錠入官。」帝曰：「非其人不行，乃朕中止之耳，勿徵。」癸丑，太白犯填星。廣東肅政廉訪司復治廣州。甲寅，詔遣使招諭暹國。斡羅思請以八番見戶合思、播之民兼管，徙宣慰司治辰、沅、靖州，常賦外，歲輸鈔三千錠，不允。光州蠻人光龍等一十二人及邦崖王文顯等二十八人、金竹府馬麟等一十六人、大龍番禿盧忽等五十四人、永順路彭世彊等九十人、安化州吳再榮等一十三人、師壁散毛洞勾答什王等四人，各授蠻夷官，賜以璽書遣歸。敕江南毀諸道觀聖祖天尊祠。

五月丙辰朔，給四部更番衞士馬萬匹，又給其必闍赤四百匹。壬戌，定雲洞蠻酋長來附。癸亥，括思、播等處亡宋湼手軍。丙寅，詔委官與行省官閱覈蠻夷軍民官。以江南民怨楊璉眞珈，罷其子江浙行省左丞暗普。詔以浙西大水冒田爲災，令富家募佃人疏決水道。辛未，敕僧寺之邸店，商賈舍止，其物貨依例收稅。丁丑，中書省臣言：「上都工匠二千九百九十九戶，歲縻官糧萬五千二百餘石，宜擇其不切於用者，俾就食大都。」從之。甲申，眞定路深州靜安縣大水，民饑，發義倉糧二千五百七十四石賑之。

六月丙戌，敕選河西質子軍精銳者八百，給以鎧仗鞍勒、狐貉衣裘，遣赴皇孫阿難答所出征。己丑，歲星犯左執法。庚寅，詔雲南旦當仍屬西番宣慰司。改淮西蘄、黃等路隸河南江北行省。丙申，太陰犯斗。乙巳，以皇太子寶授皇孫鐵穆耳，總兵北邊。己酉，詔濬太湖。壬子，大興縣蝗。易州雨雹，大如鷄卵。

秋七月丁巳，敕中書省官一員監修國史。己未，詔皇曾孫松山出鎭雲南，以皇孫梁王印賜之。詔免福建歲輸皮貨及泉州織作紵絲。庚申，命知鶴慶府昔寶赤齎璽書招諭農順未附蠻寨。甲子，太陰犯建星。己巳，命劉國傑從諸王亦吉里〔台〕督諸軍征交趾。〔一五〕免雲南屯田軍逋租萬石。壬申，以月失察兒知樞密院事。丁丑，賜新開漕河名曰通惠。壬申，〔一六〕以只兒合忽所汰乞兒吉思戶七百，屯田合思合之地。辛巳，太陰犯鬼。

八月丙戌，括所在荒田無主名者，令放良、漏籍等戶屯田。庚寅，奉使安南國梁曾、陳孚以安南使人陶子奇、梁文藻偕來。敕福建行省放爪哇出征軍歸其家。甲午，辰星犯太微西垣上將。戊戌，給安西王府斷事官印。甲辰，太陰犯畢。丁未，湖廣行省臣言海南、海北多曠土，可立屯田，詔設鎭守黎蠻海北海南屯田萬戶府以董之。戊申，太陰犯鬼。營田提舉司所轄屯田百七十七頃爲水所沒，免其租四千七百七十二石。

九月癸丑朔，大駕至自上都。戊午，敕各路達魯花赤、總管董驛事。己未，明安答兒率軍萬人征土蕃，近遣使來言，乞引茂州先附寨官赴闕，不允。乙丑，立海北海南博易提舉司，稅依市舶司例。丙寅，遣金齒人還歸。丁卯，太陰犯畢。癸酉，敕以御史臺贓罰鈔五萬錠，給衞士之貧者。辛巳，登州蝗，恩州水，百姓闕食，賑以義倉米五千九百餘石。

冬十月癸未朔，以侍衞親軍千戶張邦瑞爲萬戶，佩虎符，將六盤山軍千人及皇子西平王等軍共爲萬人，西征。賜冠城疏河董役軍官衣各一襲。賜交趾陶子奇等十七人冬衣，荆南安置。戊子，詔修汴堤。己丑，遣兵部侍郎忽魯禿花等使闍藍、可兒納答、信合納帖音三國，仍賜信合納帖音酋長三珠虎符。庚寅，饗于太廟。彗星入紫微垣，抵斗魁，光芒尺許，凡一月乃滅。丙申，熒惑犯亢。己亥，太陰犯天關。辛丑，太陰犯井。壬寅，敕減米直，糶京師饑民，其鰥寡孤獨不能自存者給之。甲辰，赦天下。戊申，僧官總統以下有妻者罷之。以段貞董開河、修倉之役，加平章政事。庚戌，造象蹄掌甲。辛亥，禁江南州郡以乞養良家子轉相販鬻，及强將平民略賣者。平灤水，免田租萬一千九百七十七石。廣濟署水，損屯田百六十五頃，免田租六千二百一十三石。

十一月壬子朔，改德安府隸黃州路。丁巳，孫民獻嘗附桑哥，助要束木爲惡，及同知上都留守司事，又受賕減諸從臣糧，詔籍其家貲、妻奴。復因潭州呂澤訴其刻虐，械送民獻至湖廣，如澤所訴窮治之。立海北海南道肅政廉訪司，治雷州。庚申，敕中書省，凡出征軍，毋以和顧和買煩其家。乙丑，太陰犯畢。乙卯，太陰犯井。戊辰，以金齒木朶甸戶口增，立下路總管府，給其爲長者雙珠虎符。眞定路達魯花赤合散言：「廉訪司官檢責民官太苛，乞以民官復檢責廉訪司文卷。」從之。庚午，太陰犯鬼。免江南都作院軍匠出征。丙子，熒惑犯鈎鈐。戊寅，歲星犯亢。己卯，河南江北行省平章伯顏入爲中書省平章政事，位帖哥、剌眞、不忽木上。

十二月丁亥，禁漢軍更番者毋鬻軍器。辛卯，武平路達魯花赤塔海言：「女直地至今未定，賊一人入境，百姓離散。臣願往安集之。」詔以塔海爲遼東道宣慰使。壬辰，中書左丞馮紹疾，以詹事丞張九思代之。乙未，太陰犯井。遣使督思、播二州及鎭遠、黃平，發宋舊軍八千人，從征安南。庚子，平章政事亦黑迷失、史弼、高興等無功而還，各杖而耻之，仍沒其家貲三之一。癸卯，敕以桑哥沒入官田三百九十一頃八十餘畝，給阿合兀闌所司匠戶。丙午，以鐵赤、脫脫木兒、鮻住、拜延四人，並安西王傅。

是歲，天下路、府、州、縣等二千三十八：路一百六十九，府四十三，州三百九十八，縣千一百六十五，宣撫司十五，安撫司一，寨十一，鎮撫所一，堡一，各甸部管軍民官七十三，長官司五十一，錄事司百三，巡院三。官府大小二千七百三十三處，隨朝二百二十一；員萬六千四百二十五，隨朝千六百八十四。戶一千四百萬二千七百六十。賜皇后、親王、公主如歲例。賜諸臣羊馬價，鈔四十三萬四千五百錠、幣五萬五千四百一十錠。周貧乏，鈔三萬七千五百二十錠。作佛事祈福五十一。眞定、寧晉等處，被水、旱、蝗、雹爲災者二十九。斷死罪四十一。

三十一年春正月壬子朔，帝不豫，免朝賀。癸亥，知樞密院事伯顏至自軍中。庚午，帝大漸。癸酉，帝崩于紫檀殿。在位三十五年，壽八十。親王、諸大臣發使告哀于皇孫。乙亥，靈駕發引。葬起輦谷，從諸帝陵。

夏四月，皇孫至上都。甲午，卽皇帝位。丙午，〔一七〕中書右丞相完澤及文武百官議上尊謚。壬寅，始爲壇于都城南七里。甲辰，遣司徒兀都帶、平章政事不忽木、左丞張九思，率百官請謚于南郊。

五月戊午，遣攝太尉臣兀都帶奉册上尊謚曰聖德神功文武皇帝，廟號世祖，國語尊稱曰薛禪皇帝。是日，完澤等議同上先皇后弘吉剌氏尊謚曰昭睿順聖皇后。

世祖度量弘廣，知人善任使，信用儒術，用能以夏變夷，立經陳紀，所以爲一代之制者，規模宏遠矣。

校勘記

〔一〕〔嗣〕漢天師　按上文至元十二年四月庚午、十三年四月壬午、十四年正月丙申及下文本月壬戌條均作「嗣漢天師」，據補。

〔二〕給輝州龍山里州和中等縣饑民糧一月　本證云：「繼培案：地理志輝州中書省無龍山縣，里州雲南省無和中縣。里州疑是利州，和中疑是和衆，與龍山並屬大寧路。」又按大寧路屬州有惠州，疑此處「輝州」爲「惠州」之誤。

〔三〕王(睶)〔賰〕　見卷九校勘記〔九〕。下同。

〔四〕高道　按本書卷一七二程鉅夫傳作「高凝」，高凝字道凝，疑此處史文有誤。

〔五〕〔亦〕奚不薛　據上文補。本證已校。

〔六〕(太)〔大〕寧路　據本書卷五九地理志改。道光本已校。

〔七〕以(東安)〔安東〕海寧改隸淮安路　按本書卷五八地理志有東安州，隸大都路。此處所指則爲卷五九地理志淮安路所屬之安東州，今改正。本證已校。

〔八〕（江北）河南〔江北〕省　據上文至元二十八年十二月壬申、庚辰條及本書卷五九地理志改正。

〔九〕忙兀〔禿〕魯迷失　按下文十二月庚寅條、本書卷六一地理志作「忙兀禿兒迷失」，卷一七六劉正傳作「忙兀突魯迷失」，卷二一〇緬國傳作「忙完禿魯迷失」。此處有脫文，今補「禿」字。

〔一〇〕置烏思藏納里速古兒孫等三路宣慰使司都元帥　按本書卷八七百官志有「烏思藏納里速古魯孫等三路宣慰使司都元帥府，宣慰使五員」，疑此處「都元帥」下脫「府」字或員數。

〔一一〕馬（紀）〔紹〕　據本書卷一七三本傳改。續通鑑已校。

〔一二〕府（慰）〔尉〕　從北監本改。

〔一三〕戊戌　按是月戊午朔，無戊戌日。此「戊戌」在乙丑初八日、丙寅初九日間，當係衍文。

〔一四〕勝納（答）〔合〕兒　按勝納合兒一名本書屢見，其異譯有「勝納哈兒」、「勝剌哈」、「聲剌哈兒」等。此處「答」誤，今改。

〔一五〕亦吉里〔台〕　本書卷一六二劉國傑傳作「亦吉列台」，黃金華文集卷二五劉國傑神道碑作「亦吉列歹」，至正集卷四八劉國傑神道碑作「亦乞剌歹」。此處有脫文，今補「台」字。此名蒙古語，意爲「亦乞列思部人」。

〔一六〕壬申　按是月乙卯朔，壬申爲十八日，已見於己巳十五日、丁丑二十三日間，此重出之「壬申」當爲衍文或錯簡。

〔一七〕丙午　按是月辛巳朔，丙午爲二十六日。此「丙午」在甲午十四日、壬寅二十二日間，疑爲丙申十六日之誤。

元史卷十八

本紀第十八

成宗一

成宗欽明廣孝皇帝，諱鐵穆耳，世祖之孫，裕宗眞金第三子也。母曰徽仁裕聖皇后，弘吉烈氏。至元二年九月庚子生。二十四年，諸王乃顏反，世祖自將討平之。其後合丹復叛，命帝往征之，合丹敗亡。三十年〔六月〕乙巳，〔一〕受皇太子寶，撫軍於北邊。三十一年春正月，世祖崩，親王、諸大臣遣使告哀軍中。

夏四月壬午，帝至上都，左右部諸王畢會。先是，御史中丞崔彧得玉璽于故臣之家，其文曰「受命于天，旣壽永昌」，上之徽仁裕聖皇后。至是手授於帝。甲午，卽皇帝位，受諸王宗親、文武百官朝於大安閣，詔曰：

朕惟太祖聖武皇帝受天明命，肇造區夏，聖聖相承，光熙前緒。迨我先皇帝體元居正以來，然後典章文物大備。臨御三十五年，薄海內外，罔不臣屬，宏規遠略，厚澤深仁，有以衍皇元萬世無疆之祚。

我昭考早正儲位，德盛功隆，天不假年，四海缺望。顧惟眇質，仰荷先皇帝殊眷，往歲之夏，親授皇太子寶，付以撫軍之任。今春宮車遠馭，奄棄臣民，乃有宗藩昆弟之賢，戚畹官僚之舊，謂祖訓不可以違，神器不可以曠，體承先皇帝夙昔付託之意，合辭推戴，誠切意堅。朕勉徇所請，於四月十四日卽皇帝位，可大赦天下。

尙念先朝庶政，悉有成規，惟愼奉行，罔敢失墜。更賴祖親勳戚，左右忠良，各盡乃誠，以輔台德。布告遠邇，咸使聞知。

詔除大都、上都兩路差稅一年，其餘減丁地稅糧十分之三。係官逋欠，一切蠲免。民戶逃亡者，差稅皆除之。追尊皇考曰皇帝，尊太母元妃曰皇太后。庚子，遣攝太尉兀都帶等請諡于南郊。遣禮部侍郎李衎、兵部郎中蕭泰登齎詔使安南。中書省臣言：「陛下新卽大位，諸王、駙馬賜與，宜依往年大會之例，賜金一者加四爲五，銀一者加二爲三。又江南分土之賦，初止驗其版籍，令戶出鈔五百文，今亦當有所加，然不宜增賦於民，請因五百文加至二貫，從今歲官給之。」從之。乙巳，賜駙馬蠻子帶銀七萬六千五百兩，闊里吉思一萬五千四百五十兩，高麗王王昛三萬兩。丁未，湖廣行省所屬，寇盜竊發，復令劉國傑討之。戊申，太白晝見，又犯鬼。詔存恤征黎蠻、爪哇等軍。己酉，雲南行省以所定路、府、州、縣來上：上路二，下路十一，下州四十九，中縣一，下縣五十。以金齒歸附官阿魯爲孟定路總管，佩虎符。是月，卽墨縣雹。

五月庚戌朔，太白犯輿鬼。壬子，始開醮祠於壽寧宮。祭太陽、太歲、火、土等星於司天臺。戊午，遣攝太尉兀都帶奉玉册玉寶，上大行皇帝尊謚曰聖德神功文武皇帝，廟號世祖；皇后尊謚曰昭睿順聖皇后；皇考尊謚曰文惠明孝皇帝，廟號裕宗。賜國王和童金二百五十兩，月兒魯百五十兩，伯顏、月赤察而各五十兩，銀、鈔、錦各有差。庚申，祭紫微星於雲仙臺。雲南部長適習、四川散毛洞主覃順等來貢方物，陞其洞爲府。丁卯，八番宣慰使斡羅思犯法，爲人所訟，懼罪逃還京師。賜安西王阿難答鈔萬錠。己巳，改皇太后所居舊太子府爲隆福宮，詹事院爲徽政院，司議曰中議，府正曰宮正，家令曰內宰，典醫署曰掌醫，典寶曰掌謁，典設曰掌儀，典饍曰掌饍，仍增控鶴至三百人。詔各處轉運司官，欺隱姦詐爲人所訟者，聽廉訪司卽時追問，其案牘仍舊例於歲終檢之。陞福建鹽提舉司爲鹽轉運司，增捕私鹽人賞格。庚午，諸王亦里不花來朝，以瘠馬輸官，官酬其直，爲鈔十有一萬五千錠。賜也速帶而、汪惟正兩軍將士糧五萬石。餉北征軍。壬申，御史臺臣言：「內外官府增置愈多，在京食祿者萬人，在外尤衆，理宜減併。」命與中書議之。用崔彧言，肅政廉訪司案牘，勿令總管府檢劾。詔議增官吏祿。以也速帶而所統將士貧乏，給鈔萬錠。乙亥，以扎珊知樞密院事。戊寅，封皇姑高麗王王昛妃忽都魯揭里迷失爲安平公主。賜亦都護金五百五十兩、銀七千五百兩，合迷里的斤帖林金五十兩、銀四百五十兩。西平王奧魯赤言：「汪總帥之軍，多庇其富實，而令貧弱者應役。」命更易之。以月兒魯爲太師，伯顏爲太傅，月赤察而爲太保。禁諸司豪奪鹽船遞運官物，僧道權勢之家私匿盜販。是月，密州〔路〕諸城縣、〔三〕大都路武清縣雹，峽州路大水。

六月庚辰朔，日有食之。辛巳，御史臺臣言：「名分之重，無踰宰相，惟事業顯著者可以當之，不可輕授。廉訪司官歲以五月分按所屬，次年正月還司。職官犯贓，敕授者聽總司議，宣授者上聞。其本司聲跡不佳者代之，受賂者依舊例比諸人加重。」帝曰：「其與中書同議。」乙酉，雲南金齒路進馴象三。丙戌，以雲南歲貢馬二千五百匹給梁王，數太多，命量減之。庚寅，必察不里城敢木丁遣使來貢。詔罷功德使司及泉府司官冗員。壬辰，立晉王內史府。復以光祿寺隸宣徽院。中書省臣言：「朝會賜與之外，餘鈔止有二十七萬錠。凡請錢糧者，乞量給之。」定西平王奧魯赤、寧遠王闊闊出、鎮南王脫歡及也先帖木而大會賞賜例，金各五百兩、銀五千兩、鈔二千錠、幣帛各二百匹；諸王帖木而不花、也只里不花等，金各四百兩、銀四千兩、鈔一千六百錠、幣帛各一百六十匹。以帖木而復爲平章政事。諸王阿只吉部玉速福屢叛，伏誅。以甘肅等處米價踴貴，詔禁釀酒。命月赤察而提調羣牧事。乙未，以世祖、皇后、裕宗謚號播告天下。免所在本年包銀，俸鈔，及內郡地稅、江淮以南夏稅之半。〔乙〕〔己〕亥，〔三〕以乳保勞，封完顏伯顏爲冀國公，妻何氏爲冀國夫人。完澤貸民錢，多取其息，命依世祖定制。辛丑，浙西道提刑按察使弘吉烈帶阿魯灰受賂，遇赦免，復以爲河西隴北道肅政廉訪使。御史臺臣言：「先朝決獄，隨罪輕重，笞杖異施。今止用杖，乞如舊制。」不允。宋使家鉉翁安置河間，年踰八十，賜衣服，遣還其家。癸卯，封駙馬闊里吉思爲〔高〕唐王，〔四〕給金印。甲辰，詔翰林國史院修世祖實錄，以完澤監修國史。乙巳，給困赤禿出征軍士鈔各千戶千錠。丙午，太陰犯井。以昔寶赤從征諸軍自備馬一千一百九十餘匹，命給還其直。戊申，詔宗藩內外官吏人等，咸聽丞相完澤約束。以合剌思八斡節而爲帝師，賜玉印。賜雪雪的斤公主鈔千錠，諸王伯答罕、末察合而部貧乏者三千錠，伯牙兀真、赤里、由柔伯牙伯剌麻、闊怯倫、忙哥眞各金五十兩，銀、鈔、幣有差。是月，東安州蝗。

秋七月壬子，詔御史大夫月兒魯振臺綱。禁內外諸司減官吏俸爲宴飲費。置隆福宮衞候司。癸丑，詔軍民各隸所司，無相侵越。乙卯，以諸王出伯所部四百餘戶乏食，徙其家屬就食內郡，仍賜以奧魯軍年例鈔三千錠。給瓜、沙之民徙甘州屯田者牛價鈔二千六百錠。以也的迷失爲東昌路達魯花赤，中書省臣言其嘗官是郡，犯法五百餘款，今不宜復官，帝曰：「姑試之。」己未，復立平陽路之蒲、武鄉，保定路之博野，泰安州之新泰等縣。賜諸王出伯奥魯軍、也速帶而紅襖軍，幣帛各六萬匹。庚申，改侍衞都指揮使司爲隆福宮左都威衞使〔司〕、右都威衞使〔司〕。〔五〕以陝西道廉訪司沒入贓罰錢舊給安西王者，令行省別貯之。壬戌，詔中外崇奉孔子。癸亥，罷肇州宣慰司，併入遼東道。戊辰，減八番等處所設官二百一十六員。八番稱新附九十萬戶，設官四百二十四員，及遣官覈實，止十六萬五千餘戶，故減之。行樞密院月的迷失、程鵬飛各加平章政事，中書省臣言：「樞密之臣不宜重與相銜。」帝命以軍職尊崇者授之。辛未，中書省臣言：「向御史臺劾右丞阿里嘗與阿合馬同惡，論罪抵死，幸得原免，不當任以執政。臣謂阿里得罪之後，能自警省，乞令執政如故。」從之。以軍戶所棄田產歲入及管軍官吏贖罪等鈔，復輸樞密院。癸酉，以陝西行省平章不忽木爲中書平章政事。甲戌，立隨路民匠、打捕、鷹房、納綿等戶總管府，秩正三品。詔招諭暹國王敢木丁來朝，或有故，則令其子弟及陪臣入質。扎魯花赤言：「諸王之下有罪者，不聞于朝，輒自決遣。」詔禁治之。詔月兒魯守北邊，賜其所統軍士幣帛各萬匹，及西征軍士幣三萬匹、鈔三萬六千六百錠。賜不魯花眞公主及諸王阿只吉女弟伯禿銀、鈔有差。是月，棣州陽信縣雹，大風拔木發屋，眞定路之南宮、新河，易州之淶水等縣雹。

八月庚辰，太白晝見。癸未，平灤路遷安等縣水，蠲其田租。戊子，初祀社稷，用堂上樂，歲以爲常。己丑，以大都留守段貞、平章政事范文虎監浚通惠河，給二品銀印。令軍士復濬浙西太湖、澱山湖溝港，立新河運糧千戶所。詔諸路平準交鈔庫所貯銀九十三萬六千九百五十兩，除留十九萬二千四百五十兩爲鈔母，餘悉運至京師。復立平陽之芮城、陵川等縣。辛卯，以忙哥撒而妻子爲敵所掠，賜鈔八千錠。戊戌，太陰犯畢。太白犯軒轅。是月，德州之安德縣大風雨雹。

九月壬子，聖誕節，帝駐蹕三部落，受諸王、百官賀。癸丑，詔有司存恤征爪哇軍士死事之家。甲寅，口授諸王傅阿黑不花爲丞相。丁巳，太白經天。庚申，以合魯剌及乃顏之黨七百餘人隸同知樞密院事不憐吉帶，習水戰。丙寅，太陰掩塡星。辛未，太陰犯軒轅。乙亥，太白犯右執法。太陰犯平道。遣禿古鐵木而等使闍藍。是月，趙州之寧晉等縣水。

冬十月戊寅，車駕還大都。辛巳，江浙行省臣言：「陛下卽位之初，詔蠲今歲田租十分之三。然江南與江北異，貧者佃富人之田，歲輸其租，今所蠲特及田主，其佃民輸租如故，則是恩及富室而不被於貧民也。宜令佃民當輸田主者，亦如所蠲之數。」從之。遼陽行省所屬九處大水，民饑，或起爲盜賊，命賑恤之。江西行省臣言：「銀場歲辦萬一千兩，而未嘗及數，民不能堪。」命自今從實辦之，不爲額。壬午，太白犯左執法。有事于太廟。癸巳，太陰掩塡星。乙未，太陰犯井。金齒新附孟愛甸酋長遣其子來朝，卽其地立軍民總管府。朱清、張瑄從海道歲運糧百萬石，以京畿所儲充足，詔止運三十萬石。辛丑，帝諭右丞阿里、參政梁德珪曰：「中書職務，卿等皆懷怠心。朕在上都，令還也的迷沙已沒財產，任明里不花，皆至今未行。又不約束吏曹，使選人留滯。桑哥雖姦邪，然僚屬憚其威，政事無不立決。卿等其約束曹屬，有不事事者笞之。仍以朕意諭右丞相完澤。」壬寅，緬國遣使貢馴象十。乙巳，遣南巫里、速木答剌、繼沒剌〔矛〕〔予〕、毯陽使者各還其國，〔六〕賜以三珠虎符及金銀符，金、幣、衣服有差。初，也黑迷失征爪哇時，嘗招其瀕海諸國，於是南巫里等遣人來附，以禁商泛海留京師，至是弛商禁，故皆遣之。

十一月丁未朔，帝朝皇太后于隆福宮，上玉册、玉寶。庚戌，〔七〕行樞密院臣劉國傑討辰州賊，詔選州民刀弩手助其軍，他不爲例。京師犯贓罪者三百人，帝命事無疑者，准世祖所定十三等例決之。己酉，太陰犯亢。庚戌，廣西鹽先給引於民，而徵其直，私鹽日橫，及官自鬻鹽，民復不售。詔先以鹽與民，而後徵之。辛亥，中書省臣言：「國賦歲有常數，先帝嘗曰：『凡賜與，雖有朕命，中書其斟酌之。』由是歲務節約，常有贏餘。今諸王藩戚費耗繁重，餘鈔止一百十六萬二千餘錠。上都、隆興、西京、應昌、甘肅等處糴糧鈔計用二十餘萬錠，諸王五戶絲造作顏料鈔計用十餘萬錠，而來會諸王尙多，恐無以給。乞俟其還部，臣等酌量定擬以聞。」從之。壬子，詔以軍民不相統壹，罷湖廣、江西行樞密院，併入行省。乙卯，令河西僧人依舊助役。丁巳，以伯顏察而參議中書省事，其兄伯顏言曰：「臣叨平章政事，兄弟宜相嫌避。」帝曰：「卿勿復言。兄平章於上，弟參議於下，何所嫌也。」罷貴赤屯田總管府。罷宣政院所刻河西藏經板。庚申，太陰犯畢。甲子，詔禁作姦犯科者。以湖南道宣慰使何（偉）〔瑋〕爲中書參知政事。〔八〕罷海北海南市舶提舉司。壬申，立覆實司。濟寧路立諸色戶計諸總管府，秩四品。癸酉，太白犯房。詔改明年爲元貞元年。

十二月辛巳，賜諸王亦思廉殿金五十兩。癸未，歲星犯房。丙戌，罷遼河等處人匠正副達魯花赤。丁亥，歲星犯鈎鈐。甲午，以諸王晃兀而、駙馬阿失等皆在軍，加賜金銀、鞍勒、弓矢、衣服各有差。乙未，以伯遙帶忽剌出所隸一千戶饑，賜鈔萬錠。壬辰，〔九〕太陰犯鬼。戊戌，禁侵擾農桑者。庚子，太陰犯房，又犯歲星。選各衞精兵千人，命孛羅曷答而等將之，戍和林，聽太師月兒魯節度，三年而更。用帝師奏，釋京師大辟三十人，杖以下百人；賜諸鰥寡貧民鈔三百錠。曲（靜）〔靖〕、〔一〇〕澂江、普安等路夷官各以方物來貢。以東勝等處牛遞戶貧乏，賜鈔三千餘錠。卜阿里使廝八而還都。阿思民爲海都所虜，賜鈔三萬九千九百錠。是月，常德、岳、鄂、漢陽四州水，免其田租。

是歲，斷大辟三十一人。

元貞元年春正月戊申，諸王阿失罕來朝，賜金五十兩、銀四百五十兩。癸丑，以太僕卿只而合郎爲御史大夫。甲寅，以從世祖狩杭海功，賜諸王忽剌出金五十兩、珠一串。乙卯，太陰犯填星，又犯畢。壬戌，以國忌，飯大聖壽萬安寺飯僧七萬。癸亥，安西王阿難答、寧遠王闊闊出皆言所部貧乏，賜安西王鈔二十萬錠、寧遠王六萬錠。又以隕霜殺禾，復賑安西王山後民米一萬石。詔道家復行金籙、科範。以雲南行省左丞楊炎龍爲中書左丞。乙丑，以亦奚不薛復隸雲南行省。以行樞密院旣罷，賜行中書省長官虎符，領其軍。庚午，以江浙行省平章阿老瓦丁爲參知政事。壬申，立北庭都元帥府，以平章政事合伯爲都元帥，江浙行省右丞撒里蠻爲副都元帥，皆佩虎符。立曲先塔林都元帥府，以釁都察爲都元帥，佩虎符。饒州路達魯花赤阿剌紅、治中趙良不法，僉江東廉訪司事昔班、季讓受金縱之，事覺，昔班自殺，杖季讓，除名，仍沒其財產奴婢之半。罷瓜、沙等州屯田。癸酉，歲星犯東咸。甲戌，有飛書妄言朱淸、張瑄有異圖者，詔中外慰勉之。乙亥，追封皇國舅按只那演爲濟寧王，諡忠武，封皇姑囊家眞公主爲魯國大長公主，駙馬蠻子台爲濟寧王，仍賜金印。詔飭諸道鹽運司。

二月丙子朔，安西王相鐵赤等請復立王相府，不許。令陝西省臣給其所需，仍以廉訪司沒入贓罰鈔與之。丁丑，翰林學士承旨留夢炎告老，帝以其在先朝言無所隱，厚賜遣之。

命曷伯、撒里蠻、孛來將探馬赤軍萬人出征，聽諸王出伯節度。壬午，罷江南茶稅，以其數三千錠添入江西榷茶都轉運司歲額。詔貸斡脫錢而逃隱者罪之，仍以其錢賞首告者。癸未，熒惑犯太陰。丁亥，雲南行省平章也先不花言：「敢麻魯有兩夷未附，金齒亦叛服不常，乞調兵六千鎮撫金齒，置驛入緬。」從之。復以拱衞司爲正三品。以濟寧王蠻子台所部弘吉烈人貧乏，賜鈔一十八萬錠。戊子，思州田曷剌不花、雲南夷卜木、四川洞主查閭王、金齒帶梅混冬等來見。緬國阿剌扎高微班的來獻舍利、寶玩。甲午，以探馬赤軍出征，馬不足，詔除軍民官吏所乘，凡有馬者盡括之。壬辰，〔二〕太陰犯平道。丁酉，車駕幸上都。癸卯，太陰犯歲星。以諸王亦憐眞部馬牛驛人貧乏，賜鈔千錠。以工部尚書兼諸路金玉人匠總管府達魯花赤呂天麟爲中書參知政事。立雲州銀場都提舉司，秩四品。中書省臣言：「近者阿合馬、桑哥怙勢賣官，不別能否，止憑解由遷調，由是選法大壞。宜令廉訪司體覆以聞，省臺選官覈實，定其殿最，以明黜陟。其廉訪司官，亦令省臺同選爲宜。」從之。罷河西軍，聽各還其所屬。賜駙馬那懷鈔萬五千錠。以醮延春閣，賜天師張與棣、宗師張留孫、眞人張志僊等十三人玉圭各一。製寶玉五方佛冠賜帝師。

三月乙巳朔，安南世子陳日燇遣使上表慰國哀，又上書謝寬貰恩，幷獻方物。丙午，遣密剌章以鈔五萬錠授征西元帥，令市馬萬匹，分賜二十四城貧乏軍校。庚戌，太陰犯塡星。

壬子，禁來朝官斂所屬俸。丙辰，給月兒魯、禿禿軍炒米萬石。金齒夷洞蠻來見，賜衣遣之。戊午，罷福建銀場提舉司，其歲額銀以有司領之。中書省臣言：「樞密院、御史臺例應奏舉官屬，其餘諸司不宜奏請，今皆請之，非便。」詔自今已後，專令中書擬奏。以東作方殷，罷諸不急營造，惟帝師塔及張法師宮不罷。壬戌，地震。太陰犯房。丙寅，國王和童隱所賜本部貧民鈔三百五十錠，命臺臣遣人按問以愧之。詔免醫工門徭。增置蒙古學正，以各道肅政廉訪司領之。

夏四月辛巳，妖人蒙蟲僭擬，及其黨十三人伏誅。賜章河至苦鹽貧乏驛戶，鈔一萬二千九百餘錠。丙戌，諸王也只里以兵五千人戍兀魯思界，遣使來求馬，帝不允。庚寅，太陰犯東咸。封乳母楊氏為趙國安翼夫人。癸巳，以同知烏撒烏蒙等處宣慰使司事牙那木假兵部尚書，佩虎符，使馬答兒的陰。戊戌，給扈從探馬赤軍市馬鈔十二萬錠。庚子，立掌謁司，掌皇太后寶，秩四品，以宦者為之。賜貴赤親軍貧乏戶鈔四萬一千五百餘錠。癸卯，以諸王出伯所統探馬赤、紅襖軍各千人，隸西平王奧魯赤。設各路陰陽教授，仍禁陰陽人不得游於諸王、駙馬之門。以貴赤萬戶忽禿不花等所部為敵所掠，賜鈔有差。是月，眞定路之平山、靈壽等縣有蟲食桑。

閏四月丙午，為皇太后建佛寺于五臺山，以前工部尚書涅只為將作院使，領工部事；燕南河北道肅政廉訪使宋德柔爲工部尚書，董其役；以大都、保定、眞定、平陽、太原、大同、河間、大名、順德、廣平十路，應其所需。癸丑，歲星犯房。甲寅，太陰犯平道。立梭釐招討使司，以答而忽帶爲使，佩虎符。乙卯，太陰犯亢。丁巳，太陰掩房。己未，罷打捕鷹房總管府，及司籍、周用、薄斂等庫，及徽州路銀場。各處鹽使司鹽場，改設司令、司丞。仍免大都今歲田租。弛甘州酒禁。庚申，河南行省虧兩淮歲辦鹽十萬引、鈔五千錠，遣扎剌而帶等往鞫實，命隨其罪之輕重治之。陝西行省增羨鹽鈔一萬二千五百餘錠，山東都轉運使司別思葛等增羨鹽鈔四千餘錠，各賜衣以旌其能。南人洪幼學上封事，妄言五運，笞而遣之。壬戌，塔卽古阿散以不法伏誅。詔禁行省、行泉府司抽分市舶船貨，而同匿其珍細者。戊辰，遣愛牙赤覈實高麗國儲糧。平陽民訴諸王小薛、曲列失伯部曲恣横，遣官鞫之。賜安南國王陳益稷鈔千錠。是月，蘭州上下三百餘里河淸三日。

五月戊寅，以魯國大長公主建佛寺于應昌，給鈔千錠、金五十兩。命麥朮丁、何榮祖等釐正選法。己卯，竄忙兀部別闍于江西，俾從月底迷失討賊。庚辰，詔各省止存儒學提舉司一，餘悉罷之。陞江南平陽等縣爲州。以戶爲差，戶至四萬五萬者爲下州，五萬至十萬者爲中州。下州官五員，中州六員。凡爲中州者二十八，下州者十五。又以戶不及額，降連州路爲連州。增重挑補鈔人罪，告捕者仍優其賞，令犯人給之。辛巳，罷行大司農司。

加平章政事麥朮丁爲平章軍國重事，中書（左）〔右〕丞、議中書省事何榮祖爲昭文舘大學士、與中書省事。〔一二〕甲申，詔自元貞元年五月以前逋欠錢糧者，皆罷徵。丁亥，太陰犯南斗。甲午，以諸王阿只吉部貧乏，賜鈔二十萬錠。江浙行省臣鐵木而不聽詔，遣官責之。丙申，以伯顏之子買的爲僉書樞密院事。太后言其父盡心王室，欲令代其父官，帝以其年尚小，故有是命。詔以農桑水利諭中外。鞏昌府金州、西和州、會州雨雹，無麥禾。饒州、鎭江、常州、湖州、平江、建康、太平、常德、澧州皆水。

六月戊申，濟南路之歷城縣大淸河水溢，壞民居。壬子，高麗王王昛乞爲太師中書令，不允。以近邊役煩及水災，免咸平府民八百戶今年賦稅。詔遼陽省進海東靑鶻二十四驛，每驛給牛六頭，使者食米五石，鷹食羊五口。又狗遞十二驛，每戶給鈔十錠。甲寅，翰林承旨董文用等進世祖實錄。乙卯，江西行省所轄郡大水無禾，民乏食，令有司與廉訪司官賑之，仍弛江河湖泊之禁，聽民採取。陞沅州爲路，以靖州隸之。遣使與各省官就遷調邊遠六品以下官。併左右兩江宣慰司都元帥府、宣撫司，爲廣西兩江道宣慰司都元帥府，以（靖）〔靜〕江爲治所，〔一三〕仍分司邕州。敕：「凡上封事者，命中書省發緘視之，然後以聞。」詔河西僧納租稅。癸亥，立蒙古軍都元帥府于西川，徑隸樞密院，以阿剌鐵木而、岳樂罕並爲都元帥，佩虎符。河西隴北道廉訪司鞫張萬戶不法，西平王奧魯赤沮撓其事，帝命諭之。甲子，以安西王所部出征軍妻孥乏食，給糧二千石。昭、賀、藤、邕、澧、全、衡、柳、吉、贛、南安等處蠻寇竊發，以軍民官備禦不嚴，撫字不至，皆責而降之。駙馬濟寧王蠻子台私殺罪人，御史臺臣言其專擅，有旨諭蠻子台令知之。庚午，立西域衞親軍都指揮使司，以迷而的斤爲都指揮使。是月，汴梁路蝗，利州、蓋州螟，泰安、曹州、濟寧路水，鞏昌、環州、慶陽、延安、安西旱。

秋七月乙亥，徙甘、涼御匠五百餘戶于襄陽。詔江南地稅輸鈔。丁丑，太陰犯亢。罷追問已原逋欠。普顏怯里迷失公主等，俱以其部貧乏來告，賜鈔計四十九萬餘錠。御史臺臣言：「內地盜賊竊發者衆，皆由國家赦宥所致。乞命中書立爲條格，督責所屬，期至盡滅。」制曰「可」。(乙)〔己〕卯，〔一四〕詔申飭中外：「有儒吏兼通者，各路舉之，廉訪司每道歲貢二人，省臺委官立法考試，中程者用之，所貢不公，罪其舉者。職官坐贓論斷，再犯者加二等。倉庫官吏盜所守錢糧，一貫以下笞之，至十貫杖之，二十貫加一等，一百二十貫徒一年，每三十貫加半年，二百四十貫徒三年，滿三百貫者死。計贓以至元鈔爲則。」給江南行御史臺守護軍百人。減海南屯田軍之半，還其元翼。詔增給諸軍藥餌價直。壬午，立肇州屯田萬戶府，以遼陽行省左丞阿散領其事。甲申，歲星犯房。給塞下貧民鈔二萬四千錠。己丑，賜劉國傑玉帶錦衣，旌其戰功。辛卯，以禿禿合所部貧乏，賜鈔十萬錠。戊戌，朱永福、邊珍裕以妖言伏誅。札魯忽赤文移舊用國語，敕改從漢字。壬寅，詔易江南諸路天慶觀爲玄妙觀，毀所奉宋太祖神主。大都、遼東、東平、常德、湖州武衞屯田大水，隆興路雹，太原、平陽、安豐、河間等路旱。

八月(乙)〔己〕酉，〔一五〕太陰犯牛。壬子，太陰犯壘壁陣。辛酉，緬國進馴象三。癸亥，賑遼陽民被水者糧兩月。己巳，以駙馬那懷知樞密院事。金、復州屯田有蟲食禾，汴梁、安西、眞定等路旱，平江、安豐等路大水。

九月甲戌，帝至自上都。乙亥，用帝師奏，釋大辟三人、杖以下四十七人。戊寅，以八撒而治私第，給鹽萬引。詔輸米十萬石于榷場故廩，以備北塞。以探馬赤軍士所至擾民，令合伯鎭之，犯者罪其主將。(乙)〔己〕卯，〔一六〕罷四川淘金戶四千，還其元籍，罪初獻言者。庚辰，罷寧夏路行中書省，以其事併入甘肅行省。丁亥，爪哇遣使來獻方物。己丑，給桓州甲匠糧千石。壬辰，湖州司獄郭玘訴浙西廉訪司僉事張孝思多取廩餼，孝思繫玘于獄。行臺令監察御史楊仁往鞫，而江浙行省平章鐵木而逮孝思至省訊問，又令其屬官與仁同鞫玘事，仁不從，行臺以聞。詔省臺遣官鞫問，既引服，皆杖之。諸王小薛部衆擾民，遣官按問，杖其所犯重者，餘聽小薛責之。甲午，太陰犯軒轅。戊戌，太陰犯平道。宣德府大水，軍民乏食，給糧兩月。武衞萬盈屯及延安路隕霜殺禾，高郵府、泗州、賀州旱，平江、廬州等路大水。

冬十月癸卯，有事于太廟。中書省臣言：「去歲世祖、皇后、裕宗祔廟，以綾代玉册。今玉册、玉寶成，請納諸各室。」帝曰：「親享之禮，祖宗未嘗行之。其奉册以來，朕躬祝之。」命獻官迎導入廟。給江浙、河南巡邏私鹽南軍兵仗。癸丑，以西北叛王將入自土蕃，命平章軍國重事答失蠻往征之，仍敕便宜總帥發兵千人從行，聽其節度。甲寅，中書省、御史臺臣言：「江浙行省平章明里不花陳臺憲非便事，臣等議，乞自今監察御史廉訪司有所按覈，州縣官與本路同鞫，路官與宣慰司同鞫，宣慰司官與行省同鞫。」制曰「可」。詔諸王、駙馬部民旣隸軍籍者，毋奪回本部。己未，賜各衛士貧乏者鈔二萬九千三百餘錠。辛酉，辰星犯房。壬戌，辰星犯鍵閉。癸亥，賜諸王巴撒而、火而忽答孫、禿剌三部鈔四萬八千五百餘錠。丁卯，以博而赤、荅剌赤等貧乏，賜鈔二萬九千餘錠。戊辰，太白晝見。太陰犯房。遣安南朝貢使陳利用等還其國，降詔諭陳日燇。

十一月甲戌，太白經天及犯壘壁陣。辛巳，置江浙行省檢校官二員。立江浙金銀洞冶轉運使司。乙酉，太陰犯井。丙戌，毬陽酋長之兄脫杭捧于、法而剌酋長之弟密剌八都、阿魯酋長之弟脫杭忽先等，各奉金表來覲。丁亥，太陰犯鬼。戊子，賜阿魯酋長虎符。癸巳，賜安西王甲冑、槍撾、弓矢、橐鞬等十五萬八千二百餘事。戊戌，陞贛州路之寧都、會昌二縣爲州，以石城縣隸寧都，瑞金縣隸會昌。詔江浙行省括隱漏官田及檢劾富强避役之戶。

十二月庚子朔，遣集賢院使阿里渾撒里等祭星于司天臺。癸卯，以駙馬阿不花所部民貧，賜鈔萬錠。賜諸王押忽禿、忽剌出、阿失罕等金各二百五十兩、鈔五百錠。丙辰，太陰犯軒轅。荆南僧晉昭等僞撰佛書，有不道語，伏誅。己未，詔大都路，凡和顧和買及一切差役，以諸色戶與民均當。賜諸王不顏鐵木而、阿八也不干金各五百兩、銀五千兩、鈔二千錠、幣帛各二百匹，其幼王減五分之一。以各道廉訪司官八員，員一印，命收其三。甲子，太陰犯天江。賜帝師雙龍紐玉印。也速帶而之軍因李壇亂去山東，其元駐之地爲人所墾，歲久成業，爭訟不已。命別以境內荒田給之，正軍五頃，餘丁二頃，已滿數者不給。減海運脚價鈔一貫，計每石六貫五百文，著爲令。徙縉山所居乞里乞思等民于山東，以田與牛、種給之。丁卯，禁諸王輒召有司官吏。己巳，詔免軍器匠門徭。

是歲，斷大辟三十人。

校勘記

〔一〕三十年〔六月〕乙巳　據本書卷一七世祖紀至元三十年六月乙巳條補。考異已校。

〔二〕密州（路）諸城縣　按本書卷五八地理志，密州隸益都路，此「路」字衍，今删。本證已校。

〔三〕（乙）〔己〕亥　按是月庚辰朔，無乙亥日。此「乙亥」在乙未十六日、辛丑二十二日間，爲己亥二十日之誤，今改。續通鑑已校。

〔四〕封駙馬闊里吉思爲〔高〕唐王　據本書卷一一八阿剌兀思剔吉忽里傳附闊里吉思傳補。考異已校。

〔五〕改侍衞都指揮使司爲隆福宮左都威衞使〔司〕右都威衞使〔司〕　據本書卷八九百官志補。按此處指官署，應有「司」字。蒙史已校。

〔六〕遣南巫里速木答剌繼沒剌（矛）〔予〕毯陽使者各還其國　按「繼木剌矛」無此國名。下文大德三年正月癸未條作「沒剌由」，此國本書尚有「木剌由」、「馬來忽」、「麻里予兒」等異譯。「矛」誤，今改。「繼」字當係衍文或「及」字之誤。

〔七〕庚戌　按是月丁未朔，庚戌爲初四日。此庚戌在己酉初三日前，疑爲戊申初二日之誤，或應移併於己酉後重見之庚戌條。

〔八〕何（偉）〔瑋〕　據本書卷一五〇本傳改。類編已校。

〔九〕壬辰　按是月丙子朔，壬辰爲十七日，應在丁亥十二日後、甲午十九日前。

〔一〇〕曲（靜）〔靖〕　據本書卷六一地理志改。道光本已校。

〔一一〕壬辰　按是月丙子朔，壬辰爲十七日，應在戊子十三日後、甲午十九日前。

〔一二〕中書(左)〔右〕丞議中書省事何榮祖　按本書卷一六、一七世祖紀至元二十八年五月癸丑、二十九年三月己酉條及卷一一二宰相表、卷一六八本傳均作「右丞」，據改。本證已校。

〔一三〕(靖)〔靜〕江　據本書卷六三地理志改。蒙史已校。

〔一四〕(乙)〔己〕卯　按是月癸酉朔，無乙卯日。此「乙卯」在丁丑初五日、壬午初十日間，爲己卯初七日之誤，今改。道光本已校。

〔一五〕(乙)〔己〕酉　按是月癸卯朔，無乙酉日。此「乙酉」在壬子初十日前，爲己酉初七日之誤，今改。道光本已校。

〔一六〕(乙)〔己〕卯　按是月壬申朔，無乙卯日。此「乙卯」在戊寅初七日、庚辰初九日間，爲己卯初八日之誤，今改。續通鑑已校。

元史卷十九

本紀第十九

成宗二

二年春正月丙子，詔蠲兩都站戶和雇和市。己卯，詔江南毋捕天鵝。以忽剌出千戶所部屯夫貧乏，免其所輸租。上思州叛賊黃勝許攻剽水口思光寨，湖廣行省調兵擊破之，獲其黨黃法安等，賊遁入上牙六羅。壬午，太陰犯輿鬼。詔凡戶隸貴赤者，諸人毋爭。甲申，命西平王奧魯赤今夏居上都。丙戌，太白晝見。安西王傅鐵赤、脫鐵木而等復請立王相府，帝曰：「去歲阿難答已嘗面陳，朕以世祖定制諭之。今復奏請，豈欲以四川、京兆悉為彼有耶？賦稅、軍站，皆朝廷所司，今姑從汝請，置王相府，惟行王傅事。」丁亥，太陰犯平道。己丑，御史臺臣言：「漢人為同寮者，嘗為姦人捃摭其罪，由是不敢盡言。請於近侍昔寶赤、速古而赤中，擇人用之。」帝曰：「安用此曹。其選漢人識達事體者為之。」以御史中丞禿赤爲御史大夫。庚寅，太陰犯鈎鈐。辛卯，令月赤察而也可〔怯薛〕及合剌赤所部衞士自運軍糧，〔一〕給其行費。甲午，授嗣漢三十八代天師張與材太素凝神廣道眞人，管領江南諸路道教。乙未，詔諸王、公主、駙馬，非奉旨毋罪官吏。賜諸王合班妃鈔千二百錠、雜幣帛千匹，駙馬塔海鐵木而鈔三千錠。回紇不剌罕獻獅、豹、藥物，賜鈔千三百餘錠。

二月己亥朔，中書省臣言：「陛下自御極以來，所賜諸王、公主、駙馬、勳臣，爲數不貲，向之所儲，散之殆盡。今繼請者尚多，臣等乞甄別貧匱及赴邊者賜之，其餘宜悉止。」從之。分江浙行省軍萬人戍湖廣。給稱海屯田軍農具。詔奉使及軍官歿而子弟未襲職者，其所佩金銀符歸于官，違者罪之。辛丑，立中御府，以脫忽伯、唐兀並爲中御卿。丙午，禁軍將擅易侍衞軍、蒙古軍，以家奴代役者罪之，仍令其奴別入兵籍，以其主資產之半畀之，軍將敢有縱之者，罷其職。括蒙古戶漸丁，以充行伍。丁未，太陰犯井。庚戌，詔軍卒擅更代及逃歸者死。給禿禿合所部屯田農器。丙辰，詔江南道士貿易、田者，輸田、商稅。庚申，命札剌而忽都虎所部戶居于奉聖、雲州者，與民均供徭役。自六盤山至黃河立屯田，置軍萬人。丙寅，以大都留守司達魯花赤段貞爲中書平章政事。遣使代祀嶽瀆。賜安西王米三千石，以賑饑民。

三月壬申，以中書平章政事不忽木爲昭文館大學士，平章軍國事。罷太原、平陽路釀進蒲萄酒，其蒲萄園民恃爲業者，皆還之。諸王出伯言所部探馬赤軍懦弱者三千餘人，乞代以强壯，從之。仍命出伯非奉旨毋擅徵發。以怯魯剌駐夏民饑，戶給糧六月。郡王慶童有疾，以其子也里不花代之。賜八撒、火而忽答孫、禿剌三人鈔各千錠。治書侍御史萬僧受賕，命御史臺與宣政院使答失蠻雜治之。癸酉，增駐夏軍爲四萬人。忻都言晉王甘麻剌，朶兒帶言月兒魯，皆有異圖。詔樞密院鞫之，無驗。帝命言晉王者死，言月兒魯者謫從軍自效。詔雲南行臺檢劾亦乞不薛宣慰司案牘。甲戌，遣諸王亦只里、八不沙、亦憐眞、也里慳、甕吉剌帶並駐夏于晉王怯魯剌之地。丙子，車駕幸上都。丁丑，以完顏邦義、納速丁、劉季安妄議朝政，杖之，徒二年，籍其家財之半。甲申，次大口。乙酉，太陰犯鈎鈐。辛卯，賜遼陽行省糧三萬石。壬辰，詔駙馬亦都護括流散畏吾而戶。癸巳，湖廣行省以叛賊黃勝許黨魯萬丑、王獻于京師。〔三〕賜諸王鐵木兒金二百五十兩、銀二千五百兩、鈔五千錠，以旌其戰功。以合伯及塔塔剌所部民饑，賑米各千石。

夏四月己亥朔，命撒的迷失招集其祖忙兀臺所部流散人戶。賜諸王八卜沙鈔四萬錠，也眞所部六萬錠。平陽之絳州、台州路之黃巖州饑，杭州火，並賑之。

五月戊辰朔，免兩都徭役。辛未，安西王遣使來告貧乏，帝語之曰：「世祖以分賚之難，嘗有聖訓，阿難答亦知之矣。若言貧乏，豈獨汝耶？去歲賜鈔二十萬錠，又給以糧。今與，則諸王以爲不均；不與，則汝言人多饑死。其給糧萬石，擇貧者賑之。」甲戌，詔民間馬牛羊，百取其一，羊不滿百者亦取之，惟色目人及數乃取。丁丑，太陰犯平道。庚辰，土蕃叛，殺掠階州軍民，遣脫脫會諸王鐵木而不花、只列等合兵討之。〔三〕甲申，命也眞、薛闍罕駐夏于合亦而之地。禁諸王、公主、駙馬招戶。己丑，詔諸徒役者，限一年釋之，毋杖。庚寅，罷四川馬湖進獨本葱。詔諸王、駙馬及有分地功臣戶，居上都、大都、隆興者，與民均納供需。丁酉，命諸行省非奉旨毋擅調軍。安南國遣人招誘叛賊黃勝許。也黑〔迭〕〔迷〕失進紫檀，〔四〕賜鈔四千錠。是月，野蠶成繭。河中府之猗氏雹。太原之平晉，獻州之交河、樂壽，莫州之莫亭、任丘，及湖南醴陵州皆水。濟寧之濟州螟。

六月己亥，給出伯軍馬七千二百餘匹。詔晉王所部衣糧，糧以歲給，衣則三年賜之。給瓜州、沙州站戶牛種田具。御史臺臣言：「官吏受賂，初旣辭伏，繼以審覈，而有司徇情致令異辭者，乞加等論罪。」從之。乙巳，太白犯天關。以調兵妨農，免廣西容州等處田租一年。丙午，叛賊黃勝許遁入交趾。甲寅，降官吏受賕條格，凡十有三等。丁巳，太白犯塡星。癸亥，太陰犯井。丙寅，詔行省、行臺，凡朱淸有所陳列，毋輒止之。賜西平王奧魯赤銀二百五十兩、鈔六千錠，所部六萬錠，諸王亦憐眞所部二十萬錠，兀魯思駐冬軍三萬錠。是月，大都、眞定、保定、太平、常州、鎭江、紹興、建康、澧州、岳州、廬州、汝寧、龍陽州、漢陽、濟寧、東平、大名、滑州、德州蝗。大同、隆興、順德、太原雹。海南民饑，發粟賑之。

秋七月庚午，肇州萬戶府立屯田，給以農具、種、食。辛未，以鈔十一萬八千錠治西蕃諸驛。甘、肅兩州驛戶饑，給糧有差。賜諸王完澤印。癸酉，詔茶鹽轉運司、印鈔提舉司、運糧漕運司官，仍舊以三年爲代；雲南、福建官吏滿任者，給驛以歸。壬午，塡星犯井。太白犯輿鬼。括伯顏、阿朮、阿里海牙等所據江南田及權豪匿隱者，令輸租。河泊官歲入五百錠者敕授。增江西、河南省參政一員，以朱清、張瑄爲之。授特進上柱國高麗王世子王顓爲儀同三司、領都僉議司事。乙酉，遣雲南省逃軍戍亦乞不薛。命湖廣、江西兩省擇駐夏軍牧地。丙戌，遣岳樂也奴等使馬八兒國。己丑，命行臺監察御史鈎校隨省理問所案牘。以虎賁三百人戍應昌。諸提調錢正官，其部凡有逋欠者勿遷敍。廣西賊陳飛、雷通、藍青、謝發寇昭、梧、藤、容等州，湖廣左丞八都馬辛擊平之。辛巳，賜貴由赤戍軍鈔三萬九千餘錠。是月，平陽、大名、歸德、眞定蝗。彰德、眞定、曹州、濱州水。懷孟、大名、河間旱。太原、懷孟雹。福建、廣西兩江道饑，賑粟有差。

八月丁酉朔，禁舶商毋以金銀過海，諸使海外國者不得爲商。庚子，太陰犯亢。太白犯軒轅。壬寅，命江浙行省以船五十艘、水工千三百人，沿海巡禁私鹽。癸卯，太陰犯天江。乙巳，詔諸人告捕盜賊者，强盜一名賞鈔五十貫，竊盜半之，應捕者又半之，皆徵諸犯人，無可徵者官給。乙卯，太陰犯天街。太白犯上將。給諸王亦憐真軍糧三月。是月，德州、彰德、太原蝗。咸寧縣，金、復州，隆興路隕霜殺禾。寧海州大雨。大名路水。

九月戊辰，太白犯左執法。辛未，聖誕節，帝駐蹕安同泊，受諸王百官賀。壬申，太陰掩南斗。甲戌，增鹽價鈔一引爲六十五貫，鹽戶造鹽錢爲十貫，獨廣西如故。徽浙東、福建、湖廣夏稅。罷民間鹽鐵爐竈。給襄陽府合剌魯軍未賜田者糧兩月。罷淮西諸巡禁打捕人員。丁丑，太陰犯壘壁陣。戊寅，元江賊捨資殺掠邊境，梁王命怯薛丹等討降之。甲申，雲南省臣也先不花征乞藍，拔瓦農、開陽兩寨，其黨答剌率諸蠻來降。乞藍悉平，以其地爲雲遠路軍民總管府。己丑，太陰犯軒轅。辛卯，諸王出伯言汪總帥等部軍貧乏，帝以其久戍，命留五千駐冬，餘悉遣還，至明年四月赴軍。甲午，令廣海、左右兩江戍軍，以二年三年更戍；海都兀魯思不花部給出伯所部軍米萬石。是月，常德之沅江縣水，免其田租。河間之莫州、獻州旱。河決河南杞、封丘、祥符、寧陵、襄邑五縣。

冬十月丁酉，有事于太廟。壬寅，發米十萬石賑糶京師。以宣德、奉聖、懷來、縉山等處牧宿衞馬。甲辰，修大都城。壬子，車駕至自上都。職官坐贓，經斷再犯者，加本罪三等。贛州賊劉六十攻掠吉州，江西行省左丞董士選討平之。是月，廣備屯及寧海之文登水。

十一月丁卯，以蠻洞將領彭安國父子討田知州有功，賜安國金符，子爲蠻夷官。答馬剌一本王遣其子進象十六。戊辰，以廣西戍軍悉隸兩江宣慰司都元帥府。己巳，兀都帶等進所譯太宗、憲宗、世祖實錄，帝曰：「忽都魯迷失非昭睿順聖太后所生，〔五〕何爲亦曰公主？順聖太后崩時，裕宗已還自軍中，所紀月日先後差錯。又別馬里思丹炮手亦思馬因、泉府司，皆小事，何足書耶。」辛未，徙江浙行省拔都軍萬人戍潭州，潭州以南軍移戍郴州。以洪澤、芍陂屯田軍萬人修大都城。遣樞密院官整飭江南諸鎮戍軍，凡將校勤怠者，列實以聞。增海運明年糧爲六十萬石。丁丑，太陰犯月星，又犯天街。庚辰，太陰犯井。丁亥，〔六〕太陰犯上相。乙酉，樞密院臣言：「江南近邊州縣，宜擇險要之地，合羣戍爲一屯，卒有警急，易於徵發。」詔行省圖地形、覈軍實以聞。戊子，太陰犯平道。(贈)〔增〕大都巡防漢軍。〔七〕壬辰，太陰犯天江。緬王遣其子僧伽巴叔撒邦巴來貢方物。罷雲南柏興府入德昌路。賜太常禮樂戶鈔五千餘錠。是月，象食屯水，免其田租。

十二月戊戌，立徹里軍民總管府。雲南行省臣言：「大徹里地與八百媳婦犬牙相錯，今大徹里胡念已降，小徹里復占扼地利，多相殺掠。胡念遣其弟胡倫乞別置一司，擇通習蠻夷情狀者爲之帥，招其來附，以爲進取之地。」詔復立蒙樣剛等甸軍民官。癸卯，定諸王朝會賜與：太祖位，金千兩、銀七萬五千兩；世祖位，金各五百兩、銀二萬五千兩；餘各有差。

丁未，太陰犯井。詔諸行省徵補逃亡軍。復司天臺觀星戶。乙卯，太陰犯進賢。癸亥，釋在京囚百人。增置侍御史二員。賜金齒、羅斛來朝人衣。是(月)〔歲〕，〔八〕大都、保定、汴梁、江陵、沔陽、淮安水，金、復州風損禾，太原、開元、河南、芍陂旱，蠲其田租。是歲，斷大辟二十四人。

大德元年春正月庚午，增諸王要木忽而、兀魯(而)〔思〕不花歲賜各鈔千錠。〔九〕辛未，諸王亦憐真來朝，薨于道，賜幣帛五百匹。乙亥，給月兒魯匠者田，人百畝。乙酉，以邊地乏芻，給出伯征行馬粟四月。丙戌，以鈔十二萬錠、鹽引三萬給甘肅行省。昔寶赤等爲叛寇所掠，仰食於官，賜以農具牛種，俾耕種自給。己丑，以藥木忽而等所部貧乏，摘和林漢軍置屯田於五條河，以歲入之租資之。辛卯，以張斯立爲中書省參知政事。諸王阿只吉駐太原，河東之民困於供億，詔詰問之，仍歲給鈔三萬錠、糧萬石。給晉王所部屯田農器千具。建五福太乙神壇畤。汴梁、歸德水。木憐等九站饑，以米六百餘石賑之。給可溫種田戶耕牛。

二月甲午朔，賜晉王甘麻剌鈔七萬錠，安西王阿難答三萬錠。丙申，蒙陽甸酋長納款，遣其弟阿不剌等來獻方物，且請歲貢銀千兩及置驛傳，詔卽其地立通西軍民府，秩正四品。

戊戌，陞全州爲全寧府。庚子，詔東部諸王分地蒙古戍軍，死者補之，不勝役者易之。癸卯，徙揚州萬戶鄧新軍屯蘄、黃。以闍里台所隸新附高麗、女直、漢軍居瀋州。甲申，〔10〕諸軍民相訟者，命軍民官同聽之。丁未，省打捕鷹房府入東京路。戊午，羅羅斯酋長來朝。己未，改福建省爲福建平海等處行中書省，徙治泉州。平章政事高興言泉州與瑠求相近，或招或取，易得其情，故徙之。減福建提舉司歲織段三千匹，其所織者加文綉，增其歲輸衲服二百，其車渠帶工別立提舉司掌之。封的立普哇拿阿迪提牙爲緬國王，且詔之曰：「我國家自祖宗肇造以來，萬邦黎獻，莫不畏威懷德。嚮先朝臨御之日，爾國使人稟命入覲，詔允其請。爾乃遽食前言，是以我帥閫之臣加兵於彼。比者，爾遣子信合八的奉表來朝，宜示含弘，特加恩渥。今封的立普哇拿阿迪提牙爲緬國王，賜之銀印；子信合八的爲緬國世子，錫以虎符。仍戒飭雲南等處邊將，毋擅興兵甲。爾國官民，各宜安業。」又賜緬王弟撒邦巴一珠虎符，酋領阿散三珠虎符，從者金符及金幣，遣之。以新附軍三千屯田漳州。庚申，陞寧都、會昌縣爲州，並隸贛州路；寧陽鎭爲縣，隸濟寧路；陝州巡檢司爲河曲縣，隸保德州。安豐路設錄事司。以行徽政院副使王慶端爲中書右丞。詔改元赦天下。免上都、大都、隆興差稅三年。給也只所部六千戶糧三月。

三月戊辰，熒惑犯井。己巳，完澤等奏定銓調選法。庚午，以陝西行省平章也先鐵木而爲中書平章政事，中書省左丞梁暗都剌爲中書省右丞。癸酉，太陰掩軒轅大星。敗于柳林。免武當山新附軍徭賦。甲戌，西蕃寇階州，陝西行省平章脫列伯以兵進討，其黨悉平，留軍五百人戍之。詔各省合併鎮守軍，福建所置者合爲五十三所，江浙所置者合爲二百二十七所。丙子，車駕幸上都。丁丑，封諸王鐵木而不花爲鎮西武靖王，賜駝紐印。以江西省左丞八都馬辛爲中書左丞。庚辰，札魯忽赤脫而速受賂，爲其奴所告，毒殺其奴，坐棄市。乙酉，遣阿里以鈔八萬錠糴糧和林。丁亥，禁正月至七月捕獵，大都八百里內亦如之。庚寅，立江淮等處財賦總管府及提舉司。〔一〕賜諸王岳木忽而及兀魯思不花金各百兩，兀魯思不花母阿不察等金五百兩、銀鈔有差。賜稱海匠戶市農具鈔二萬二千九百餘錠，及牙忽都所部貧戶萬錠，別吉膽匠萬九百餘錠。五臺山佛寺成，皇太后將親往祈祝，監察御史李元禮上封事止之。歸德、徐、邳、汴梁諸縣水，免其田租。道州旱，遼陽饑，並發粟賑之。岳木忽而及兀魯思不花所部民饑，以乳牛牡馬濟之。

夏四月癸巳朔，日有食之。丙申，中書省、御史臺臣言：「阿老瓦丁及崔彧條陳臺憲諸事，臣等議，乞依舊例。御史臺不立選，其用人則於常調官選之，惟監察御史首領官，令御史臺自選。各道廉訪司必擇蒙古人爲使，或闕，則以色目世臣子孫爲之，其次參以色目、漢人。又合剌赤、阿速各舉監察御史非便，亦宜止於常選擇人。各省文案，行臺差官檢覈。

宿衞近侍，奉特旨令臺憲擢用者，必須明奏，然後任之。行臺御史秩滿而有效績者，或遷內臺，或呈中書省遷調，廉訪司亦如之；其不稱職者，省、臺擇人代之。未歷有司者，授以牧民之職；經省、臺同選者，聽御史臺自調。中書省或用臺察之人，亦宜與御史臺同議，各官府憲司官，毋得輒入體察。今擬除轉運鹽使司外，其餘官府悉依舊例。」制曰「可」。壬寅，賜兀魯思不花圓符。賜暹國、羅斛來朝者衣服有差。賜牙忽都部鈔萬錠。給岳木忽而所部和林屯田種。以米二千石賑應昌府。

五月丙寅，河決汴梁，發民三萬餘人塞之。戊辰，安南國遣使來朝。追收諸位下爲商者制書、驛券。命回回人在內郡輸商稅。給鈔千錠建臨洮佛寺。詔强盜姦傷事主者，首從悉誅；不傷事主，止誅爲首者，從者刺配，再犯亦誅。給葛蠻安撫司驛券一。辛未，遂寧州軍戶任福妻一產三男，給復三歲。癸酉，太白犯鬼積尸氣。乙亥，太陰犯房。丁丑，禁民間捕鷙鷹鶻。庚寅，平伐酋領內附，乞隸於亦乞不薛，從之。各路平準行用庫，舊制選部民富有力者爲副，命自今以常調官爲之，隸行省者從行省署用。上思州叛賊黃勝許遣其子志寶來降。漳河溢，損民禾稼。饒州鄱陽、樂平及隆興路水。〔一〕亦乞列等三站饑，賑米一百五十石。

六月甲午，諸王也里干遣使乘驛祀五嶽、四瀆，命追其驛券，仍切責之。以湖廣行省參政崔良知廉貧，特賜鹽課鈔千錠。給和林軍需鈔十萬錠。乙未，太白晝見。戊戌，平伐九寨來降，立長官司。己酉，令各部宿衞士輸上都、隆興糧各萬五千石于北地。甲寅，罷亦奚不薛歲貢馬及氊衣。丙辰，監察御史斡羅失剌言：「中丞崔彧兄在先朝嘗有罪，還其所籍家產非宜。又買僧寺水碾違制。」帝以其妄言，笞之。詔僧道犯姦盜重罪者，聽有司鞫問。賜諸王也里干等從者鈔二萬錠，朶思麻一十三站貧民五千餘錠。是月，平灤路蟲食桑。歸德徐、邳州蝗。太原風、雹。河間、大名路旱。和州歷陽縣江漲，漂沒廬舍萬八千五百餘家。以糧四千餘石賑廣平路饑民，萬五千石賑江西被水之家，二百九十餘石賑鐵里干等四站饑戶。

秋七月庚午，太陰犯房。辛未，賜諸王脫脫、孛羅赤、沙禿而鈔二千錠，所部八萬四千餘錠，撒都失里千錠，所部二萬餘錠。罷蒙古軍萬戶府入曲先塔林都元帥府。癸未，增晉王所部屯田戶。甲申，增中御府官一員。賜馬八兒國塔喜二珠虎符。詔出使招諭者授以招諭使、副，諸取藥物者，授以會同館使、副，但降旨差遣，不給制命。丙戌，以八兒思禿倉糧隸上都留守司。招籍宋兩江鎮守軍。丁亥，免上都酒課三年。賜諸王不顏鐵木而及其弟伯眞孛羅鈔四千錠，所部八萬四千八百餘錠，仍給糧一年。寧海州饑，以米九千四百餘石賑之。河決杞縣蒲口。郴州路、耒陽州、衡州之酃縣大水山崩，溺死三百餘人。懷州武陟縣旱。

八月庚子，詔合伯留軍五千屯守，令孛來統其餘衆以歸。丁未，命諸王阿只吉自今出獵，悉自供具，毋傷民力。丁巳，祆星出奎。揚州、淮安、寧海州旱。眞定、順德、河間旱、疫。池州、南康、寧國、太平水。

九月辛酉朔，祆星復犯奎。壬戌，八番、順元等處初隸湖廣，後改隸雲南，雲南戍兵不至，其屯駐舊軍逃亡者衆，仍命湖廣行省遣軍代之。甲子，八百媳婦叛，寇徹里，遣也先不花將兵討之。丙寅，詔恤諸郡水旱疾疫之家。罷括兩淮民田。汰諸王來大都者及宿衞士冗員。丁卯，命平章伯顏專領給賜孤老衣糧。壬午，車駕還大都。己丑，增海漕爲六十五萬石。罷南丹州安撫司，立慶遠南丹溪洞等處軍民安撫司。詔邊遠官已嘗優陞品級而託他事不赴者，奪其所陞官。平珠、六洞蠻及十部洞蠻皆來降，命以蠻夷官授之。給衞士牧馬外郡者糧，令毋仰食於民。以札魯忽赤所追贓物輸中書省。衞輝路旱、疫。澧州、常德、饒州、臨江等路，溫之平陽、瑞安二州大水。鎭江之丹陽、金壇旱。並以糧給之。

冬十月甲午，詔諸遷轉官注闕二年。丁酉，有事于太廟。辛丑，減上都商稅歲額爲三千錠。溫州陳空崖等以妖言伏誅。癸丑，免陝西鹽戶差稅，罷其所給米。乙卯，爪哇遣失剌班直木達奉表來降。戊午，太白經天。增吏部尙書一員。以朶甘思十九站貧乏，賜馬牛羊有差。廬州路無爲州江潮泛溢，漂沒廬舍。歷陽、合肥、梁縣及安豐之蒙城、霍丘自春及秋不雨。揚州、淮安路饑。韶州、南雄、建德、溫州皆大水。並賑之。

十一月壬戌，禁權豪、僧、道及各位下擅據鑛炭山場。罷順德、彰德、廣平等路五提舉司，立都提舉司二，陞正四品，設官四員，直隸中書戶部。衞輝路提舉司隸廣平彰德都提舉司，眞定鐵冶隸順德都提舉司。罷保定紫荆關鐵冶提舉司，還其戶八百爲民。癸亥，詔自今田獵始自九月。高麗王王昛告老，乞以爵與其子謜。福建行省遣人覘瑠求國，俘其傍近百人以歸。戊辰，增太廟牲用馬。庚午，籍唐兀軍入樞密院。辛未，曹州禹城進嘉禾，一莖九穗。丁丑，詔以高麗王世子謜爲開府儀同三司、征東行中書省左丞相、駙馬、上柱國、高麗國王，仍加授王昛爲推忠宣力定遠保節功臣、開府儀同三司、太尉、駙馬、上柱國、逸壽王。增烏撒烏蒙等處宣慰使一員，以孛羅歡爲之。賜諸王兀魯思不花金千兩、銀萬五千兩、鈔萬錠。徙大同路軍儲所于紅城。以河南行省經用不足，命江浙行省運米二十萬石給之。總帥汪惟和以所部軍屯田沙州、瓜州，給中統鈔二萬三千二百餘錠置種、牛、田具。大都路總管沙的坐贓當罷，帝以故臣子，特減其罪，俾仍舊職。崔彧言不可復任，帝曰：「卿等與中書省臣戒之，若後復然，則置爾死地矣。」戊子，太白經天。增晉王內史一員，尙乘寺卿一員。賜藥木忽而金一千二百五十兩、銀一萬五千兩、鈔一萬二千錠。常德路大水，常州路及宜興州旱，並賑之。

十二月癸巳，令也速帶而、藥樂罕將兵出征。丙申，徙襄陽屯田合剌魯軍于南陽，戶受田百五十畝，給種、牛、田具。戊戌，中書省臣同河南平章孛羅歡等言：「世祖撫定江南，沿江上下置戍兵三十一翼，今無一二，懼有不虞。外郡戍卒封樁錢，軍官遷延不以時取，而以己錢貸之，徵其倍息。逃亡者各處鎮守官及萬戶府並遣人追捕。皆非所宜。又富戶規避差稅冒爲僧道，且僧道作商賈有妻子與編氓無異，請汰爲民。宋時爲僧道者，必先輸錢縣官，始給度牒，今不定制，僥倖必多。無爲礬課，初歲入爲鈔止一百六錠，續增至二千四百錠，大率斂富民、刻吏俸、停竈戶工本以足之，亦宜減其數。」帝曰：「礬課遣人覈實。汰僧道之制，卿等議擬以聞。軍政與樞密院議之。」諸王也只里部忽剌帶於濟南商河縣侵擾居民，蹂踐禾稼，帝命詰之，走歸其部。帝曰：「彼宗戚也，有是理耶？其令也只里罪之。」禁諸王、駙馬并權豪，毋奪民田，其獻田者有刑。復立芍陂、洪澤屯田。壬寅，朝洞蠻內附，立長官司二，命楊漢英領之。甲辰，太白經天，又犯東咸。丙午，太陰犯軒轅。丁未，旌表烈婦漳州招討司知事闞文興妻王氏。戊申，增給雲南廉訪司驛券四十二。甲寅，太陰犯心。乙卯，免上都至大都并宣德等十三站戶和雇和買。賜諸王忽剌出鈔千錠，所部四萬四千五百餘錠；諸王阿朮、速哥鐵木而所部二萬八千九百餘錠。

券。閏十二月壬戌，太陰犯壘壁陣。命也速帶而等出征。詔諸軍戶賣田者，由所隸官給文券。甲子，福建平章高興言：「漳州漳浦縣大梁山產水晶，乞割民百戶采之。」帝曰：「不勞民則可，勞民勿取。」壬申，徙乃顏民戶于內地。定燕禿忽思所隸戶差稅，以三分之一輸官。賜忽剌出所部鈔萬錠。癸酉至丙子，太白犯建星。己卯，賜不思塔伯千戶等鈔約九萬錠。淮東饑，遣參議中書省事于(章)〔璋〕發廩賑之。〔二〕弛湖泊之禁，仍聽正月捕獵。平伐等蠻未附，播州宣撫使楊漢英請以己力討之，命湖廣省答剌罕從宜收撫。瓜州屯田軍萬人貧乏，命減一千，以張萬戶所領兵補之。甲申，增兩淮屯田軍爲二萬人。賜諸王阿牙赤鈔千錠，所部一萬一千餘錠；藥樂罕等所部七萬錠；暗都剌火者所部四萬餘錠。般陽路饑疫，給糧兩月。

是歲，濟南及金、復州水、旱。大都之檀州、順州，遼陽，瀋陽，廣寧水。順德、河間、大名、平陽旱。河間之樂壽、交河疫，死六千五百餘人。斷大辟百七十五人。

二年春正月壬辰，詔以水旱減郡縣田租十分之三，傷甚者盡免之，老病單弱者差稅並免三年。禁諸王、公主、駙馬受諸人呈獻公私田地及擅招戶者。丙申，遣使閱諸省兵。丁酉，置汀州屯田。辛丑，御史臺臣言：「諸轉運司案牘，例以歲終檢覆。金穀事繁，稽照難盡，奸僞無從知之。其未終者，宜聽憲司於明年檢覆。」從之。乙巳，以糧十萬石賑北邊內附貧民。己酉，建康、龍興、臨江、寧國、太平、廣德、饒池等處水，發臨江路糧三萬石以賑，仍弛澤梁之禁，聽民漁采。遣所俘瑠求人歸諭其國，使之效順。併土蕃、碉門安撫司、運司，改爲碉門魚通黎雅長(沙)〔河〕西寧遠軍民宣撫司。〔一四〕以翰林王惲、閻復、王構、趙與(票)〔⿱票灬〕、〔一五〕王之綱、楊文郁、王德淵，集賢王顒、宋渤、盧摯、耶律有尚、李泰、郝采、楊麟，皆耆德舊臣，清貧守職，特賜鈔二千一百餘錠。給西平王奧魯赤部民糧三月，晉王秫米五百石，所部鈔十二萬錠，戍和林高麗、女直、漢軍三萬錠。

二月戊午朔，詔樞密院合併貧難軍戶。辛酉，歲星、熒惑、太白聚危，熒惑犯歲星。壬戌，徙重慶宣慰司都元帥府於成都。立軍民宣慰司都元帥府於福建。乙丑，立浙西都水庸田司，專主水利。以中書右丞、徽政院副使張九思爲平章政事，與中書省事。丁卯，改泉州爲泉寧府。己巳，畋于漷州。辛未，太陰犯左執法。併江西省元分置軍爲六十四所。丙子，太陰犯心。帝諭中書省臣曰：「每歲天下金銀鈔幣所入幾何，諸王、駙馬賜與及一切營建所出幾何，其會計以聞。」右丞相完澤言：「歲入之數，金一萬九千兩，銀六萬兩，鈔三百六十萬錠，然猶不足於用，又於至元鈔本中借二十萬錠。自今敢以節用爲請。」帝嘉納焉。罷中外土木之役。癸未，詔諸王、駙馬毋擅祀嶽鎮海瀆。申禁諸路軍及豪右人等，毋縱畜牧損農。乙酉，車駕幸上都。罷建康金銀銅冶轉運司，還淘金戶於元籍，歲辦金悉責有司。詔廉訪司作成人材，以備選舉。禁諸王從者假控鶴佩帶擾民。詔諸郡凡民播種怠惰及有司勸課不至者，命各道廉訪司治之。減行省平章爲二員。丙子，〔一六〕以梁德珪爲中書平章政事，楊炎龍爲中書右丞。賜爪忽而所部鈔三十萬錠，近侍伯顏鐵木而等三萬錠，也先鐵木而等市馬價三萬四千四百餘錠，鎮南王脫歡六萬錠。浙西嘉興、江陰，江東建康溧陽、池州水、旱，並賑恤之。湖廣省漢陽、漢川水，免其田租。甘肅省沙州鼠傷禾稼。大都檀州雨雹。歸德等處蝗。

三月丁亥朔，罷大名路故河堤堰歲入隆福宮租鈔七百五十錠。申禁官吏受賂詣諸司首者，不得輒受。戊子，詔僧人犯奸盜詐僞，聽有司專決，輕者與僧官約斷，約不至者罪之。庚寅，命各萬戶出征者，其印令副貳掌之，不得付其子弟，違法行事。以兩淮閑田給蒙古軍。壬子，御史臺臣言：「道州路達魯花赤阿林不花、總管周克敬虛申麥熟，不賑饑民，雖經赦宥，宜降職一等。」從之。壬子，〔一七〕詔加封東鎮沂山爲元德東安王，南鎮會稽山爲昭德順應王，西鎮吳山爲成德永靖王，北鎮醫巫閭山爲貞德廣寧王，歲時與嶽瀆同祀，著爲令式。

夏四月戊午，遣征不剌壇軍還本部。庚申，以也速帶而擅調甘州戍軍，遣伯顏等笞之。

賜大都守門合剌赤等鈔九萬錠，織工四萬四千錠。發慶元糧五萬石，減其直以賑饑民。江南、山東、江浙、兩淮、燕南屬縣百五十處蝗。

五月辛卯，罷海南黎兵萬戶府及黎蠻屯田萬戶府，以其事入瓊州路軍民安撫司。罷壽麻林酒稅羨餘。壬辰，以中書右丞何榮祖爲平章政事，與中書省事，湖廣左丞八都馬辛爲中書右丞。淮西諸郡饑，漕江西米二十萬石以備賑貸。命中書省遣使監雲南、四川、海北海南、廣西兩江、廣東、福建等處六品以下選。戊戌，太陰犯心。壬寅，平灤路旱，發米五百石，減其直賑之。己酉，諸王念不列妃扎忽眞詐增所部貧戶，冒支鈔一萬六百餘錠，遣扎魯忽赤同王府官追之。（南）〔衞〕輝、〔一八〕順德旱，大風損麥，免其田租一年。詔總帥汪惟正所轄二十四城，有安西王、諸王等弁朶思麻來寓者，與編戶均當賦役。耽羅國以方物來貢。撫州之崇仁星隕爲石。復致用院。置和林宣慰司都元帥府，以忽剌出、耶律希周、納鄰合剌並爲宣慰使都元帥，佩虎符。給兩都八剌合赤鈔各三萬錠。

六月庚申，御史臺臣言：「江南宋時行兩稅法，自阿里海牙改爲門攤，增課錢至五萬錠。今宣慰張國紀請復科夏稅，與門攤併徵，以圖陞進。湖、湘重罹其害。」帝命中書趣罷之。禁權豪、斡脫括大都漕河舟楫。西臺侍御史脫歡以受賂不法罷。禁諸王擅行令旨，其越例開讀者，併所遣使拘執以聞。壬戌，太陰犯角。詔陝西諸色戶與民均當徭役。申嚴陝西運司私鹽之禁。置奉宸庫。賜諸王岳木忽而金一千二百五十兩，兀魯思不花并其母一千兩，銀、鈔有差。山東、河南、燕南、山北五十處蝗。山北遼東道大寧路金源縣蝗。

秋七月癸巳，太陰犯心。汴梁等處大雨，河決壞隄防，漂沒歸德數縣禾稼、廬舍，免其田租一年。遣尚書那懷、御史劉賡等塞之，自蒲口首事，凡築九十六所。壬寅，詔諸王、駙馬及諸近侍，自今奏事不經中書，輒傳旨付外者，罪之。高麗王王謜擅命妄殺，詔遣中書右丞楊炎龍、僉樞密院事洪君祥召其入侍，以其父昛仍統國政。賜諸王亦憐眞等金、銀、鈔有差。江西、江浙水，賑饑民二萬四千九百有奇。

八月壬戌，太陰犯箕。癸未，給四川出征蒙古軍馬萬匹。

九月己丑，聖誕節，駐蹕阻嬀之地，受諸王百官賀。交趾、爪哇、金齒國各貢方物。給和林更戍軍牛、車。丙申，車駕還大都。辛丑，太陰犯五車南星。命廣海、左右江戍軍依舊制以二年或三年更代。癸卯，太陰犯五諸侯。樞密副使塔剌忽帶犯贓罪，命御史臺鞫之。己酉，太陰犯左執法。庚戌，吉、贛立屯田。減中外冗員。

冬十月甲寅朔，增海漕米爲七十萬石。壬戌，太白犯牽牛。置蒙古都萬戶府於鳳翔。立平珠、六洞蠻夷長官司二，設土官四十四員。戊寅，太陰犯角距星。令御史臺檢劾樞密院案牘。賜諸王岳木忽而、兀魯（忽）〔思〕不花所部糧五萬石；控鶴七百人，賜鈔五百錠。

十一月庚寅，安南貢方物。丙申，知樞密院那懷言：「常例文移，乞令副樞以下署行。」從之。罷雲南行御史臺，置肅政廉訪司。己亥，太陰犯輿鬼。辛丑，辰星犯牽牛。罷徐、邳爐冶所進息錢。壬寅，太陰犯右執法。以中書右丞王慶端爲平章政事。賜和林軍校幣六千四，衣帽等物有差。

十二月戊午，太白經天。己未，塡星犯輿鬼。乙丑，太白犯歲星。太陰犯熒惑。括諸路馬，除牝孕攜駒者，齒三歲以上並拘之。賜朶而朶海所部鈔八十五萬錠。庚午，鎭星入輿鬼。太陰犯上將。辛未，增置各路推官，專掌刑獄，上路二員，下路一員。詔諸逃軍復業者免役三年。江浙行省平章政事答剌罕陞左丞相。甲戌，彗出子孫星下。己卯，太陰犯南斗。辛巳，命廉訪司歲擧所部廉幹者各二人。詔和市價直隨給其主，違者罪之。定諸稅錢三十取一，歲額之上勿增。揚州、淮安兩路旱、蝗，以糧十萬石賑之。給陣亡軍妻子衣糧。免內郡賦稅。諸王小薛所部三百餘戶散處鳳翔，以潞州田二千八百頃賜之。釋在京囚二百一十九人。

校勘記

〔一〕也可〔怯薛〕　據本書卷九九兵志及卷一一九博爾忽傳補。按蒙古語「也可」言「大」，「也可怯薛」卽「第一怯薛」。月赤察而至元十七年長第一怯薛。

〔二〕湖廣行省以叛賊黃勝許黨魯萬丑王獻于京師　按「魯萬丑」一名又見本書卷一四九移剌揑兒傳附移剌元臣傳、卷一六二劉國傑傳。此處「王」下當有脫文。

〔三〕只列　本書卷一五世祖紀至元二十五年正月癸卯條有「諸王也只烈」。蒙史補「也」字，作「也只烈」，疑是。

〔四〕也黑(迭)〔迷〕失　按也黑迷失亦作「亦黑迷失」，本書卷一三一有傳。「迭」誤，今改。

〔五〕忽都魯迷失　疑此卽本書卷八、一六世祖紀至元十一年五月丙申、二十八年十月辛巳、卷一八成宗紀至元三十一年五月戊寅條、卷二〇八高麗傳所見「忽都魯揭里迷失」，卷一〇九諸公主表作「忽都魯堅迷失」，高麗史卷八九有傳。此處疑脫「揭里」二字。

〔六〕丁亥　按是月丙寅朔，丁亥爲二十二日，應在乙酉二十日後。

〔七〕(贈)〔增〕大都巡防漢軍　從北監本改。

〔八〕是(月)〔歲〕　按此處總敍全年水旱風災，此「月」字顯係「歲」字之誤，今改。下文重見之「是歲」實爲衍文。續通鑑已校。

〔九〕兀魯(而)〔思〕不花　據本書卷一〇七宗室世系表改。按兀魯思不花爲蒙哥四子河平王昔里吉之子，其名本書屢見。下同。

〔一〇〕甲申　按是月甲午朔，無甲申日。此「甲申」在癸卯初十日、丁未十四日間，續通鑑改作「甲辰」，卽十一日，疑是。

〔一一〕立江淮等處財賦總管府及提舉司　本證云：「案立總管府已書于至元二十六年，此乃立提舉司也，及字誤衍。」

〔一二〕饒州鄱陽樂平及隆興路水　本證云：「案五行志作龍興、南康、澧州、南雄、饒州五郡水。據地理志，隆興當作龍興。」

〔一三〕于（章）〔璋〕　據本書卷二二武宗紀大德十一年九月丁丑條、卷一一二宰相年表及元文類卷一二元明善中丞于璋贈謚制改。

〔一四〕長（沙）〔河〕西　據本書卷八七百官志改。按長河西一名本書屢見。本證已校。

〔一五〕趙與（票）〔罴〕　見卷九校勘記〔七〕。

〔一六〕丙子　按是月戊午朔，丙子爲十九日，已見上文。此重出之「丙子」，在乙酉二十八日後，道光本改作「丙戌」，卽二十九日，疑是。

〔一七〕壬子　按是月丁亥朔，壬子爲二十六日，已見上文。此處重出。二「壬子」中當有一爲衍誤之文。

〔一八〕（南）〔衞〕輝　據本書卷五〇五行志改。本證已校。

元史卷二十

本紀第二十

成宗三

三年春正月癸未朔，暹番、沒剌由、羅斛諸國，各以方物來貢。賜暹番世子虎符。丙戌，太陰犯太白。己丑，中書省臣言：「天變屢見，大臣宜依故事引咎避位。」帝曰：「此漢人所說耳，豈可一一聽從耶！卿但擇可者任之。」庚寅，詔遣使問民疾苦。除本年內郡包銀、俸鈔。免江南夏稅十分之三。增給小吏俸米。置各路惠民局，擇良醫主之。封藥木忽而為定遠王，賜金印。命中書省：自今后妃、諸王所需，非奉旨勿給；各位擅置官府，紊亂選法者，戒飭之。辛卯，詔諸行省謹視各翼病軍。浙西肅政廉訪使王遇犯贓罪，託權幸規免，命御史臺鞫治之。壬辰，安置高麗陪臣趙仁規於安西、崔冲紹於鞏昌，並笞而遣之，以正其附王源擅命妄殺之罪。復以王昛爲高麗王，遣工部尙書也先鐵木而、翰林待制賈汝舟齎詔往論之。追收別鐵木而、脫脫合兒魯行軍印。中書省臣言：「比年公帑所費，動輒鉅萬，歲入之數，不支半歲，自餘皆借及鈔本。臣恐理財失宜，鈔法亦壞。」帝嘉納之。仍令諭月赤察而等自今一切賜與皆勿奏。癸巳，以江南軍數多闕，官吏因而作弊，詔禁飭之。以答剌罕哈剌哈孫爲中書左丞相。丁酉，太陰犯西垣上將。戊戌，太陰犯右執法。辛丑，括諸路馬，隸蒙古軍籍者免之。乙巳，太白經天。

二月癸丑朔，車駕幸柳林。丁巳，完澤等奏銓定省部官，以次引見，帝皆允之。仍諭六部官曰：「汝等事多稽誤，朕昔未知其人爲誰。今旣閱視，且知姓名，其洗心滌慮，各欽乃職。復蹈前失，罪不汝貸。」罷四川、福建等處行中書省，陝西行御史臺，江東、荆南、淮西三道宣慰司。置四川、福建宣慰司都元帥府及陝西漢中道肅政廉訪司。廣和林、甘州城。詔縉山縣民戶爲勢家所蔽者，悉還縣定籍。壬戌，詔諭江浙、河南〔江〕北兩省軍民。〔一〕乙巳，熒惑犯五諸侯。〔二〕壬申，加解州鹽池神惠康王曰廣濟，資寶王曰永澤；泉州海神曰護國庇民明著天妃；浙西鹽官州海神曰靈感弘祐公；吳大夫伍員曰忠孝威惠顯聖王。金齒國遣使來貢方物。庚辰，車駕幸上都。

三月癸巳，緬國世子信合八的奉表來謝賜衣，遣還。命妙慈弘濟大師、江浙釋教總統補陀僧一山齎詔使日本，詔曰：「有司奏陳：向者世祖皇帝嘗遣補陀禪僧如智及王積翁等兩奉璽書通好日本，咸以中途有阻而還。爰自朕臨御以來，綏懷諸國，薄海內外，靡有遐遺，日本之好，宜復通問。今如智已老，補陀寧一山道行素高，可令往諭，附商舶以行，庶可必達。朕特從其請，蓋欲成先帝遺意耳。至於惇好息民之事，王其審圖之。」甲午，命何榮祖等更定律令。詔軍官受贓罪，重者罷職，輕者降其散官，或決罰就職停俸，期年許令自效。戊戌，熒惑犯輿鬼。陞御史臺殿中司秩五品。乙巳，行御史臺劾平章教化受財三萬餘錠，教化復言平章的里不花領財賦時盜鈔三十萬錠，及行臺中丞張閭受李元善鈔百錠，敕俱勿問。戊申，減江南諸道行臺御史大夫一員。賜和林軍鈔十萬錠。

夏四月辛亥朔，駙馬蠻子台所部匱乏，以糧十三萬石賑之。己未，太陰犯上將。丙寅，填星犯輿鬼。太陰犯心。庚午，申嚴江浙、兩淮私鹽之禁，巡捕官驗所獲遷賞。辛未，禁和林戍軍竄名他籍。自通州至兩淮漕河，置巡防捕盜司凡十九所。己卯，以禮部尚書月古不花爲中書左丞。賜和林軍鈔五十萬錠、帛四十萬匹、糧二萬石，仍命和林宣慰司市馬五千匹給之。遼東開元、咸平蒙古、女直等人乏食，以糧二萬五百石、布三千九百匹賑之。

五月壬午，罷江南諸路釋教總統所。丙申，太陰犯南斗。海南速古臺、速龍探、奔奚里諸番以虎象及桫羅木舟來貢。己亥，太白犯畢。庚子，免山東也速帶而牧地歲輸粟之半。禁阿而刺部，毋於廣平牧馬。庚子，〔三〕復征東行中書省，以福建平海省平章政事闊里吉思爲平章政事。是月，鄂、岳、漢陽、興國、常、澧、潭、衡、辰、沅、寶慶、常寧、桂陽、茶陵旱，免其酒課、夏稅；江陵路旱、蝗，弛其湖泊之禁；仍並以糧賑之。

六月辛亥，兀魯兀敦慶童擅殺所部軍之逃亡者，命樞密院戒之。癸丑，罷大名路所獻黃河故道田輸租。戊午，申禁海商以人馬兵仗往諸蕃貿易者。以福建州縣官類多色目、南人，命自今以漢人參用。禁福建民冒稱權豪佃戶，規免門役。庚申，太陰掩房。丁卯，熒惑犯右執法。壬申，歲星晝見。賜和林戍軍鈔一百四十萬錠，鷹師五十萬一千餘錠。

秋七月己卯朔，太白犯井。庚辰，中書省臣言：「江南諸寺佃戶五十餘萬，本皆編民，自楊總攝冒入寺籍，宜加釐正。」從之。丙申，揚州、淮安屬縣蝗，在地者爲鶖啄食，飛者以翅擊死，詔禁捕鶖。丁未，太陰犯輿鬼。

八月己酉朔，日有食之。丁巳，太陰犯箕。戊辰，太白犯軒轅大星。己巳，太陰犯五車星。賜定遠王藥木忽而所部鈔萬五千錠。是月，汴梁、大都、河間水，隆興、平灤、大同、宣德等路雨雹。

九月癸未，聖誕節，駐蹕古栅，受諸王百官賀。庚寅，罷河東山西鐵冶提舉司。壬辰，流星色赤，尾長丈餘，其光燭地，起自河鼓，沒於牽牛之西，有聲如雷。癸巳，罷括宋手號軍。乙未，太陰犯昴距星。丁酉，太白犯左執法。己亥，車駕還大都。揚州、淮安旱，免其田租。

冬十月戊申朔，有事于太廟。壬子，册伯岳吾氏爲皇后。甲寅，復立海北海南道肅政廉訪司。山東轉運使阿里沙等增課鈔四萬一千八百錠，賜錦衣人一襲。丙子，太陰犯房。賜禿忽魯不花等所部戶鈔三萬七千餘錠，槖駝戶十萬二千餘錠。以淮安、江陵、沔陽、揚、廬、隨、黄旱，汴梁、歸德水，隴、陝蝗，並免其田租。

十一月庚辰，置浙西平江河渠閘堰凡七十八所。禁和林釀酒。乙酉，太白犯房。戊子，釋囚二十人。丁酉，浚太湖及澱山湖。己亥，賜隆福宮牧駝者鈔十萬二千錠，諸王合帶部十萬錠，雲南王也先鐵木而及所部三萬八千錠，和林戍軍一百四十萬餘錠、幣帛二萬九千匹。杭州火，江陵路蝗，並發粟賑之。

十二月己酉，徙鎮巢萬戶府戍沅、靖，既陽萬戶府戍辰州，均州萬戶府戍常德、澧州。賜諸王岳忽難銀印。丙寅，詔各省戍軍輪次放還二年供役。陞宣徽院爲從一品。癸酉，詔中書省貨財出納，自今無券記者勿與。以守司徒、集賢院使、領太史院事阿魯渾撒里爲平章政事。賜諸王六十、脫脫等鈔一萬三千餘錠，四怯薛衞士五萬二千餘錠，千戶撒而兀魯所部四萬錠。淮安、揚州饑，甘肅亦集乃路屯田旱，並賑以糧。

四年春正月丙申，申嚴京師惡少不法之禁，犯者黥刺，杖七十，拘役。辛丑，詔蒙古都元帥也速答而非奉旨勿擅決重刑。命和林戍軍借斡脫錢者，止償其本。癸卯，復淮東漕渠。賜諸王塔失鐵木而金印。賜翰林承旨僧家鈔五百錠，以養其母。賜諸王木忽難所部一萬二千餘錠，〔四〕八魯剌思等部六萬錠。

二月丁未朔，日有食之。乙卯，遣使祠東嶽。丙辰，皇太后崩，明日祔葬先陵。戊午，太陰犯軒轅。壬戌，帝諭何榮祖曰：「律令良法也，宜早定之。」榮祖對曰：「臣所擇者三百八十條，一條有該三四事者。」帝曰：「古今異宜，不必相沿。但取宜於今者。」甲戌，發粟十萬石賑湖北饑民，仍弛山澤之禁。罷稱海屯田，改置於呵札之地，以農具、種實給之。乙亥，車駕幸上都。置西京大和嶺屯田。立烏撒、烏蒙等郡縣。併會理洒川四州為二。〔五〕置維摩州。丙子，命李庭訓練各衞軍士。賜晉王所部鈔四萬錠。

三月乙未，寧國、太平兩路旱，以糧二萬石賑之。

夏四月丙午朔，詔雲南行省釐革積弊。壬子，高郵府寶應縣民孫奕妻朱一產三男，蠲復三年。丙辰，置五條河屯田。丁巳，免今年上都、隆興絲銀，大都差稅地租。賜諸王也滅干鎏金印。緬國遣使進白象。戊午，參政張頤孫及其弟珪等伏誅于(隆)〔龍〕興市。〔六〕頤孫初為新淦富人胡制機養子，後制機自生子而死，頤孫利其貲，與珪謀殺之，賂郡縣吏獲免。

其僕胡忠訴主之寃于官，乃誅之，其貲悉還胡氏。以中書省斷事官不蘭奚爲平章政事。賜皇姪海山所統諸王戍軍馬二萬二千九百餘匹。

五月癸未，左丞相答剌罕遣使來言：「橫費不節，府庫漸虛。」詔自今諸位下事關錢穀者，毋輒入聞。帝諭集賢大學士阿魯渾撒里等曰：「集賢、翰林乃養老之地，自今諸老滿秩者陞之，勿令輒去。或有去者，罪將及汝。其諭中書知之。」增雲南至緬國十五驛，驛給圓符四、驛劵二十。甲午，太陰犯壘壁陣。辛丑，太白犯輿鬼。太陰犯昴。復延慶司。賜諸王也只里部鈔二萬錠，八憐脫列思所隸戶六萬五千餘錠。是月，同州、平灤、隆興雹。揚州、南陽、順德、東昌、歸德、濟寧、徐、濠、芍陂旱、蝗。眞定、保定、大都通、薊二州水。

六月己酉，詔立緬國王子窟麻剌哥撒八爲緬國王，賜以銀印及金銀器皿衣服等物。丙辰，以太傅月赤察而爲太師，完澤爲太傅，皆賜之印。丁巳，太白犯塡星。御史中丞不忽木卒，貧無以葬，賜鈔五百錠。甲子，置耽羅總管府。詔各省自今非奉命毋擅役軍。以和林都元帥府兼行宣慰司事。吊吉而、爪哇、暹國、蘸八等國二十二人來朝，賜衣遣之。

秋七月甲戌朔，右丞相完澤請上徽仁裕聖皇后謚寶册。乙酉，緬國阿散哥也弟者蘇等九十一人各奉方物來朝，詔命餘人留安慶，遣者蘇來上都。辛卯，熒惑犯井。加乳母冀國夫人韓氏爲燕冀國順育夫人，石抹氏爲冀國夫人。杭州路貧民乏食，以糧萬石減其直糶之。

八月癸卯朔，更定廕敍格，正一品子爲正五，從五品子爲從九，中間正從以是爲差，蒙古、色目人特優一級。置廣東鹽課提舉司。癸丑，太陰犯井。庚申，緬國阿散吉牙等昆弟赴闕，自言殺主之罪；罷征緬兵。甲子，辰星犯靈臺上星。大名之白馬縣旱。

閏八月庚辰，熒惑犯輿鬼。庚子，車駕還大都。以中書右丞賀仁傑爲平章政事。賜晉王所部糧七萬石。

九月戊午，太白犯斗。壬戌，太陰犯輿鬼。曹州探馬赤軍與民訟地百二十頃，詔別以鄰近官田如數給之。廣東英德州達魯花赤脫歡察而招降羣盜二千餘戶，陞英德州爲路，立三縣，以脫歡察而爲達魯花赤兼萬戶以鎭之。甲子，太白犯斗。改中御府爲中政院。賜諸王出伯所部鈔萬五千四百餘錠。建康、常州、江陵饑民八十四萬九千六十餘人，給糧二十二萬九千三百九十餘石。

冬十月癸酉朔，有事于太廟。

十一月壬寅朔，詔頒寬令，免上都、大都、隆興大德五年絲銀、稅糧；附近秣養馬駝之郡免稅糧十分之三，其餘免十分之一；徒罪各減一半，杖罪以下釋之；江北荒田許人耕種者，元擬第三年收稅，今並展限一年，著爲定例。併遼陽省所轄狗站、牛站爲一，仍給鈔以賙其乏。命省、臺差官同昔寶赤鞫和林運糧稽遲未至者。眞定路平棘縣旱。

十二月癸酉，御史臺臣言：「所糾官吏與有司同審，所以事沮難行，乞依舊制。中書凡有改作，輒令監察御史同往，非宜，自今非奉旨勿遣。」皆從之。庚寅，熒惑犯軒轅。癸巳，太陰犯房距星。晉州達魯花赤捏古伯紿稱母喪，歸迎其妻。事聞，詔以其斁傷彝倫，罷職不敍。遣劉深、合剌帶、鄭祐將兵二萬人征八百媳婦，仍敕雲南省每軍十人給馬五匹，不足則補之以牛。賜諸王忻都部鈔五萬錠，兀魯思不花等四部二十一萬九千餘錠，西都守城軍二萬八千餘錠。賑建康、平江、浙東等處饑民糧二十二萬九千三百餘石。

五年春正月己酉，太陰犯五車。庚戌，給征八百媳婦軍鈔，總計九萬二千餘錠。壬子，太陰犯輿鬼積尸氣。奉安昭睿順聖皇后御容于護國仁王寺。罷檀、景兩州(探)〔採〕金鐵冶提舉司，〔七〕以其事入都提舉司。御史臺臣言：「官吏犯贓及盜官錢，事覺避罪逃匿者，宜同獄成。雖經原免，亦加降黜，庶奸僞可革。」從之。丙寅，以兩淮鹽法澀滯，命轉運司官兩員分司上江以整治之，仍頒印及驛券。辛酉，〔八〕太陰犯心。

二月己卯，太陰犯輿鬼。以劉深、合剌帶並爲中書右丞，鄭祐爲參知政事，皆佩虎符。分雲南諸路行中書省事，仍置理問官二員，郎中、員外郎、都事各一員，給圓符四、驛券二十。罷福建織綉提舉司。增河間轉運司鹽爲二十八萬引，罷其所屬清、滄、深三鹽司。丁亥，立征八百媳婦萬戶府二，設萬戶四員，發四川、雲南囚徒從軍。乙未，詔廉訪司官非親喪遷葬及以病給告者，不得離職；或以地遠職卑受任不赴者，臺憲勿復用。丙申，給脫脫等部馬萬匹。丁酉，車駕幸上都。詔飭雲南行中書省減內外諸司官千五百一十四員。增江浙戍兵。戊戌，賜昭應宮、興教寺地各百頃，興教仍賜鈔萬五千錠；上都乾元寺地九十頃，鈔皆如興教之數；萬安寺地六百頃，鈔萬錠；南寺地百二十頃，鈔如萬安之數。己亥，凡軍士殺人奸盜者，令軍民官同鞫。永寧路總管雄挫來朝，獻馬三十餘匹，賜幣帛有差。

三月甲辰，收故軍官金銀符。戊申，太陰犯御女。己酉，罷陝西路拘榷課稅所。壬子，賜諸王也孫等鈔一萬八千五百錠。戊午，馬來忽等海島遣使來朝，賜金素幣有差。給和林貧乏軍鈔二十萬錠，諸王藥（忽木）〔木忽〕而所部萬五千九百餘錠。〔九〕丁卯，熒惑犯塡星。己巳，熒惑、塡星相合。詔戒飭中外官吏。命遼陽行省平章沙藍將萬人駐夏山後，人備馬二匹，官給其直。

夏四月壬申，太陰犯東井。癸酉，遣禿剌鐵木而等犒和林軍。壬午，以晉王甘麻剌所部貧乏，賜鈔四十萬錠。調雲南軍征八百媳婦。癸巳，禁和林釀酒，其諸王、駙馬許自釀飲，不得沽賣。是月，大都、彰德、廣平、眞定、順德、大名、濮州蟲食桑。

五月，商州隕霜殺麥。河南妖賊醜斯等伏誅。〔一〇〕己酉，給月裏可里軍駐夏山後者市馬鈔八萬八千七百餘錠。辛亥，遣怯列亦帶脫脫帥師征四川。癸丑，太陰犯南斗。乙卯，熒惑犯右執法。丙辰，曲靖等路宣慰使兼管軍萬戶忽林失來朝。壬戌，雲南土官宋隆濟叛。時劉深將兵由順元入雲南，雲南右丞月忽難調民供餽，隆濟因紿其衆曰：「官軍徵發汝等，將盡翦髮黥面爲兵，身死行陣，妻子爲虜。」衆惑其言，遂叛。丙寅，詔雲南行省自願征八百媳婦者二千人，人給貝子六十索。丁卯，太白犯井。

六月乙亥，平江等十有四路大水，以糧二十萬石隨各處時直賑糶。開中慶路昆陽州海口。甲申，歲星犯司怪。丙戌，宋隆濟率猫、狫、紫江諸蠻四千人攻楊黃寨，殺掠甚衆。己（酉）〔丑〕，〔二〕緬王遣使獻馴象九。壬辰，宋隆濟攻貴州，知州張懷德戰死。梁王遣雲南行省平章幢兀兒、參政不蘭奚將兵禦之，殺賊酋撒月，斬首五百級。癸巳，太白犯輿鬼。歲星犯井。甲午，太白犯輿鬼。賜諸王念不烈妃札忽而眞所部鈔二十萬錠。是月，汴梁、南陽、衞輝、大名、濮州旱。大都路水。順德、懷孟蝗。

秋七月戊戌朔，晝晦，暴風起東北，雨雹兼發，江湖泛溢，東起通、泰、崇明，西盡眞州，民被災死者不可勝計，以米八萬七千餘石賑之。己亥，增階、沙二州戍軍。庚子，籍安西王所侵占田、站等四百餘戶爲民。賜寧遠王闊闊出所部鈔二萬三千餘錠。乙巳，遼陽省大寧路水，以糧千石賑之。丙午，歲星犯井。丁未，命御史大夫禿忽赤整飭臺事。詔軍官受贓者與民官同例，量罪大小殿黜。命監察御史審覆札魯忽赤罪囚，檢照蒙古翰林院案牘。戊申，立耽羅軍民萬戶府。諸王也滅干薨，以其子八八剌嗣。己酉，詔諸司嚴禁盜賊。辛亥，太陰犯壘壁陣。賜諸王出伯等部鈔六萬錠，又給市馬直三十八萬四千錠。癸丑，詔禁畏吾兒僧、陰陽、巫覡、道人、呪師，自今有大祠禱必請而行，違者罪之。浙西積雨泛溢，大傷民田，詔役民夫二千人疏導河道，俾復其故。命雲南省分蒙古射士征八百媳婦。庚申，辰星犯太白。癸亥，合丹之孫脫歡自北境來歸，其父母妻子皆遭殺虜，賜鈔一千四百錠。給諸王妃札忽而眞及諸王出伯軍鈔四十萬錠。中書省臣言：「舊制京師州縣捕盜，止從兵馬司，有司不與，遂致淹滯。自今輕罪乞令有司決遣，重者從宗正府聽斷，庶不留獄，且民不冤。」從之。以暗伯、阿忽台並知樞密院事。禁富豪之家役軍。詔封贈非中書省無輒奏請。稱海至北境十二站大雪，馬牛多死，賜鈔一萬一千餘錠。命御史臺檢照宣政院幷僧司案牘。陞太醫院爲二品，以平章政事、大都護、提點太醫事脫因納爲太醫院使。賜上都諸匠等鈔二十一萬七千四百錠。大都、保定、河間、濟寧、大名水。廣平、眞定蝗。

八月戊辰，給軍人羊馬價及定遠王所部鈔十四萬三千錠。己巳，平灤路霖雨，灤、漆、淝、汝河溢，民死者衆，免其今年田租，仍賑粟三萬石。庚午，禿剌鐵木而等自和林犒軍還，言：「和林屯田宜令軍官廣其墾闢，量給農具，倉官宜任選人，可革侵盜之弊。」從之。甲戌，遣薛超兀而等將兵征金齒諸國。時征緬師還，爲金齒所遮，士多戰死。又接連八百媳婦諸蠻，相效不輸稅賦，賊殺官吏，故皆征之。庚辰，詔：「遣官分道賑恤。凡獄囚禁繫累年，疑不能決者，令廉訪司具其疑狀，申呈省、臺詳讞，仍爲定例。各路被災重者，免其差稅一年。貧乏之家，計口賑恤，尤甚者優給之。小吏犯贓者，並罷不敍。」征緬萬戶曳刺福山等進馴象六。壬辰，太陰犯軒轅御女。乙未，塡星犯太微上將。順德路水，免其田租。

九月癸丑，放稱海守倉庫軍還，令以次更代。丙辰，江陵、常德、澧州皆旱，並免其門攤、酒醋課。乙(酉)〔丑〕，〔二〕自八月庚辰彗出井，歷紫微垣至天市垣，凡四十六日而滅。

冬十月丙(辰)〔寅〕朔，〔三〕以畿內歲饑，增明年海運糧爲百二十萬石。己巳，緬王遣使入貢。戊寅，雲南武定路土官羣則獻方物。癸未，太陰犯東井。壬午，〔四〕車駕還大都。丙戌，以歲饑禁釀酒，弛山澤之禁，聽民捕獵。湖廣行省臣言：「海南海北道宣慰司都元帥府，不與軍務，遇有盜竊，惟行文移，比迴，已不及事。今乞以其長二人領軍務。又鎭守官慢功當罰者，已有定例；獲功當賞者，乞或加散官，或授金、銀符。」皆從之。撥南陽府屯田地給新籍畏吾而戶，俾耕以自贍，仍給糧三月。丁亥，詔：「軍官旣受命而不時赴者、病故不行者、被差事畢不卽還者，准民官例，違限六月選人代之。被代者期年始敍。」改鄂州路爲武昌路。遣使就調雲南、四川、福建、廣東、廣西官。諭百司凡事關中書省者，毋得輒奏。權豪勢要之家佃戶貸糧者，聽於來歲秋成還之。癸巳，分碉門、黎、雅軍戍蠻夷，命陝西屯田萬戶也不干等將之。辛卯，〔一五〕夜有流星大如杯，光燭地，自北起近東分爲二星，沒於危宿。

十一月己亥，歲星犯東井。詔諭中書，近因禁酒，聞年老需酒之人有預市而儲之者，其無釀具者勿問。罷湖南轉運司弘州種田提舉司，以其事入有司。降容、象、橫、賓路爲州，平灤金丹提舉司爲管勾。陞昭州爲平樂府。省泌〔陽〕縣入唐州。〔一六〕丁未，遣劉國傑及也先忽都魯將兵萬人，八剌及阿塔赤將兵五千人，征宋隆濟。減直糶米，賑京師貧民，設肆三十六所，其老幼單弱不能自存者，廩給五月。選六〔御〕〔衛〕扈從漢軍習武事，〔一七〕仍禁萬戶以下毋令私代，犯者斷罪有差。戊申，太陰犯昴。徭人藍賴率丹陽三十六洞來降，以賴等爲融州懷遠縣簿、尉。立長信寺，秩三品。

十二月甲戌，歲星犯司怪。給安西王所部軍士食，令各還其家，候春調遣。辛卯，太陰犯南斗。征東行省平章闊里吉思以不能和輯高麗罷。定強竊盜條格，凡盜人孳畜者，取一償九，然後杖之。

是歲，汴梁、歸德、南陽、鄧州、唐州、陳州、和州、襄陽、汝寧、高郵、揚州、常州蝗。峽州、隨州、安陵、〔一八〕荊門、泰州、光州、揚州、滁州、高郵、安豐霖。汴梁之封丘、〔武陽〕〔陽武〕、〔一九〕蘭陽、中牟、延津，河南澠池，蘄州之蘄春、廣濟、蘄水旱。大名、宣德、奉聖、歸德、寧海、濟寧、般陽、登州、萊州、益都、濰州、博興、東平、濟南、濱州、保定、河間、眞定、大寧水。是歲，斷大辟六十一人。

六年春正月癸卯，詔千戶、百戶等自軍逃歸，先事而逃者罪死，敗而後逃者，杖而罷之，沒入其男女。乙巳，中書省臣言：「廣東宣慰副使脫歡察而收捕盜賊，屢有勞績。近廉訪司劾其私置兵仗、擅殺土寇等事，遣官鞫問，實無私罪，乞加奬諭。」命賜衣二襲。晉王甘麻剌薨，命封其王印及內史府印。丙午，京畿二十一站闕食，賜鈔萬二千七百餘錠。陝西旱，禁民釀酒。以雲南站戶貧乏，增馬及鈔以優恤之。中書省臣以朱淸、張瑄屢致人言，乞罷其職，徙其諸子官江南者于京。丁未，命江浙平章阿里專領其省財賦。庚戌，詔官吏犯罪已經赦宥者，仍從覈問。海道漕運船，令探馬赤軍與江南水手相參教習，以防海寇。江南僧石祖進告朱淸、張瑄不法十事，命御史臺詰問之。帝語臺臣曰：「朕聞江南富戶侵占民田，以致貧者流離轉徙，卿等嘗聞之否？」臺臣言曰：「富民多乞護持璽書，依倚以欺貧民，官府不能詰治，宜悉追收爲便。」命卽行之，毋越三日。詔自今僧官、僧人犯罪，御史臺與內外宣政院同鞫。宣政院官徇情不公者，聽御史臺治之。增諸王塔赤鐵木而歲賜銀二百五十兩、雜幣百匹。乙卯，築渾河堤長八十里，仍禁豪家毋侵舊河，令屯田軍及民耕種。增劉國傑等軍，仍令屯戍險隘，俟秋進師。命札忽而帶、阿里等整治江南影占稅民地土者。中書省臣言：「御史臺、廉訪司，體察、體覆，前後不同。初立臺時，止從體察。後立按察司，事無大小，一皆體覆。由是憲司之事，積不能行。請自今除水旱災傷體覆，餘依舊例體察爲宜。」從之。以大都、平灤等路去年被水，其軍應赴上都駐夏者，免其調遣一年。詔軍官除邊遠出征，其餘遇祖父母、父母喪，依民官例，立限奔赴。禁畜養鷹、犬、馬、駝等人擾民。〔乙〕〔己〕未，〔二〇〕以諸王眞童誣告濟南王，謫置劉國傑軍中自效。壬戌，鎭星犯太微垣上將。

二月庚午，太陰犯昴。謫諸王孛羅於四川八剌軍中自效。癸酉，增諸王出伯軍三千人，人備馬二匹，官給其直。丙戌，遣陝西省平章也速帶而、參政汪惟勤將川陝軍，湖廣平章劉國傑將湖廣軍，征亦乞不薛，一切軍務，並聽也速帶而、劉國傑節制。罷征八百媳婦右丞劉深等官，收其符印、驛券。以京師民乏食，命省、臺委官計口驗實，以鈔十一萬七千一百餘錠賑之。癸巳，帝有疾，釋京師重囚三十八人。

三月丁酉，以旱、溢爲災，詔赦天下。大都、平灤被災尤甚，免其差稅三年，其餘災傷之地，已經賑恤者免一年。今年內郡包銀、俸鈔，江淮已南夏稅，諸路鄉村人戶散辦門攤課程，並蠲免之。壬寅，太陰犯輿鬼。命僧設水陸大會七晝夜。癸卯，歲星犯井。甲寅，太陰犯鈎鈐。合祭昊天上帝、皇地祇于南郊，遣中書左丞相答剌罕哈剌哈孫攝事。

夏四月乙丑朔，太白犯東井。丁卯，詔曲赦雲南諸部蠻夷。發通州倉粟三百石賑貧民。釋輕重囚三十八人，人給鈔五錠。乙亥，濬永清縣南河。戊寅，太陰犯心。庚辰，上都大水民饑，減價糶糧萬石賑之。戊子，修盧溝上流石徑山河隄。釋重囚。車駕幸上都。庚寅，太白犯輿鬼。眞定、大名、河間等路蝗。

五月乙巳，給貧乏漢軍地，及五丁者一頃，四丁者二頃，三丁者三頃。其孤寡者存恤六年，逃散者招諭復業。戊申，太廟寢殿災。癸丑，謫和林潰軍征雲南，其戰傷而歸及嘗奉晉王令旨、諸王藥(忽木)〔木忽〕而免者，不遣。丁巳，福州路饑，賑以糧一萬四千七百石。濟南路大水。揚州、淮安路蝗。歸德、徐州、邳州水。

六月癸亥朔，日有食之。太史院失於推策，詔中書議罪以聞。塡星犯太微西垣上將。甲子，建文宣王廟於京師。辛未，享于太廟。乙亥，太陰犯斗。安南國以馴象二及朱砂來獻。甲申，賜諸王合答孫、脫歡、脫列鐵木而、伯牙倫、完者所部鈔四萬五千八百餘錠。湖州、嘉興、杭州、廣德、饒州、太平、婺州、慶元、紹興、寧國等路饑，賑糧二十五萬一千餘石。大同路、寧海州亦饑，以糧一萬六千石賑之。廣平路大水。

秋七月癸巳朔，熒惑、鎭星、辰星聚井。庚子，太陰犯心。己酉，亦乞不薛土官三人棄家來歸，賜金銀符、衣服。戊午，太陰犯熒惑。辛酉，賜諸王八八剌、脫脫灰、也只里、也滅丁等鈔四萬三千九百餘錠。以江浙行省參知政事忽都不丁爲中書右丞。建康民饑，以米二萬石賑之。大都諸縣及鎭江、安豐、濠州蝗。順德水。

八月甲子，詔御史臺凡有司婚姻、土田文案，遇赦依例檢覆。乙丑，熒惑犯歲星。己巳，熒惑犯輿鬼。辛巳，太陰犯昴。壬午，太白犯軒轅。

九月乙未，遣阿牙赤、撒罕禿會計稱海屯田歲入之數，仍自今令宣慰司官與阿剌台共掌之。甲午，〔二〕賜諸王兀魯思不花所部鈔六萬錠。丙午，熒惑犯軒轅。丁未，中書省臣言：「羅里等擾民，宜依例決遣置屯田所。」從之。賜諸王八撒而等鈔八萬六千三百餘錠。己酉，龍興民譌言括童男女，至有殺其子者，命誅其爲首者三人。癸丑，太陰犯輿鬼。丁巳，太白犯右執法。賜諸王捏苦迭而等鈔五千八百四十錠。

冬十月甲子，改浙東宣慰司爲宣慰司都元帥府，徙治慶元，鎭遏海道。置大同路黃花嶺屯田。罷軍儲所，立屯儲軍民總管萬戶府，設官六員，仍以軍儲所宣慰使法忽魯丁掌之。南人林都鄰告浙西廉訪使張珪收藏禁書及推算帝五行，江浙運使合只亦言珪沮撓鹽法，命省、臺官同鞫之。丙子，車駕還大都。壬午，熒惑犯太微西垣上將。濟南濱、（隸）〔棣〕、〔三〕泰安、高唐州霖雨，米價騰湧，民多流移，發粟賑之，併給鈔三萬錠。

十一月辛卯，塡星犯左執法。甲午，劉國傑裨將宋光率兵大敗蛇節，賜衣二襲，仍授以金符。乙未，辰星犯房。癸卯，太陰犯昴。己酉，太陰犯軒轅。庚戌，禁和林軍釀酒，惟安西王阿難答、諸王忽剌出、脫脫、〔八〕不沙、〔三〕也只里、駙馬蠻子台、弘吉列帶、燕里干許釀。辛亥，以同知樞密院事合答知樞密院事。詔江南寺觀凡續置民田及民以施入爲名者，並輸租充役。戊午，籍河西寧夏善射軍隸親王阿木哥，甘州軍隸諸王出伯。己未，詔諸驛使輒枉道者罪之。

十二月庚申朔，熒惑犯塡星。辛酉，御史臺臣言：「自大德元年以來數有星變及風水之災，民間乏食。陛下敬天愛民之心，無所不盡，理宜轉災爲福；而今春霜殺麥，秋雨傷稼。五月太廟災，尤古今重事。臣等思之，得非荷陛下重任者不能奉行聖意，以致如此。若不更新，後難爲力。乞令中書省與老臣識達治體者共圖之。」復請禁諸路釀酒，減免差稅，賑濟饑民。帝皆嘉納，命中書省卽議行之。雲南地震。戊辰，又震。甲子，衡州袁舜一等誘集二千餘人侵掠郴州，湖南宣慰司發兵討之，獲舜一及其餘黨，命誅其首謀者三人，餘者配洪澤、芍陂屯田，其脅從者招諭復業。乙丑，歲星犯輿鬼。乙亥，太陰犯輿鬼。丙子，劉國傑、也先忽都魯來獻蛇節、羅鬼等捷。庚辰，熒惑犯太微東垣上相。命中書省更定略賣良人罪例。癸未，太陰犯房。保定等路饑，以鈔萬錠賑之。

是歲，斷大辟三人。

校勘記

〔一〕江浙河南〔江〕北兩省　據本書卷五九地理志補。

〔二〕乙巳熒惑犯五諸侯　按是月癸丑朔，無乙巳日。本書卷四八天文志有「三月乙巳，熒惑犯五諸侯」。疑此處錯簡，當繫三月。

〔三〕庚子　按是月辛巳朔，庚子爲二十日。此重出，當係衍文。

〔四〕諸王木忽難　按上文大德三年十二月己酉條有「賜諸王岳忽難銀印」，疑卽指此「木忽難」。蒙古語音「岳」「兀」互通。此處「木」字疑爲「兀」之誤。

〔五〕併會理泗川四州爲二　按本書卷六一地理志，會理州隸雲南行省會川路；「泗川」，川、滇皆無此建置，疑爲「四州」二字之衍誤。

〔六〕參政張頤孫及其弟珪等伏誅于（隆）〔龍〕興市　據元典章卷四一「胡參政殺弟」條改。按本書卷六二地理志，隆興至元二十一年改爲龍興。

〔七〕罷檀景兩州（探）〔採〕金鐵冶提舉司　據本書卷八五百官志改。類編已校。

〔八〕辛酉　按是月壬寅朔，辛酉爲二十日，應在丙寅二十五日前。

〔九〕藥（忽木）〔木忽〕而　按諸王藥木忽而一名本書多見，此處倒誤，今改正。下同。

〔一〇〕醜斯　元典章卷三「明政刑」作「段丑厮」，此處「斯」當作「厮」。

〔一一〕己（酉）〔丑〕　按是月己巳朔，無己酉日。此「己酉」在丙戌十八日、壬辰二十四日間，爲己丑二十一日之誤，今改。道光本已校。

〔一二〕乙（酉）〔丑〕　據本書卷四八天文志改。按是月丁酉朔，無乙酉日。

〔一三〕冬十月丙（辰）〔寅〕朔　按大德五年九月丁酉朔，小盡，終于乙丑；十月丙寅朔，此作「丙辰」誤，今改。類編已校。

〔一四〕壬午　按是月丙寅朔，壬午爲十七日，當在癸未十八日前。考異已校。

〔一五〕辛卯　按是月丙寅朔，辛卯爲二十六日，當在癸巳二十八日前。

〔一六〕省泌〔陽〕縣入唐州　據本書卷五九地理志補。本證已校。

〔一七〕選六（御）〔衞〕扈從漢軍習武事　按「六衞」一名本書屢見，「衞」「御」形近致誤，今改。

〔一八〕安陵　按元無「安陵」建置，此處上下文峽州、隨州、荆門皆屬河南省山南江北道，該道有安陸府、江陵路，疑「安陵」爲「安陸」或「安陸、江陵」之誤。

〔一九〕（武陽）〔陽武〕　陽武，汴梁路屬縣。此處倒誤，據本書卷五九地理志改正。

〔二〇〕（乙）〔己〕未　按是月丙申朔，無乙未日。此「乙未」在乙卯二十日、壬戌二十七日間，爲己未二十四日之誤，今改。續通鑑已校。

〔二一〕甲午　按是月辛卯朔，甲午爲初四日，應在乙未初五日前。

〔二二〕濟南濱（隸）〔棣〕　據本書卷五八地理志改。道光本已校。

〔二三〕〔八〕不沙　按上文元貞二年三月甲戌條有「遣諸王亦只里、八不沙、亦憐眞、也里慳、甕吉剌帶並駐夏于晉王怯魯剌之地」，與此處所載諸王名合，據補。八不沙，哈撒兒後，大德十一年封齊王。

元史卷二十一

本紀第二十一

成宗四

七年春正月戊戌，太陰犯昴。甲辰，太陰犯軒轅。丙午，定諸改補鈔罪例，爲首者杖一百有七，從者減二等；再犯，從者杖與首同，爲首者流。己酉，以歲不登，禁河北、甘肅、陝西等郡釀酒。益都諸處牧馬之地爲民所墾者，畝輸租一斗太重，減爲四升。弛饑荒所在山澤河泊之禁一年。賑那海貧乏戶米八千石。壬子，罷歸德府括田。乙卯，詔凡爲匿名書，辭語重者誅之，輕者流配，首告人賞鈔有差，皆籍沒其妻子充賞。命御史臺、宗正府委官遣發朱清、張瑄妻子來京師，仍封籍其家貲，拘收其軍器、海船等。丁巳，令樞密院選軍士習農業者十人教軍前屯田。賜也梯忽而的合金五十兩、銀千兩、鈔千錠、幣帛百匹。

二月壬戌，詔中書省汰諸有司冗員，仍令諭樞密院，除出征將帥外，掌署院事者，定其員數以聞。辛未，以平章政事、行上都留守木八剌沙、陝西行省平章阿老瓦丁並爲中書平章政事，江南行臺御史中丞尙文爲中書左丞，江浙行省參知政事董士珍爲中書參知政事。壬申，詔：「樞密院、宗正府等，自今每事與中書共議，然後奏聞；諸司不得擅奏遷調；官員雖經特旨用之，而於例未允者，亦聽覆奏。」甲戌，減杭州稅課提舉司冗員。丙子，詔和林軍以六年更戍，仍給鈔以周其乏。命西京也速迭而軍及大都所起軍，皆以四月至上都，五月赴北。丁丑，命諸王出伯非急務者勿遣乘驛。詔中書省設官自左右丞相以下，平章二員，左右丞各一員，參知政事二員，定爲八府。戊寅，太陰犯心。己卯，盡除內郡饑荒所在差稅，仍令河南省賑恤流民，給北師鈔三十八萬錠。以安南陳益稷久居鄂州，賜鈔千錠。以侍御史朶台爲中書參知政事。御史臺臣言：「江浙行省平章阿里，左丞高翥，安祐，僉省張祐等，詭名買鹽萬五千引，增價轉市於人，乞遣省、臺官按問。」從之。太原、大同、平灤路饑，並減直糶糧以賑之。庚辰，命陝西、甘肅行省賑鳳翔、秦、鞏、甘州、合迷里貧乏戶。監察御史杜肯構等言太傅、右丞相完澤受朱淸、張瑄賄賂事，不報。壬午，帝語中書省臣曰：「比有以歲課增羨希求爵賞者，此非掊剋於民，何從而出？自今除元額外，勿以增羨作正數。」罷江南財賦總管府及提舉司。禁內外中書省戶部轉運司官，不得私買鹽引。罷致用院。禁諸人毋以金銀絲線等物下番。罷江南都水庸田司、行通政院。併大都鹽運司入河間運司，其所掌京師酒稅課，令戶部領之。禁諸人非奉旨毋得以寶貨進獻。汰諸色人冒充宿衞及諸王、駙馬、妃主部屬濫請錢糧者。眞定路饑，賑鈔五萬錠。仍諭諸王小薛及鷹師等，毋於眞定近地縱獵擾民。丙戌，詔除征邊軍士及兩都站戶外，其餘人戶均當徭役。丁亥，詔自今除樞密院、御史臺、宣政院依舊奏選，諸司毋得擅奏，其舉用人員，並經中書省。

三月己丑朔，保定路饑，賑鈔四萬錠。庚寅，詔遣奉使宣撫循行諸道：以郝天挺、塔出往江南、江北，〔一〕石珪往燕南、山東，耶律希逸、劉賡往河東、陝西，鐵里脫歡、戎益往兩浙、江東，趙仁榮、岳叔謨往江南、湖廣，木八剌、陳英往江西、福建，塔赤海牙、劉敏中往山北、遼東，並給二品銀印，仍降詔戒飭之。江浙行省平章脫脫遣發朱淸、張瑄家屬，其家以金、珠重賂之，脫脫以聞。帝諭之曰：「朕以江南任卿，果能爾，眞男子事也。其益恪勤乃事。」賜以黃金五十兩。都城火，命中書省與樞密院議增巡防兵。甘肅行省供軍錢糧多弊，詔從廉訪司于甘州。壬辰，定大都南北兵馬司姦盜等罪，六十七以下付本路，七十七以上付也可札魯忽赤。河間路禾稼不登，命罷修建僧寺工役。乙未，眞定路饑，賑鈔六百六十餘錠。中書平章伯顏、梁德珪、段（眞）〔貞〕、〔二〕阿里渾撒里，右丞八都馬辛，左丞月古不花，參政迷而火者、張斯立等，受朱淸、張瑄賄賂，治罪有差，詔皆罷之。以洪君祥爲中書右丞，監察御史言其曩居宥密，以貪賄罷黜，乞別選賢能代之，不報。甲辰，詔定贓罪爲十二章。京朝官月俸外，增給祿米；外任官無公田者，亦量給之。乙巳，以征八百媳婦喪師，誅劉深，笞合剌帶、鄭祐，罷雲南征緬分省。戊申，小蘭禧、〔三〕岳鉉等進大一統志，賜賚有差。己酉，追收元降除免和雇和市璽書。以脫歡誣告諸王脫脫，謫置湖廣省軍前自效。罷甘肅行省差調民兵及取勘軍民站戶家屬孳畜之數。庚戌，以鐵哥察而所收愛牙合赤戶仍隸諸王脫脫。癸丑，樞密院臣及監察御史言：「中丞董士選貸朱淸、張瑄鈔，非義。」帝曰：「臺臣稱貸不必問也，若言者不已，後當杖之。」甲寅，車駕幸上都。丙辰，賜諸王小薛所部等鈔六萬錠。賑李陵臺等五站戶鈔一千四百餘錠。遼陽等路饑，賑鈔萬錠。

夏四月癸亥，太陰犯東井。詔省、臺、樞密院、通政院，凡呼召大都總管府官吏，必用印帖，其餘諸司不得輒召。徽藩臣陳天祥、張孔孫、郭筠至京師，以天祥、孔孫爲集賢大學士，筠爲昭文舘大學士，皆同議中書省事。丙寅，太陰犯軒轅。庚午，以中書文移太繁，其二品諸司當呈省者，命止關六部。中書左丞相答剌罕言：「僧人修佛事畢，必釋重囚。有殺人及妻妾殺夫者，皆指名釋之。生者苟免，死者負冤，於福何有？」帝嘉納之。辛未，流朱淸、張瑄子孫于遠方，仍給行費。乙亥，歲星犯輿鬼。太陰犯南斗。庚辰，蛇節降，令海剌孫將兵五千守之，餘衆悉遣還各戍。撥磵門四川軍人一千人鎭羅羅斯，其土軍修治道路者，悉令放還。甲申，熒惑犯太微垣右執法。丁亥，歲星犯輿鬼。誅蛇節。衞輝路、辰州蝝。濟南路隕霜殺麥。

五月己丑，給和林軍鈔三十八萬錠。開上都、大都酒禁，其所隸兩都州縣及山後、河東、山西、河南嘗告饑者，仍悉禁之。詔雲南行省整飭錢糧。壬辰，辰星犯東井。以大德五年戰功，賞北師銀二十萬兩、鈔二十萬錠、幣帛各五萬九千匹。賜皇姪海山及安西王阿難答，諸王脫脫、八不沙，駙馬蠻子台等各金五十兩、銀珠錦幣等物有差。丙申，遣征緬回軍萬四千人還各戍。癸卯，詔和林軍糧，除歲支十二萬石，其餘非奉旨不得擅支。丁未，床兀兒來朝，以戰功賜金五十兩、銀四百兩，仍給其萬戶所隸貧乏軍鈔六十九萬餘錠。辛亥，奉使宣撫耶律希逸、劉賡言：「平陽僧察力威犯法非一，有司憚其豪强，不敢詰問，聞臣等至，潛逃京師。」中書省臣言：「宜捕送其所，令省、臺、宣政院遣官雜治。」從之。甲寅，濬上都灤河。乙卯，以昌童王五戶絲分給諸王塔失鐵木而。令甘州站戶爲僧人、禿魯花等隱藏者，依例還役。詔中外官吏無職田者，驗俸給米有差，其上都、甘肅、和林諸處非產米地，惟給其價。禁諸王八不沙部於般陽等處圍獵擾民。詔諸宿衞士，除官員子弟曾經奏准者留，餘悉革去。禁諸王、駙馬，毋輒杖州縣官吏，違者罪王府官。立和林宣慰司都元帥府，以忽剌出遙授中書省左丞，爲宣慰使都元帥。賜諸王納忽里鈔千錠、幣三十匹。濟寧、東昌、濟南、般陽、益都蟲食麥。太原、龍興、南康、袁、瑞、撫等路，高唐、南豐等州饑，減直糶糧五萬五千石。東平、益都、濟南等路蝗。般陽路隕霜。

閏五月戊午朔，日有食之。以也奴鐵木而、闊闊出、晃兀沒於軍，賜其家鈔有差。壬戌，詔禁犯曲阜林廟者。丁卯，平江等十五路民饑，減直糶糧三十五萬四千石。戊辰，太陰犯心。己巳，以諸王孛羅、眞童皆討賊有功，徵詣京師。完澤薨。庚辰，雲南行省平章也速帶而入朝，以所獲軍中金五百兩爲獻。帝曰：「是金卿效死所獲者。」賜鈔千錠。丁丑，〔四〕禁諸王、駙馬等征北諸軍以奴爲代者罪之。辛巳，詔僧人與民均當差役。癸未，各道奉使宣撫言，去歲被災人戶未經賑濟者，宜免其差役，從之。命江浙行省右丞董士選發所籍朱清、張瑄貨財赴京師，其海外未還商舶，至則依例籍沒。甘肅行省平章合散等侵盜官錢十六萬三千餘錠、鹽引五千餘道，命省、臺官徵之。詔上都路、應昌府、亦乞列思、和林等處依內郡禁酒。丙戌，罷營田提舉司。汴梁開封縣蟲食麥。

六月己丑，御史臺臣言：「瓜、沙二州，自昔爲邊鎭重地，今大軍屯駐甘州，使官民反居邊外，非宜。乞以蒙古軍萬人分鎭險隘，立屯田以供軍實，爲便。」從之。罷四川宣慰司，立四川行中書省，以雲南行省平章脫脫、湖廣行省議事平章程鵬飛並爲平章政事。壬辰，武岡路饑，減價糶糧萬石以賑之。給欽察千戶等貧乏者鈔三萬七千八百餘錠。癸巳，叛賊雄挫來降。乙未，以亦乞不薛就平，留探馬赤軍二千人討阿永叛蠻，餘悉放還。庚子，西京道宣慰使法忽魯丁以琵琶二千五百餘斤鬻于官，爲鈔一萬一千九百餘錠。有旨除御榻所用外，餘未用者，宜悉還之。命阿伯、阿忽台等整飭河西軍事。癸卯，詔凡軍官子弟年及二十者，與民官子孫同，優直一年方許襲職，萬戶於樞密院，千戶於行省，百戶於本萬戶。乙巳，罷行省僉省。浙西淫雨，民饑者十四萬，賑糧一月，仍免今年夏稅幷各戶酒醋課。命甘肅行省修阿合潭、曲尤壕以通漕運。大寧路蝗。

秋七月辛酉，常德路饑，減直糶糧萬石以賑之。壬戌，御史臺臣言：「前河間路達魯花赤忽賽因、轉運使朮甲德壽皆坐贓罷。今忽賽因以獻鷹犬，復除大寧路達魯花赤；朮甲德壽以迭里迷失妄奏其被誣，復除福寧知州；並宜改正不敍，以戢姦貪。」從之。禁僧人以修建寺宇爲名，齎諸王令旨乘傳擾民。汰宿衞士。丙寅，答剌罕哈剌哈孫爲中書右丞相、知樞密院事。戊寅，〔五〕歲星犯軒轅。丙子，給四川行省驛券十二道。詔除集賢、翰林老臣預議朝政，其餘三品以下，年七十者，各陞散官一等致仕。立和林兵馬司。罷遼東宣慰司。丁丑，中〔書〕省臣言：〔六〕「大同稅課，比奉旨賜乳母楊氏，其家掊斂過數，擾民爲甚。」敕賜鈔五百錠，其稅課依例輸官。御史臺臣言：「湖南輸糧百石者，出驛馬一匹，廣海地狹，所輸不及百石者，所出亦如之，故官以鹽引助其不給。每馬一匹，貴州以北給鹽十七引，以南二十引。近立榷鹽提舉司，官價增五之三，元給二十引者，宜與鈔十七錠，十七引者十五錠。」從之。罷江南白雲宗攝所，其田令依例輸租。都哇、察八而、滅里鐵木而等遣使請息兵，帝命安西王愼飭軍士，安置驛傳，以俟其來。戊寅，賜諸王奴倫、伯顏、也不干等鈔九萬錠。罷諸王所設總管府。叛賊廝你降，貢金五百兩、童男女二百人及馬牛羊，却之。己卯，太陰犯井。乙酉，熒惑犯房。賜諸王曲而魯等部鈔幣有差。

八月己丑，罷護國仁王寺元設江南營田提舉司。給安西王所部貧民米二萬石。辛卯，夜地震，平陽、太原尤甚，村堡移徙，地裂成渠，人民壓死不可勝計，遣使分道賑濟，爲鈔九萬六千五百餘錠，仍免太原、平陽今年差稅，山場河泊聽民採捕。癸巳，太白犯氐。月里不花將甕吉里軍赴雲南，道卒，以其子普而耶代之。甲午，熒惑犯東咸。太陰犯牽牛。庚子，中書省臣言：「法忽魯丁輸運和林軍糧，其負欠計二十五萬餘石。近監察御史亦言其侵匿官錢十三萬餘錠。臣等議：遣官徵之，不足，則籍沒其財產。」從之。乙巳，歲星犯軒轅。庚戌，緬王遣使獻馴象四。辛亥，熒惑犯天江。賜諸王脫鐵木而之子也先博怯所部等鈔六千九百餘錠。

九月戊午，車駕還大都。丙寅，太白晝見。以太原、平陽地震，禁諸王阿只吉、小薛所部擾民，仍減太原歲飼馬之半。遣刑部尙書塔察而、翰林直學士王約使高麗，以其國相吳〔祈〕〔祁〕專權，〔七〕徵詣闕問罪。辛未，熒惑犯南斗。詔諭諸司賑恤平陽、太原。甲戌，太陰犯東井。乙亥，太白犯南斗。丙子，罷僧官有妻者。壬午，辰星犯氐。復木八剌沙平章政事。

冬十月丁亥，太白經天。御史臺臣劾言江浙行省平章阿里不法，帝曰：「阿里朕所信任，臺臣屢以爲言，非所以勸大臣也。後有言者，朕當不恕。」戊子，弛太原、平陽酒禁。以江浙年穀不登，減海運糧四十萬石。己丑，詔從軍醫工止復其妻子，戶如故。辛卯，復立陝西行御史臺。癸巳，御史臺臣及諸道奉使言：「行省官久任，與所隸編氓聯姻，害政。」詔互遷之。以只而合忽知樞密院事。給大都文宣王廟灑掃戶五。乙未，發雲南叛寇餘黨未革心者來京師，留蛇節養子阿闕于本境，以撫其民。改平灤爲永平路。陞甘州爲上路。設刑部獄吏一員，以掌囚徒。安西轉運司於常課外增算五萬七千四百錠，人賜衣一襲，以勸其功。詔諸司凡錢糧不經中書省議者，勿奏。庚子，改普定府爲路，隸曲靖宣慰司，以故知府容苴妻適姑爲總管，佩虎符。以敍州宣慰司爲敍南等處諸部蠻夷宣撫司。辛丑，太陰犯東井。庚戌，翰林國史院進太祖、太宗、定宗、睿宗、憲宗五朝實錄。辛亥，詔軍戶貧乏者，存恤六年。增蒙古國子生百員。

十一月甲寅朔，賜諸王阿只吉所部鈔二十萬錠、糧萬石。命鷹師圍獵毋得擾民。以順元隸湖廣省。併海道運糧萬戶府爲海道都漕運萬戶府，給印二。亦乞不薛賊黨魏傑等降，人賜衣一襲，遣還，俾招其首亂者。丁巳，詔大同、(靜)〔淨〕州、〔大〕隆興等路運糧五萬石入和林。己未，太白經天。辛酉，木冰。甲子，命依十二章斷僧官罪。丙寅，鎮星犯進賢。戊辰，太陰犯井。辛未，陞全寧府為路。己卯，太陰犯東咸。遣諸王滅怯禿、玉龍鐵木而使察八而。

十二月甲申朔，詔內郡比歲不登，其民已免差者，併蠲免其田租。乙酉，弛京師酒課，許貧民釀酒。丙戌，太白經天。熒惑犯壘壁陣。戊子，以平宋隆濟功，增諸將秩，賜銀、鈔等物有差，其軍士各賜鈔十錠，放歸存恤一年。丙申，太陰犯東井。辛丑，太陰犯明堂。詔撫諭順元諸司。免大德七年民間逋稅。命江南、浙西官田奉特旨賜賚者，許中書省迴奏。賜皇姑魯國大長公主鈔一萬五千錠、幣帛各三百匹。加封眞武為元聖仁威玄天上帝。丁未，太陰犯天江。以轉輸軍餉勞，免思、播二州及潭、衡、辰、沅等路稅糧一年，常、澧三分之一，淘金、站戶無種佃者，免雜役一年。七道奉使宣撫所罷贓污官吏凡一萬八千四百七十三人，贓四萬五千八百六十五錠，審冤獄五千一百七十六事。

是歲，斷大辟十人。

八年春正月己未，以災異故，詔天下恤民隱，省刑罰。雜犯之罪，當杖者減輕，當笞者並免。私鹽徒役者減一年。平陽、太原免差稅三年。隆興、延安及上都、大同、懷孟、衞輝、彰德、眞定、河南、安西等路被災人戶，免二年。大都、保定、河間路免一年。江南佃戶私租太重，以十分爲率減二分，永爲定例。仍弛山場河泊之禁，聽民採捕。庚申，以雲南順元同知宣撫事宋阿重生獲其叔隆濟來獻，特陞其官，賜衣一襲。置掌薪司，以供尚食，令宣徽院掌其事。癸亥，禁錮朱清、張瑄族屬。乙丑，復置遂平、新蔡、眞陽、太和、沈丘、潁上、柘城、城父、郟、舞陽十縣。丙寅，以御史中丞、太僕卿塔思不花爲中書右丞，江南行臺中丞趙仁榮爲中書參知政事。陞教坊司三品。庚午，以輦眞監藏爲帝師。辛巳，詔：「諸王、妃主及諸路有馬者，十取其一，諸王、駙馬往遼東捕海東鶻者，毋給驛。」自滎澤至睢州，築河防十有八所，給其夫鈔人十貫。駙馬也列干住所部民饑，以糧二千石賑之。是月，平陽地震不止，已修民屋復壞。

二月丙戌，增置國子生二百員，選宿衞大臣子孫充之。降莊浪路爲州。併隴干縣入德順州。辛卯，命諸王出伯所部軍屯田于薛出合出谷。甲午，詔父子兄弟有才者，許並居風憲。徙江東建康道廉訪司治于寧國，其建康路簿書，命監察御史鈎考。丙申，分軍千人戍嘉定州。甲辰，翰林學士承旨撒里蠻進金書世祖實錄節文一册、漢字實錄八十册。減宿衞繁冗者。丙午，車駕幸上都。敕軍人奸盜詐僞悉歸有司。賜太祖位怯憐口戶鈔萬八千二百錠、布帛萬匹。賜禿赤及塔剌海以所籍朱清、張瑄田，人六十頃，近侍鷹坊怯憐口鈔二萬七千三百錠、布帛萬二千匹。賜平章政事王慶端玉帶，半俸終身。

三月丁巳，詔：「軍民官已除，以地遠官卑不赴者，奪其官不敍。軍官擅離所部者，悉遣還翼，違者論如律。軍人不告所部私歸者，杖而還之。」乙丑，去歲十二月庚戌，彗星見，約盈尺，在室十一度入紫微垣，至是滅，凡七十四日。戊辰，中書左丞尙文以疾辭，不允。詔：「諸王、駙馬所分郡邑，達魯花赤惟用蒙古人，三年依例遷代，其漢人、女直、契丹名爲蒙古者皆罷之。」敕軍民逃奴有獲者卽付其主，主在他所者，赴所在官司給之，仍追逃奴鈔充獲者賞；逃及誘匿者，論罪有差。詔諸路牧羊及百至三十者，官取其一，不及數者勿取。中書省臣言：「自內降旨除官者，果爲近侍宿衞，踐履年深，依已除敍。嘗宿衞未官者，視散官敍，始歷一考，準爲初階。無資濫進，降官二級，官高者量降。各位下再任者，從所隸用，三任之上，聽入常調。蒙古人不在此限。」從之。雲南黎州盜埶也速（而帶）〔帶而〕家屬貲產，〔九〕命宣政院督其郡邑捕之。給諸王出伯所部馬萬三千五百匹。庚辰，詔內外使以軍務行者，至其地有司給饋十五日，自餘重事八日，細事三日。命凡爲衙兵者，皆半隸屯田，仍諭各衞屯官及屯田者，視其勤惰，以爲賞罰。陞分寧縣爲寧州。罷廬州路榷茶提舉司。灤城、〔一○〕濟陽等縣隕霜殺桑。

夏四月丙戌，置千戶所，戍定海，以防歲至倭船。永寧路叛寇雄挫來降。命僧道爲商者輸稅。凡諸王、駙馬徵索，有司非奉旨輒給者，罪且罷之。詔諸路畏吾兒、合迷里自相訟者，歸都護府，與民交訟者，聽有司專決。甲午，詔：「朝廷、諸王、駙馬進捕鷹鶻皆有定戶，自今非鷹師而乘傳冒進者，罪之。」庚子，以永平、淸、滄、柳林屯田被水，其逋租及民貸食者皆勿徵。丁未，分教國子生於上都。賜西平王奧魯赤、合帶等部民鈔萬錠，朶耳思等站戶鈔二千二百錠、銀三百九十兩有奇。〔一〕益都臨朐、德州齊河蝗。

五月（癸未）〔壬子〕朔，日有食之。〔二〕辛酉，以所籍朱淸、張瑄江南財產隸中政院。己巳，以平宋隆濟功，賜諸王脫脫、亦吉里〔帶〕、〔三〕平章床兀而等銀、鈔、金、幣、玉帶，及大理金齒、曲靖、烏撒烏蒙宣慰等官銀、鈔各有差。壬申，罷福建都轉運鹽使司，以其歲課併隸宣慰司。中書省臣言：「吳江、松江實海口故道，潮水久淤，凡湮塞良田百有餘里，況海運亦由是而出，宜於租戶役萬五千人濬治，歲免租人十五石，仍設行都水監以董其程。」從之。追收諸王驛劵。癸酉，定舘陶等十七倉官品級：諸糧十萬石以上者從七品，五萬石以上者正八品，不及五萬者從八品。庚辰，以去歲平陽、太原地震，宮觀摧圮者千四百餘區，道士死傷者千餘人，命賑恤之。是月，蔚州之靈仙，太原之陽曲，隆興之天城、懷安，大同之白登大風雨雹傷稼，人有死者。大名之濬、滑，德州之齊河霖雨。汴梁之祥符、太康，衞輝

之獲嘉，太原之陽武河溢。〔一四〕

六月癸未，開和林酒禁，立酒課提舉司。丁酉，汝寧妖人李曹驢等妄言得天書惑衆，事覺伏誅。益津蝗，汴梁祥符、開封、陳州霖雨，蠲其田租。扶風、岐山、寶鷄諸縣旱，烏撒、烏蒙、益州、〔一五〕忙部、東川等路饑、疫，並賑恤之。

秋七月辛酉，罷江淮等處財賦總管府。癸亥，諸王合贊自西域遣使來貢珍物。賜諸王也孫鐵木而等鈔二十萬錠，戍北千戶十五萬錠，怯憐口等九萬餘錠，西平王奧魯赤二萬錠。以順德、恩州去歲霖雨，免其民租四千餘石。

八月，太原之交城、陽曲、管州、嵐州，大同之懷仁雨雹隕霜殺禾，杭州火，發粟賑之。以大名、高唐去歲霖雨，免其田租二萬四千餘石。

九月癸丑，車駕至自上都。庚申，伯顏、梁德珪並復爲中書平章政事，八都馬辛復爲中書右丞，迷而火者復爲中書參知政事。以江浙行省平章阿里爲中書平章政事。庚午，以戶部尚書張祐爲中書參知政事。癸酉，諸王察八而、朶瓦等遣使來附，以幣帛六百匹給之。詔諸王凡泉府規營錢，非奉旨毋輒支貸。給諸王出伯所部帛四百匹。四川、雲南鎭戍軍家居太原、平陽被災者，給鈔有差。潮州颶風起，海溢，漂民廬舍，溺死者衆，給其被災戶糧兩月。以冀、孟、輝、雲內諸州去歲霖雨，免其田租二萬二千一百石。

冬十月辛卯，〔一六〕有事于太廟。辛巳，給諸王阿只吉所部馬料價鈔三千九百錠。以宣徽使、大都護長壽爲中書右丞，陝西行省右丞脫歡爲中書參知政事。丁亥，安南遣使入貢。詔諸王、駙馬毋乘驛以獵。庚寅，封皇姪海山爲懷寧王，賜金印，仍割瑞州戶六萬五千隸之，歲給五戶絲直鈔二千六百錠、幣帛各千匹。戊戌，命省、臺、院官鞫高麗國相吳(祈)〔祁〕及千戶石天(輔)〔補〕等，〔一七〕以(祈)〔祁〕離間王父子，天(輔)〔補〕謀歸日本，皆笞之，徙安西。

十一月壬子，詔：「內郡、江南人凡爲盜黥三次者，謫戍遼陽；諸色人及高麗三次免黥，謫戍湖廣；盜禁籞馬者，初犯謫戍，再犯者死。」以平陽、太原去歲地大震，免其稅課一年。遣制用院使忽鄰、翰林直學士林元撫慰高麗。放遼陽民樂亦等三百九十戶爲兵者還民籍。丁卯，復免僧人租。戊辰，以武備卿鐵古迭而爲御史大夫。壬申，詔凡僧姦盜殺人者，聽有司專決。寧遠王闊闊出以馬萬五百餘匹給軍，命以鈔五萬二千五百餘錠償其直。增海漕米爲百七十萬石。

十二月庚子，復立益都淘金總管府。辛丑，封諸王出伯爲威武西寧王，賜金印。賜安西王阿難答，諸王阿只吉、也速不干等鈔一萬四千錠。

九年春正月丁巳，太陰犯天關。戊午，帝師輦眞監藏卒，賻金五百兩、銀千兩、幣帛萬匹、鈔三千錠，仍建塔寺。甲子，太陰犯明堂。以甕吉剌部民張道奴等舊權爲軍者復隸民籍。己巳，太陰犯東咸。壬申，弛大都酒禁。甲戌，賜諸王完澤、撒都失里、別不花等所部鈔五萬六千九百錠、幣帛有差，鷹師等百五十萬錠。

二月癸未，敕軍匠等戶元隸東宮者，有司毋得奪之。中書省臣言：「近侍自內傳旨，凡除授賞罰皆無文記，懼有差違，乞自今傳旨者，悉以文記付中書。」從之。甲午，免天下道士賦稅。乙未，建大天壽萬寧寺。丁酉，封諸王完澤爲衞安王，定遠王岳木忽而爲威定王，並賜金印。陞翰林國史院爲正二品。賜朶瓦使者幣帛五百匹。庚子，命中書議行郊祀禮。辛丑，詔赦天下。令御史臺、翰林、集賢院、六部，於五品以上，各舉廉能識治體者三人，行省、行臺、宣慰司、廉訪司各舉五人。免大都、上都、隆興差稅、內郡包銀俸鈔一年。江淮以南租稅及佃種官田者，均免十分之二。致仕官止有一子應承廕者，其傔使並免之，家貧者給半俸終其身。丙午，賜宿衞怯憐口鈔一百萬錠。以歸德頻歲被水民饑，給糧兩月。平陽、太原地震，站戶被災，給鈔一萬二千五百錠。

三月丁未朔，車駕幸上都。給還安西王積年所減歲賜金五百兩、絲一萬一千九百斤，仍賜其所部鈔萬錠。敕遼陽行省毋專決大辟。以和林所貯幣帛給懷寧王所部軍。庚戌，以吃剌(八思)〔思八〕斡節兒姪相加班爲帝師。〔一八〕詔梁王勿與雲南行省事，賜鈔千錠。甲寅，熒惑犯氐。戊午，歲星犯左執法。以樞密副使高興爲平章政事，仍樞密副使。賜親王脫脫鈔二千錠，奴兀倫、孛羅等金五百兩、銀千兩、鈔二萬錠。以濟寧去歲霖雨傷稼，常寧州饑，並賑恤之。河間、益都、般陽屬縣隕霜殺桑，撫之。宜黃、興國之大冶等縣火，給被災者糧一月。

夏四月庚辰，太陰犯井。雲南行省請益戍兵，不許，遣使詣諸路閱其當戍者遣之。乙酉，大同路地震，有聲如雷，壞官民廬舍五千餘間，壓死二千餘人。懷仁縣地裂二所，湧水盡黑，漂出松柏朽木，遣使以鈔四千錠、米二萬五千餘石賑之；是年租賦稅課徭役一切除免。戊子，賜察八而、朶瓦所遣使者銀千四百兩、鈔七千八百餘錠。己丑，東川路蠻官阿葵以馬二百五十四、金二百五十兩及方物來獻。壬辰，太白犯井。中書省臣言：「前代郊祀，以祖宗配享。臣等議：今始行郊禮，專祀昊天爲宜。」詔依所議行之。以汴梁、歸德、安豐去歲被災，潭州、郴州、桂陽、東平等路饑，並賑恤之。

五月丁未，詔諸王、駙馬部屬及各投下，凡市傭徭役與民均輸。遣官調雲南、四川、福建、兩廣官。大都旱，遣使持香禱雨。戊申，徵陝西儒學提舉蕭𣂏赴闕，命有司給以安車。戊午，改各道肅政廉訪司爲詳刑觀察(使)〔司〕，〔一九〕聽省、臺辟人用之。立衍慶司，正二品。

癸亥，歲星掩左執法。以地震，改平陽爲晉寧，太原爲冀寧。復立洪澤、芍陂屯田，令河〔西〕〔南〕行省平章阿散領其事。〔二〇〕省鬱林縣入貴州。以晉寧、冀寧累歲被災，給鈔三萬五千錠。寶慶路饑，發粟五千石賑之。以陝西渭南、櫟陽諸縣去歲旱，蠲其田租。道州旱。

六月丙子朔，以立皇太子，遣中書右丞相答剌罕哈剌哈孫告昊天上帝，御史大夫鐵古迭而告太廟。庚辰，立皇子德壽爲皇太子，詔告天下。賜高年帛，八十者一匹，九十者二匹。孝子順孫堪從政者，量才任之。親年七十別無侍丁者，從近遷除。外任官五品以下並減一資。諸處罪囚淹繫五年以上，除惡逆外，疑不能決者釋之。流竄遠方之人，量移內地。甲午，潼川霖雨江溢，漂沒民居，溺死者衆，敕有司給糧一月，免其田租。以瓊州屢經叛寇，隆興、撫州、臨江等路水，汴梁霖雨爲災，並給糧一月。桓州、宣德雨雹。鳳翔、扶風旱。通、泰、靜海、武清蝗。〔二一〕

秋七月乙巳朔，禁晉寧、冀寧、大同釀酒。蠲晉寧、冀寧今年商稅之半。丙午，熒惑犯氐。辛亥，築郊壇於麗正、文明門之南丙位，設郊祀署，令、丞各一員，太祝三員，奉禮郎二員，協律郎一員，法物庫官二員。癸丑，以黑水新城爲靖安路。〔二二〕陞祕書監、拱衛司並正三品。罷福建蒙古字提舉司及醫學提舉司。賜安西王阿難答子月魯鐵木而鈔二千錠。甲寅，太白經天。庚申，陞太府監爲太府院。壬戌，以金千兩、銀七萬五千兩、鈔十三萬錠，賜興聖太后及宿衞臣，出居懷州。復置懷寧王王府官。賜威(遠)〔定〕王岳木忽而鈔萬錠。〔三〕給大都至上都十二驛鈔一萬一千二百錠。丁卯，熒惑犯房。以大司徒段貞、中書右丞八都馬辛並爲中書平章政事，參知政事合剌蠻子爲右丞，參知政事迷而火者爲左丞，參議中書省事也先伯爲參知政事。給脫脫所部乞而吉思民糧五月。沔陽之玉沙江溢，陳州之西華河溢，嶧州水，賑米四千石。揚州之泰興、江都，淮安之山陽水，蠲其田租九千餘石。潭、郴、衡、雷、峽、滕、沂、寧海諸郡饑，減直糶糧五萬一千六百石。

八月乙亥朔，省孛可孫冗員。孛可孫專治芻粟，初惟數人，後以各位增入，遂至繁冗。至是存十二員，餘盡革之。丙子，給大都車站戶粟千四百七十餘石。丁丑，給曲阜林廟洒掃戶，以尚珍署田五十頃供歲祀。己卯，以冀寧歲復不登，弛山澤之禁，聽民採捕。命太常卿丑閭、昭文館大學士靳德進祭星于司天臺。辛巳，太陰犯東咸。丙戌，商胡塔乞以寶貨來獻，以鈔六萬錠給其直。癸巳，復立制用院。乙未，熒惑犯天江。賜寧遠王闊闊出鈔萬錠，及其所部三萬錠。是月，涿州、東安州、河間、嘉興蝗，象州、融州、柳州旱，歸德、陳州河溢，大名大水，揚州饑。

九月戊申，聖誕節，帝駐蹕于壽寧宮，受朝賀。丁巳，熒惑犯斗。庚申，車駕至自上都。賜威武西寧王出伯所部鈔三萬錠。

冬十月丁丑朔，〔三〕陞都水監正三品。辛巳，有事于太廟。丙戌，太白經天。己丑，命兩廣以南軍與土人同戍。庚寅，駙馬按替不花來自朶瓦，賜銀五十兩、鈔二百錠。乙未，帝諭中書省、樞密院、御史臺臣曰：「省中政事，聽右丞相哈剌哈孫答剌罕總裁，自今用人，非與答剌罕共議者，悉罷之。」戊戌，詔芍陂、洪澤等屯田爲豪右占據者，悉令輸租。辛丑，復以詳刑觀察司爲廉訪司。常州僧錄林起祐以官田二百八十頃冒爲己業施河西寺，敕募民耕種，輸其租于官。御史臺臣請增官吏俸，命與中書省共議以聞。括兩淮地爲豪民所占者，令輸租賦。賜安南王陳益稷湖廣地五百頃。諸王忽剌出及昔而吉思來賀立皇太子，賜鈔及衣服、弓矢等有差。

十一月丁未，以鈔萬錠給雲南行省，命與貝參用，其貝非出本土者同僞鈔論。拘收諸王、妃主驛劵。置大都南城警巡院。黃勝許遣其屬來獻方物，請復其子官。帝不允，曰：「勝許反側不足信，如其悔罪自至，則官可得。」命賜衣服遣之。以去年冀寧地震，站戶貧乏，詔諸王、駙馬毋妄遣使乘驛。復立雲南屯田，命伯顏察而董其事。給四川征戍軍士其家居大同爲地震壓死者戶鈔五錠。庚戌，歲星、太白、鎭星聚於亢。癸丑，歲星犯亢。丙寅，歲星晝見。庚午，祀昊天上帝于南郊，牲用馬一、蒼犢一、羊豕鹿各九，其文舞曰崇德之舞，武舞曰定功之舞。以攝太尉、右丞相哈剌哈孫、左丞相阿忽台、御史大夫鐵古迭而爲三獻官。壬申，太白經天。

十二月乙亥，賜冀寧路鈔萬錠、鹽引萬紙，以給歲費。丙子，太白犯西咸。地震。庚寅，熒惑犯壘壁陣。皇太子德壽薨。己亥，辰星犯建星。

十年春正月壬寅朔，高麗王王昛遣使來獻方物。甲辰，詔詢訪莊聖皇后、昭睿順聖皇后、徽仁裕聖皇后儀範中外之政，以備紀錄。丙午，濬吳松江等處漕河。四川行省臣言：「所在驛傳，舊制以各路達魯花赤兼督。今沿江水驛迂遠，宜令所隸州縣官統治之。」從之。增置甘肅行省王渾木敦等處驛傳。立福建鹽課提舉司，隸宣慰司。庚戌，濬眞、揚等州漕河，令鹽商每引輸鈔二貫，以爲傭工之費。丁巳，太白犯建星。戊午，罷江南白雲宗都僧錄司，汰其民歸州縣，僧歸各寺，田悉輸租。壬戌，發河南民十萬築河防。丙寅，以沙都而所部貧乏，給糧兩月。丁卯，命諸王、駙馬、妃主奏請錢穀者，與中書議行之。陞巡檢爲九品。命近侍無輒驛召外郡官。弛大同路酒禁。封駙馬合伯爲昭武郡王。營國子學於文宣王廟西偏。詔各道禁沮擾鹽法。以京畿雷家站戶貧乏，給鈔五百錠。奉聖州懷來縣民饑，給鈔九百錠。

閏正月癸酉，太白犯牽牛。甲戌，賑合民所部留處鳳翔者糧三月。壬午，給諸王也先鐵木而所部米二千石。賑暗伯拔突軍屯東地者糧兩月。丁亥，免大都今年租賦。己丑，太白犯壘壁陣。甲午，以前中書平章政事鐵哥、江浙行省平章闊里、河南行省平章阿散，並爲中書平章政事；行宣政院使張閭、四川行省左丞杜思敬，並爲中書左丞；參議中書省事劉源爲參知政事。是月，以曹之禹城去歲霖雨害稼，民饑，發陵州糧二千餘石賑之。晉寧、冀寧地震不止。

二月壬寅，賑金蘭站戶不能自贍者糧兩月。賑遼陽千戶小薛干所部貧匱者糧三月。辛亥，中書省臣言：「近侍傳旨以文記至省者，凡一百五十餘人，令臣擢用。其中犯法妄進者實多，宜加遴選。」制曰「可」。陞行都水監爲正三品，諸路提控案牘爲九品。駙馬濟寧王蠻子帶以所部用度不足，乞預貸歲得五戶絲，從之。遣六衞漢軍貧乏者還家休息一年。丙辰，封孛羅爲鎭寧王，錫以金印。朶瓦遣使來朝，賜衣幣遣之。戊午，太陰犯氐。己未，江西福建道奉使宣撫塔不帶坐贓遇赦，釋其罪，終身不敍。丁卯，以月古不花爲中書左丞。戊辰，車駕幸上都。賜安西王阿難答、西平王奧魯赤、不里亦鈔三萬錠，南哥班萬錠，從者三萬二千錠。鎭西武靖王搠思班所部民饑，發甘肅糧賑之。是月，大同路暴風大雪，壞民廬舍，明日雨沙陰霾，馬牛多斃，人亦有死者。

三月戊寅，歲星犯亢。己卯，崆古王遣使來貢方物。乙未，慮大都囚，釋上都死囚三人。賜駙馬蠻子帶鈔萬錠。道州營道等處暴雨，江溢山裂，漂蕩民廬，溺死者衆，復其田租。以濟州任城縣民饑，賑米萬石。給千家木思答伯部糧三月。柳州民饑，給糧一月。河間民王天下奴弒父，磔裂於市。

夏四月庚子朔，詔凡匿鷹犬者，沒家貲之半，笞三十，來獻者給之以賞。甲辰，樞密院臣言：「太和嶺屯田，舊置屯儲總管府，專督其程。人給地五十畝，歲輸糧三十石，或佗役不及耕作者，悉如數徵之，人致重困。乞令軍官統治，以宣慰使玉龍失不花總其事，視軍民所收多寡以爲賞罰。」從之。丁未，命威武西寧王出伯領甘肅等地軍站事。辛酉，塡星犯亢。壬戌，雲南羅雄州軍火主阿邦龍少結豆溫匡虜、普定路諸蠻爲寇，〔二五〕右丞汪惟能進討，賊退據越州。諭之不服，遣平章也速帶而率兵萬人往捕之。兵至曲靖，與惟能合，從諸王昔寶赤、亦（里吉）〔吉里〕帶等進壓賊境，〔二六〕獲阿邦龍少斬之，餘衆皆潰。命也速帶而留軍二千戍之，其從軍有功者皆加賞賚。癸亥，置崑山、嘉定等處水軍上萬戶府。甲子，倭商有慶等抵慶元貿易，以金鎧甲爲獻，命江浙行省平章阿老瓦丁等備之。賜梁王松山鈔千錠。是月，以廣東諸郡、吉州、龍興、道州、柳州、漢陽、淮安民饑，贛縣暴雨水溢，賑糧有差。鄭州暴風雨雹，大若鷄卵，麥及桑棗皆損，蠲今年田租。眞定、河間、保定、河南蝗。

五月辛未，大都旱，遣使持香禱雨。壬午，增河間、山東、兩浙、兩淮、福建、廣海鹽運司歲煮鹽二十五萬餘引。癸未，詔西番僧往還者不許馳驛，給以舟車。禁御史臺、宣慰司、廉訪司官，毋買鹽引。乙酉，以同知樞密院事塔魯忽台、塔剌海並知樞密院事。遣高麗國王王眶還國，仍署行省以鎮撫之，其國僉議、密直司等官並授以宣敕。封駙馬脫鐵木而爲濮陽王，賜以金印，公主忙哥台爲鄆國大長公主。丁亥，詔命右丞相哈剌哈孫答剌罕、左丞相阿忽台等整飭庶務，凡銓選錢穀等事一聽中書裁決，百司勤怠者各以名聞。賜威武西寧王出伯鈔三萬錠。遼陽、益都民饑，賑貸有差。大都、眞定、河間蝗。平江、嘉興諸郡水傷稼。

六月癸卯，御史臺臣言：「江南行臺監察御史敎化劾江浙行省宣使李元不法，行省亦遣人摭拾，敎化不令檢覈案牘。中書省臣復言，敎化等不循法度，擅遣軍士守衞其門，搒掠李元，誣指行省等官，實溷省事。」詔省、臺及也可札魯忽赤同訊之。癸丑，太陰犯羅堰上星。己未，歲星犯亢。壬戌，來安路總管岑雄叛，湖廣行省遣宣慰副使忽都魯鐵木而招諭之，雄令其子世堅來降，賜衣物遣之。復淮西道廉訪司。大名、益都、易州大水。景州霖雨。龍興、南康諸郡蝗。

秋七月庚辰，太陰犯牽牛。辛巳，釋諸路罪囚，常赦所不原者不與。宣德等處雨雹害稼。大同之渾源隕霜殺禾。平江大風，海溢漂民廬舍。道州、（之）武昌、永州、（之）興國、〔二七〕

黃州、沅州饑，減直賑糶米七萬七千八百石。

八月壬寅，歲星犯氐。熒惑犯太微垣上將。開成路地震，王宮及官民廬舍皆壞，壓死故秦王妃也里完等五千餘人，以鈔萬三千六百餘錠、糧四萬四千一百餘石賑之。辛亥，賜皇姪阿木哥鈔三千錠。丁巳，京師文宣王廟成，行釋奠禮，牲用太牢，樂用登歌，製法服三襲。命翰林院定樂名、樂章。成都等縣饑，減直賑糶米七千餘石。

九月己巳，熒惑犯太微垣右執法。壬申，以聖誕節，朶瓦遣款徹等來賀。壬午，熒惑犯太微垣左執法。

冬十月甲辰，太白犯斗。丁未，有事于太廟。辛亥，太陰犯畢。甲寅，太陰犯井。丁卯，安南國遣黎亢宗來貢方物。青山叛蠻紅犵獠等來附，仍貢方物，賜金幣各一。吳江州大水，民乏食，發米萬石賑之。

十一月己巳，車駕還大都。辛未，歲星犯房。壬申，太陰犯虛。甲戌，熒惑犯亢。丁亥，武昌路火，給被災者糧一月。戊子，熒惑犯氐。辛卯，太陰犯熒惑。丙申，安西王阿難答、西平王奥魯赤所部皆乏食，給米有差。益都、揚州、辰州歲饑，減直賑糶米二萬一千餘石。

十二月壬寅，太白晝見。乙巳，歲星犯東咸。壬子，速哥察而等十三站乏食，給糧三月。乙卯，帝有疾，禁天下屠宰四十二日。丙辰，遣宣政院使沙的等禱于太廟。諸王合而班答部民潰散，詔諭所在敢匿者罪之。戊午，太陰犯氐。癸亥，瓊州臨高縣那蓬洞主王文何等作亂伏誅。磁州民田雲童弒母，磔于市。

是歲，斷大辟四十四人。

十一年春正月丙(辰)〔寅〕朔，〔二八〕帝大漸，免朝賀。癸酉，崩于玉德殿，在位十有三年，壽四十有二。乙亥，靈駕發引，葬起輦谷，從諸帝陵。是年九月乙丑，謚曰欽明廣孝皇帝，廟號成宗。國語曰完澤篤皇帝。

成宗承天下混一之後，垂拱而治，可謂善於守成者矣。惟其末年，連歲寢疾，凡國家政事，內則決於宮壼，外則委於宰臣；然其不致於廢墜者，則以去世祖爲未遠，成憲具在故也。

校勘記

〔一〕以郝天挺塔出往江南江北　按元代設河南江北行中書省及河南江北道，河南、江北爲接連地區，且下文復有「趙仁榮、岳叔謨往江南、湖廣」，但無一處提及河南。蒙史改「江南」爲「河南」，疑是。

〔二〕段（眞）〔貞〕　按本書多見皆作「段貞」，元文類卷十二有留守段貞贈謚制，據改。續編已校。

〔三〕小蘭禧　考異云「小當作卜」。元祕書監志作「孛蘭肹」。按本書同名異譯尚有「卜蘭奚」、「不蘭奚」等。此處「小」字當爲「卜」或「不」之誤。

〔四〕丁丑　按是月戊午朔，丁丑爲二十日，應在己巳十二日後、庚辰二十三日前。

〔五〕戊寅　本書卷四八天文志有「七月戊寅，歲星犯軒轅。」按是月丁巳朔，戊寅爲二十二日，應移併於丁丑二十一日後之戊寅條。

〔六〕中〔書〕省　據前後多見之文補。續通鑑已校。

〔七〕吳（祈）〔祁〕　據高麗史卷一二五吳潛傳改。下同。

〔八〕（靜）〔淨〕州　見卷一校勘記〔一四〕。

〔九〕也速（而帶）〔帶而〕　據前文屢見之「也速帶而」改正。

〔一〇〕灤城　按元無「灤城」，眞定路有欒城縣。疑此處「灤」當作「欒」。

〔一一〕朶耳思等站戶　按上文大德元年十月戊午條有「以朶甘思十九站貧乏，賜馬牛羊有差」。「朶甘思」一名本書屢見，疑「耳」爲「甘」之誤。

〔一二〕五月（癸未）〔壬子〕朔日有食之　按是月壬子朔，無癸未日。大德八年五月壬子當公曆一三〇四年六月四日，是日十四時一分三秒合朔，日環食。「癸未」誤，今改。

〔一三〕亦吉里〔帶〕　據下文大德十年四月壬戌條補「帶」字。參看卷一七校勘記〔一五〕。

〔一四〕太原之陽武　按太原路無陽武縣，陽武隸汴梁路，疑此處「陽武」爲「陽曲」之誤。

〔一五〕益州　本證云：「案益州疑當作霑益州或益良州。」

〔一六〕辛卯　按是月己卯朔，辛卯爲十三日。此辛卯在辛巳初三日前，疑爲己卯之誤或錯簡。

〔一七〕石天（輔）〔補〕　據高麗史卷三二忠烈王世家、卷一二五吳潛傳附石冑傳改。下同。蒙史已校。

〔一八〕吃剌（八思）〔思八〕斡節兒　據上文成宗紀至元三十一年六月戊申條所見「合剌思八斡節而」及本書卷二〇二釋老傳所見「乞剌斯八斡節兒」改正。此名藏語，意爲「稱光」。王圻續通考已校。

〔一九〕詳刑觀察（使）〔司〕　按下文十月辛丑條有「復以詳刑觀察司爲廉訪司」，據改。續編已校。

〔二〇〕令河（西）〔南〕行省平章阿散領其事　按元此時已無河西行省。下文大德十年閏正月甲午條有「河南行省平章阿散」，據改。

〔二一〕通泰靜海武清蝗　按本書卷五〇五行志作「通、泰、靖海、武清等州縣蝗」，靖海係河間路清州屬縣，與通州州治靜海爲兩地。此處「靜」當作「靖」。

〔二二〕靖安路　按本書卷二五、二六仁宗紀延祐元年十一月戊寅、五年三月庚午條及元文類卷五五姚燧河内李氏先德碑銘，「靖安」皆作「靜安」，此處「靖」當作「靜」。

〔二三〕威（遠）〔定〕王岳木忽而　據上文二月丁酉條及本書卷一〇八諸王表改。本證已校。

〔二四〕冬十月丁丑朔　考異云「當作甲戌朔」。按丁丑爲初四日，此處史文有誤。

〔二五〕豆溫匡虜普定路諸蠻　按元文類卷四一經世大典序錄招捕有「阿邦龍少、麻納布昌結廣西路豆溫阿匡、普安路營主普勒」，「普安路有軍六圈子」等語。此處「匡虜」即指阿匡，「普定路」疑爲「普安路」之誤。

〔二六〕亦(里吉)〔吉里〕帶　見卷一七校勘記〔一五〕。

〔二七〕道州(之)武昌永州(之)興國　按本書卷六二地理志，此四路皆置於至元十四年，不相隸屬，此二「之」字衍，今刪。本證已校。

〔二八〕正月丙(辰)〔寅〕朔　按大德十年十二月二十日爲丙辰，十一年正月無丙辰日，「辰」爲「寅」之誤，今改。類編已校。

元史卷二十二

本紀第二十二

武宗一

武宗仁惠宣孝皇帝，諱海山，順宗答剌麻八剌之長子也。母曰興聖皇太后，弘吉剌氏。至元十八年七月十九日生。

成宗大德三年，以寧遠王闊闊出總兵北邊，怠於備禦，命帝卽軍中代之。四年八月，與海都軍戰于闊別列之地，敗之。十二月，軍至按台山，乃蠻帶部落降。五年八月朔，與海都戰于迭怯里古之地，海都軍潰。越二日，海都悉合其衆以來，大戰于合剌合塔之地。師失利，親出陣，力戰大敗之，盡獲其輜重，悉援諸王、駙馬衆軍以出。明日復戰，軍少却，海都乘之，帝揮軍力戰，突出敵陣後，全軍而還。海都不得志去，旋亦死。

八年十月，封帝懷寧王，賜金印，置王傅官，食瑞州六萬五千戶。十年七月，自脫忽思圈之地踰按台山，追叛王斡羅思，獲其妻孥輜重；執叛王也孫禿阿等及駙馬伯顏。八月，至也里的失之地，受諸降王禿滿、明里鐵木兒、阿魯灰等降。海都之子察八兒逃于都瓦部，盡俘獲其家屬營帳。駐冬按台山。降王禿曲滅復叛，與戰敗之，北邊悉平。

十一年春，聞成宗崩，三月，自按台山至於和林。諸王勳戚畢會，皆曰今阿難答、明里鐵木兒等熒惑中宮，潛有異議；諸王也只里昔嘗與叛王通，今亦預謀。既辭服伏誅，乃因闔辭勸進。帝謝曰：「吾母、吾弟在大都，俟宗親畢會，議之。」先是，成宗違豫日久，政出中宮，命仁宗與皇太后出居懷州。至是，仁宗聞訃，以二月辛亥與太后俱至京師。安西王阿難答與諸王明里鐵木兒已於正月庚午先至。左丞相阿忽台，平章八都馬辛，前中書平章伯顏，中政院使怯烈、道興等潛謀推成宗皇后伯要眞氏稱制，阿難答輔之。仁宗以右丞相哈剌哈孫之謀言于太后曰：「太祖、世祖創業艱難，今大行晏駕，德壽已薨，諸王皆疏屬，而懷寧王在朔方，此輩潛有異圖，變在朝夕，俟懷寧王至，恐亂生不測，不若先事而發。」遂定計，誅阿忽台、怯列等，而遣使迎帝。

五月，至上都。乙丑，仁宗侍太后來會，左右部諸王畢至會議，乃廢皇后伯要眞氏，出居東安州，賜死。執安西王阿難答、諸王明里鐵木兒至上都，亦皆賜死。甲申，皇帝卽位于上都，受諸王文武百官朝於大安閣，大赦天下，詔曰：

昔我太祖皇帝以武功定天下，世祖皇帝以文德洽海內，列聖相承，丕衍無疆之祚。朕自先朝，肅將天威，撫軍朔方，殆將十年，親御甲冑，力戰却敵者屢矣。方諸藩內附，邊事以寧，遽聞宮車晏駕，迺有宗室諸王、貴戚元勳，相與定策於和林，咸以朕爲世祖曾孫之嫡，裕宗正派之傳，以功以賢，宜膺大寶。朕謙讓未遑，至於再三。還至上都，宗親大臣復請於朕。間者，姦臣乘隙，謀爲不軌，賴祖宗之靈，母弟愛育黎拔力八達禀命太后，恭行天罰。內難既平，神器不可久虛，宗祧不可乏祀，合辭勸進，誠意益堅。朕勉徇輿情，於五月二十一日卽皇帝位。任大守重，若涉淵冰。屬嗣服之云初，其與民更始，可大赦天下。

存恤征戍軍士及供給繁重州郡。免上都、大都、隆興差稅三年，其餘路分，量重輕優免。雲南，八番、田楊地面，免差發一年。其積年逋欠者，蠲之。逃移復業者，免三年。被災之處，山場湖泊課程，權且停罷，聽貧民採取。站赤消乏者，優之。經過軍馬，勿得擾民。諸處鐵冶，許諸人煽辦。勉勵學校，蠲儒戶差役。存問鰥寡孤獨。

是日，追尊皇考曰皇帝，尊太母元妃曰皇太后。丁亥，陞通政院秩正二品。陞儀鳳司爲玉宸樂院，秩從二品。壬辰，加知樞密院事朶兒朶海太傅，中書右丞相哈剌哈孫答剌罕太保，並錄軍國重事；知樞密院事塔剌海爲中書左丞相，預樞密院、宣徽院事；同知徽政院事牀兀兒、也可扎魯忽赤阿沙不花、江浙行省平章政事明里不花，並爲中書平章政事；江浙行省左丞劉正爲中書左丞；遙授中書左丞欽察、福建道宣慰使也先帖木兒，並爲中書參知政事；中書右丞、行御史中丞塔思不花爲御史大夫；平章政事床兀兒爲知樞密院事。特授乞台普濟中書平章政事，延慶使抄兒赤中書右丞，同知和林等處宣慰司事塔海中書右丞，阿里中書左丞，脫脫御史大夫。以大都迤北六十二驛驛戶罷乏，給鈔賙之。是月，封皇太子乳母李氏爲壽國夫人，其夫燕家奴爲壽國公。以中書平章政事合散爲遼陽行省平章政事。建州大雨雹。眞定、河間、順德、保定等郡蝗。

六月癸巳朔，詔立母弟愛育黎拔力八達爲皇太子，受金寶。陞武備寺爲武備院，秩從二品。甲午，建行宮于旺兀察都之地，立宮闕爲中都。丁酉，中書右丞相哈剌哈孫答剌罕、左丞相塔剌海言：「臣等與翰林、集賢、太常老臣集議：皇帝嗣登寶位，詔追尊皇考爲皇帝，皇考大行皇帝同母兄也，大行皇帝祔廟之禮尚未舉行，二帝神主依兄弟次序祔廟爲宜。今擬請謚皇考昭聖衍孝皇帝，廟號順宗；大行皇帝曰欽明廣孝皇帝，廟號成宗。太祖之室居中，睿宗西第一室，世祖西第二室，裕宗西第三室，順宗東第一室，成宗東第二室。先元妃弘吉剌氏失憐答里宜謚曰貞慈靜懿皇后，祔成宗廟室。」制曰「可」。又言：「前奉旨命臣等議諸王朝會賜與，臣等議：憲宗、世祖登寶位時賞賜有數，成宗卽位，承世祖府庫充富，比先例，賜金五十兩者增至二百五十兩，銀五十兩者增至百五十兩。」有旨：「其遵成宗所賜之數賜之。」戊戌，哈剌哈孫答剌罕言：「比者，諸王、駙馬會于和林，已蒙賜與者，今不宜再賜。」帝曰：「和林之會，國事方殷。已賜者，其再賜之。」己亥，御史大夫脫脫、翰林學士承旨三寶奴言：「舊制，皇太子宫屬，省、臺參用。請以羅羅斯宣慰使斡羅思任之中書。」詔以爲中書右丞。班朝諸司，聽皇太子各置一人。以拱衞直都指揮使馬謀沙角觝屢勝，遙授平章政事。壬寅，塔剌海加太保、錄軍國重事、太子太師。癸卯，置詹事院。甲辰，樞密院請以軍二千五百人繕治上都鷹坊及諸官廨，有旨：「自今非奉旨，軍勿輒役。」以平章政事、行和林等處宣慰使都元帥憨剌合兒，通政使、武備卿鐵木兒不花，並知樞密院事。乙巳，以金二千七百五十兩、銀十二萬九千二百兩、鈔萬錠、幣帛二萬二千二百八十四奉興聖宫，賜皇太子亦如之。中書省臣言：「中書宰臣十四員，御史大夫四員，前制所無。」詔與翰林、集賢諸老臣議擬以聞。丙午，太陰犯南斗杓星。徽政使佤頭等言：「別不花以私錢建寺，爲國祝釐。其父爲諸王斡忽所害，請賜以斡忽所得歲賜。」命以五年與之，爲銀四千一百餘兩、絲三萬一千二百九十斤、織幣金百兩、絹七百一十四。戊申，特授尙乘卿孛蘭奚、床兀兒並平章政事，大同屯儲軍民總管府達魯花赤怯里木丁中書右丞。辛亥，以中書平章政事脫虎脫爲江西行省平章政事。壬子，封皇妹祥哥剌吉爲魯國大長公主，駙馬琱阿不剌爲魯王。鐵木兒不花、憨剌合兒等言：「舊制，樞密院銓調軍官，公議以聞。比者，近侍自擇名分，從內降旨，恐壞世祖定制，且誤國事。在成宗時嘗有旨，輒奏樞密事者，許本院再陳。臣等以爲自今用人，宜一遵世祖成憲。」帝曰：「其遵前制，餘人勿輒有請。」又言：「軍官與民官不同，父子兄弟許其相襲，此世祖定制。比者，近侍有輒以萬戶、千戶之職請於上者，內降聖旨，臣等未敢奉行。」帝曰：「其依例行之。」甲寅，敕內郡、江南、高麗、四川、雲南諸寺僧誦藏經，爲三宮祈福。乙卯，遣也可扎魯忽赤馬剌赴北軍，以印給之。丙辰，御史大夫塔思不花言：「殿中司所職：中書而下奏事者，必使隨之以入；不在奏事之列者，聽其引退；班朝百官朝會失儀者，得糾劾；病故者，必以告。請如舊制。」又言：「舊制，內外風憲官有所彈劾，諸人勿預。而近有受賕爲監察御史所劾者，獄具，夤緣奏請，託言事入覲，以避其罪。臣等以爲今後有罪者，勿聽至京，待其對辨事竟，果有所言，方許奏陳。」皆從之。塔思不花又言：「皇太子有旨：有司贓罪，不須刑部定議，受敕者從廉訪司處決，省、臺遣人檢覈廉訪司文案，則私意沮格。非便。」平章阿沙不花因言：「此省、臺同議之事，臺臣不宜獨奏。」帝曰：「此御史臺事，阿沙不花勿妄言。臺臣言是也，如所奏行之。」塔思不花、脫脫並遙授左丞相。戊午，進封高麗王王昛爲瀋陽王，〔一〕加太子太傅、駙馬都尉。置皇太子家令司、府正司、延慶司、典寶署、典膳署。己未，封寧遠王闊闊出爲寧王，賜金印。庚申，遙授左丞相、行御史大夫塔思不花右丞相。辛酉，汴梁、南陽、歸德、江西、湖廣水。保定屬縣蝗。

秋七月癸亥朔，封諸王禿剌爲越王。諸王出伯言：「瓜州、沙州屯田逋戶漸成丁者，乞拘隸所部。」中書省臣言：「瓜州雖諸王分地，其民役於驛傳，出伯言宜勿從。」陞章佩監爲章佩院，秩從二品。賜阿剌納八剌鈔萬錠。甲子，命御史臺大夫鐵古迭兒、知樞密院事塔魯忽帶、中書平章政事床兀兒以卽位告謝南郊。丙寅，以禮店蒙古萬戶屬土番宣慰司非便，命仍舊隸脫思麻宣慰司，防守陝州。諸王、駙馬入覲者，非奉旨不許給驛。以中書參知政事趙仁榮爲太子詹事。以阿保功，授明里大司徒，封其妻梅仙爲順國夫人。賜床兀兒軍士鈔六萬錠、幣帛二萬匹。遣肥兒牙兒迷的里及鐵肐胆詣西域取佛鉢、舍利，肥兒牙兒迷的里遙授宣政使，鐵肐胆遙授平章政事。以並命太傅右丞相哈剌哈孫答剌罕、太保左丞相塔剌海綜理中書庶務，詔諭中外。己巳，太陰犯亢。置宮師府，設太子太師、少師、太傅、少傅、太保、少保，賓客，左、右諭德，贊善，庶子，洗馬，率更令、丞，司經令、丞，中允，文學，通事舍人，校書，正字等官。壬申，命御史大夫鐵古迭兒、中書平章政事床兀兒、樞密副使孛蘭奚，以卽位祗謝太廟。以安西、平江、吉州三路爲皇太子分地，越州路爲越王禿剌分地。賜諸王八不沙鈔萬錠。癸酉，罷和林宣慰司，置行中書省及稱海等處宣慰司都元帥府、和林總管府。以太師月赤察兒爲和林行省右丞相，中書右丞相哈剌哈孫答剌罕爲和林行省左丞相，依前太傅、錄軍國重事。江浙水，民饑，詔賑糧三月，酒醋、門攤、課程悉免一年。乙亥，以永平路爲皇妹魯國長公主分地，租賦及土產悉賜之。賜越王禿剌鈔萬錠，諸王兀都思不花所部三萬五千二百二十錠。丙子，以江浙行省平章政事塔失海牙、知樞密院事床兀兒，並爲中書平章政事。丁丑，封諸王八不沙爲齊王，朵列納爲濟王，迭里哥兒不花爲北寧王，太師月赤察兒爲淇陽王。加平章政事脫虎脫太尉。以中書左丞相塔剌海爲中書右丞相、監修國史，御史大夫塔思不花爲中書左丞相，江浙行省平章政事教化、河南江北行省平章政事法忽魯丁並爲中書平章政事，平章政事鐵木迭兒爲江西行省平章政事。戊寅，以儀鳳司大使火失海牙、鐵木兒不花、教坊司達魯花赤沙的，並遙授平章政事，爲玉宸樂院使。己卯，以集賢院使別不花爲中書平章政事。(七月)庚辰，〔二〕以御史中丞只兒合郎爲御史大夫。辛巳，加封至聖文宣王爲大成至聖文宣王。右丞相塔剌海、左丞相塔思不花言：「中書庶務，同僚一二近侍，往往不俟公議，卽以上聞，非便。今後事無大小，請共議而後奏。」帝曰：「卿等言是。自今庶政，非公議者勿奏。」置行工部於旺兀察都。以遙授左丞相、同知樞密院事也兒吉尼知樞密院事；御史中丞王壽、江浙行省左丞郝天挺，並爲中書左丞。壬午，熒惑犯南斗。命御史大夫鐵古迭兒、知樞密院事塔魯忽帶、中書平章政事床兀兒，以卽位告社稷。癸未，陞利用監爲利用院，秩從二品。甲申，遣贍思丁使西域，遙授福建道宣慰使。

乙酉，賜壽寧公主鈔萬錠。丙戌，以內郡歲歉，令諸王衞士還大都者柬汰以入。從和林省臣請，乞如甘肅省例，給鈔二千錠，歲收子錢，以佐供給，仍以網罟賜貧民。御史大夫月兒魯言：「舊制，中書省、樞密院、御史臺、宣政院許得自選其人，他司悉從中書銓擇，近臣不得輒奏。如此則紀綱不紊。」帝嘉納之。以同知宣徽院事孛羅答失爲中書左丞，中書參知政事欽察爲四川行省左丞。江浙、湖廣、江西屬郡饑，詔行省發粟賑之。丁亥，使完澤偕乞兒乞帶亦難往徵乞兒吉思部秃魯花、驃馬、鷹鶻。山東、河北蒙古軍告饑，遣官賑之。賜晉王部貧民鈔五萬錠。己丑，塔剌海、塔思不花言：「前乃顏叛，其繫虜之人，奉世祖旨俱隸版籍。比者，近臣請以歸之諸王脫脫，彼卽遣人拘括。臣等以爲此事具有先制，今已歸脫脫所部，宜令遼陽省臣薛闍干等往諭之，已拘之人悉還其主。」從之。安西等郡旱饑，以糧二萬八千石賑之。庚寅，置延福司，秩正三品。辛卯，詔唐兀秃魯花戶籍已定，其入諸王、駙馬各部避役之人及冒匿者，皆有罪。發卒二千人爲晉王也孫鐵木兒治邸舍。是月，江浙、湖廣、江西、河南、兩淮屬郡饑，於鹽茶課鈔內折粟，遣官賑之。詔富家能以私粟賑貸者，量授以官。保定、河間、晉寧等郡水。德州蝗。

八月甲午，中書省臣言：「內降旨與官者八百八十餘人，已除三百，未議者猶五百餘。請自今越奏者勿與。」帝曰：「卿等言是。自今不由中書奏者，勿與官。」又言：「外任官帶相銜非制也，請勿與。」制可。又言：「以朝會應賜者，爲鈔總三百五十萬錠，已給者百七十萬，未給猶百八十萬，兩都所儲已虛。自今特奏乞賞者，宜暫停。」有旨：「自今凡以賞爲請者，勿奏。」御史臺臣言：「中書省、樞密院、御史臺、宣政院得自選官，具有成憲。今監察御史、廉訪司官非本臺公選，而從諸臣所請，自內降旨，非祖宗成法。」帝曰：「凡若此者，卿等其勿行。」浙東、浙西、湖北、江東郡縣饑，遣官賑之。賜山後驛戶鈔，每驛五百錠。置掌儀署，秩五品，設令、丞各一員。乙未，賜諸王按灰、阿魯灰、北寧王迭里哥兒不花金三百五十兩、銀三千七百兩。以治書侍御史烏伯都剌爲中書參知政事。戊戌，御史大夫脫脫封秦國公。辛丑，迤北之民新附者，置傳輸粟以賑之。癸卯，改也里合牙營田司爲屯田運糧萬戶府。甲辰，以納蘭不剌所儲糧萬石，賑其旁近饑民。丙午，建佛閣於五臺寺。江南饑，以十道廉訪司所儲贓罰鈔賑之。己酉，從皇太子請，陞詹事院從一品，置參議斷事官如樞密院。辛亥，中書（右）〔左〕丞孛羅鐵木兒以國字譯孝經進，〔三〕詔曰：「此乃孔子之微言，自王公達於庶民，皆當由是而行。其命中書省刻版模印，諸王而下皆賜之。」癸丑，唐兀禿魯花軍乏食，發粟賑之。丙辰，陞闌遺監秩三品。丁巳，以中書左丞王壽爲御史中丞。戊午，中書平章政事乞台普濟、床兀兒、別不花並加太尉，中書右丞塔海加太尉、平章政事，以中書左丞孛羅鐵木兒爲中書右丞。東昌、汴梁、唐州、延安、潭、沅、歸、澧、興國諸郡饑，發粟賑之。冀寧路地震。河間、眞定等郡蝗。隆平、文水、平遙、祁、霍邑、靖海、容城、束鹿等縣水。

九月甲子，車駕至自上都。乙丑，請謚皇考皇帝、大行皇帝于南郊，命中書右丞相塔剌海攝太尉行事。庚午，陞御史臺從一品。辛未，加塔剌海、塔思不花並太尉。壬申，命塔剌海奉玉册、玉寶，上皇考及大行皇帝尊謚、廟號；又上先元妃弘吉烈氏尊謚，祔于成宗廟室。陞尙舍監秩正三品。癸酉，太白犯右執法。甲戌，改太常寺爲太常禮儀院，秩正二品。陞侍儀司秩正三品。丙子，置皇〔太〕子位典牧監，〔四〕秩正三品。中書省臣言：「內外選法，向者有旨一遵世祖成制。兩宮近侍遷敍，惟上所命。比有應入常調者，夤緣驟遷；其已仕廢黜及未嘗入仕者，亦復請自內降旨。臣等奏請禁止，蒙賜允從。是後所降內旨復有百餘，臣等已嘗銓擇奉行。第中書政務，他人又得輒請，責以整飭，其效實難。自今銓選、錢穀，請如前制，非由中書議者，毋得越奏。」制從之。又言：「比怯來木丁獻寶貨，敕以鹽萬引與之，仍許市引九萬。臣等竊謂，所市寶貨，既估其直，止宜給鈔，若以引給之，徒壞鹽法。」帝曰：「此朕自言，非臣下所請，其給之。餘勿視爲例。」江浙饑，中書省臣言：「請令本省官租，於九月先輸三分之一，以備賑給。又兩淮漕河淤澀，官議疏濬，鹽一引帶收鈔二貫爲傭費，計鈔二萬八千錠，今河流已通，宜移以賑饑民。杭州一郡，歲以酒糜米麥二十八萬石，禁之便。河南、益都諸郡，亦宜禁之。」制可。塔剌海言：「比蒙聖恩，賜臣江南田百頃。今諸王、公主、駙馬賜田還官，臣等請還所賜。」從之。仍諭諸人賜田，悉令還官。命張留孫知集賢院事，領諸路道教事。丁丑，中書省臣言：「比議省臣員數，奉旨依舊制定爲十二員，右丞相塔剌海，左丞相荅思不花，平章末兀兒、乞台普濟如故，餘令臣等議。臣等請以阿沙不花、塔失海牙爲平章政事，孛羅答失、劉正爲右丞，郝天挺、也先鐵木兒爲左丞，于璋、兀伯都剌爲參知政事。其班朝諸司冗員，並宜柬汰。」從之。己卯，太白犯左執法。壬午，改尚乘寺爲衞尉院，秩從二品。甲申，詔立尚書省，分理財用。命塔剌海、塔思不花仍領中書。以脫虎脫、教化、法（魯忽）〔忽魯〕丁任尚書省，〔五〕仍俾其自舉官屬。命鑄尚書省印。敕弛江浙諸郡山澤之禁。丙戌，陞掌謁司秩三品。皇太子建佛寺，請買民地益之，給鈔萬七百錠有奇。戊子，陞延慶司秩從二品。己丑，遣使錄囚。晉王也孫鐵木兒以詔賜鈔萬錠、止給八千爲言，中書省臣言：「帑藏空竭，常賦歲鈔四百萬錠，各省備用之外，入京師者二百八十萬錠，常年所支止二百七十餘萬錠。自陛下卽位以來，已支四百二十萬錠，又應求而未支者一百萬錠。臣等慮財用不給，敢以上聞。」帝曰：「卿之言然。自今賜予宜暫停，諸人毋得奏請。可給晉王鈔千錠，餘移陝西省給之。」以中書平章政事別不花爲江浙行省平章政事。辛卯，御史臺臣言：「至元中阿合馬綜理財用，立尚書省，三載併入中書。其後桑哥用事，復立尚書省，事敗又併入中書。粤自大德五年以來，四方地震水災，歲仍不登，百姓重困，便民之政，正在今日。頃又聞爲總理財用立尚書省，如是則必增置所司，濫設官吏，殆非益民之事也。且綜理財用，在人爲之，若止命中書整飭，未見不可。臣等隱而不言，懼將獲罪。」帝曰：「卿言良是。此三臣願任其事，姑聽其行焉。」是月，襄陽霖雨，民饑，敕河南省發粟賑之。

十月乙未，陞典寶署爲典寶監，秩正三品。庚子，中書省奏：「初置中書省時，太保劉秉忠度其地宜，裕宗爲中書令，嘗至省署敕。其後桑哥遷立尚書省，不四載而罷。今復遷中書於舊省，乞涓吉徙中書令位，仍請皇太子一至中書。」制可。壬寅，陞典瑞監爲典瑞院，秩從二品。封知樞密院事床兀兒爲容國公。癸卯，以舊制諸王、駙馬事務皆內侍宰臣所領，命中書右丞孛羅鐵木兒領之。乙巳，太白犯亢。敕方士、日者毋游諸王、駙馬之門。丙午，詔整飭臺綱，布告中外。封御史大夫鐵古迭兒爲鄆國公。以中衞親軍都指揮使買奴知樞密院事。壬子，從中書省臣言，凡事不由中書，輒遣使并移文者，禁止之。甲寅，太陰犯明堂。陞集賢院秩從一品，將作院秩從二品。丙辰，以行省平章總督軍馬，得佩虎符，其左丞等所佩悉追納。〔六〕中書省奏：「常歲海漕糧百四十五萬石，今江浙歲儉，不能如數，請仍舊例，湖廣、江西各輸五十萬石，並由海道達京師。」從之。己未，塔思不花上疏言政事，且辭太尉職，還所降制書及印。是月，杭州、平江水，民饑，發粟賑之。

十一月癸亥，封諸王牙忽都爲楚王，賜金印，置王傅。建佛寺於五臺山。乙丑，中書省臣言：「宿衞廩給及馬駝芻料，父子兄弟世相襲者給之，不當給者，請令孛可孫汰之。今會是年十月終，馬駝九萬三千餘，至來春二月，闕芻六百萬束、料十五萬石。比又增馬五萬餘匹。此國重務，臣等敢以上聞。」有旨：「不當給者勿給。」丙寅，帝朝隆福宮，上皇太后玉册、玉寶。丁卯，太白犯房。闊兒伯牙里言：「更用銀鈔、銅錢，便。」命中書與樞密院、御史臺、集賢、翰林諸老臣集議以聞。己巳，中書省臣阿沙不花、孛羅鐵木兒言：「臣等與闊兒伯牙里面論，折銀鈔、銅錢，非便。」有旨：「卿等以爲不便，勿行可也。」詔：「中書省官十二員，脫虎脫仍領宣政院，教化留京師，其餘各任以職。」庚午，盧龍、灤河、〔七〕遷安、昌黎、撫寧等縣水，民饑，給鈔千錠以賑之。辛未，以塔剌海領中政院事。乙亥，中書省臣言：「大都路供億浩繁，概於屬郡取之。其軍、站、鷹坊、控鶴等戶，恃其雜徭無與，冒占編氓。請降璽書，依祖宗舊制，悉令均當。或輒奏請者，亦宜禁止。」制可。皇太子言：「近蒙恩以安西、吉州、平江爲分地，租稅悉以賜臣。臣恐宗親昆弟援例，自五戶絲外，餘請輸之內帑。其陝西運司歲辦鹽十萬引，向給安西王，以此錢斟酌與臣，惟陛下裁之。」中書計會三路租稅及鹽課所入，鈔四十萬錠。有旨：「皇太子所思甚善，歲以十萬錠給之，不足則再賜。」樂工毆人，刑部捕之，玉宸樂院長謂玉宸與刑部秩皆三品，官皆榮祿大夫，留不遣。中書以聞，帝曰：「凡諸司，視其資級，授之散官，不可超越。其閑冗職名官高者，遵舊制降之。」建康路屬州縣饑，詔免今年酒醋課。丙子，太陰犯東（斗）〔井〕。〔八〕丁丑，中書省臣言：「前爲江南大水，以茶、鹽課折收米，賑饑民。今商人輸米中鹽，以致米價騰湧，百姓雖獲小利，終爲無益。臣等議，茶、鹽之課當如舊。」從之。戊寅，授皇太子玉册。己卯，以皇太子受册禮成，帝御大明殿，受諸王、百官朝賀。庚辰，中書省臣言：「皇太子謂臣等曰，吾之分地安西、平江、吉州三路，遵舊制，自達魯花赤之外，悉從常選，其常選宜速擇才能。」有旨：「其擇人任之。」乙酉，太陰犯亢。詔：「皇太后軍民人匠等戶租賦徭役，有司勿與，並隸徽政院。」陞太僕院秩從二品。丁亥，杭州、平江等處大饑，發糧五十萬一千二百石賑之。庚寅，賜太師月赤察兒江南田四十頃。時賜田悉奪還官，中書省爲言，有旨：「月赤察兒自世祖時積有勳勞，非餘人比，宜以前後所賜，合百頃與之。」仍敕行省平章別不花領其歲入。辛卯，辰星犯歲星。從皇太子請，御史臺檢覈詹事院文案。

十二月壬辰朔，中書省臣言：「舊制，金虎符及金銀符典瑞院掌之，給則由中書，事已則復歸典瑞院。今出入多不由中書，下至商人，結託近侍奏請，以致泛濫，出而無歸。臣等請覈之，自後除官及奉使應給者，非由中書省勿給。」從之。又言：「今國用甚多，帑藏已乏，用及鈔母，非宜。鹽引向從運司與民爲市，今權時制宜，從戶部鬻鹽引八十萬，便。」有旨：「今歲姑從所請，後勿復行。」又言：「太府院爲內藏，世祖、成宗朝，遇重賜則取給中書，今所賜有踰千錠至萬錠者，皆取之太府。比者，太府取五萬錠，已支二萬矣，今復以乏告。請自後內府所用，數多者，仍取之中書。」帝曰：「此朕特旨，後當從所奏。」乙未，〔貴〕赤塔塔兒等擾檀州民，〔九〕强取米粟六百餘石，遣官訊之。辛丑，幸大聖壽萬安寺。授吏部尚書察乃平章政事，領工部事。癸卯，以漢軍萬人屯田和林。命留守司以來歲正月十五日起燈山於大明殿後、延春閣前。庚戌，陞行泉府司爲泉府院，秩正二品。以蒙古萬戶禿堅鐵木兒有平內難功，加鎭國上將軍。陞皇太子典醫署爲典醫監，秩正三品。山東、河南、江浙饑，禁民釀酒。丁巳，以中書省言國用浩穰，民貧歲歉，詔宣政院併省佛事。大都、上都二驛，設敕授官二員，餘驛一員。敕諸王、公主、駙馬、使臣給璽書驛券，不許輒用圓符乘驛。中書省臣言：「驛戶疲乏，宜量事給驛。今經費浩大，其收售寶貨，權宜停罷。又，陛下卽位詔書不許越職奏事，比者近侍奏除官丐賞者，皆自內降旨，請今不經中書省勿行。又，刑法者譬之權衡，不可偏重，世祖已有定制，自元貞以來，以作佛事之故，放釋有罪，失於太寬，故有司無所遵守。今請凡內外犯法之人，悉歸有司依法裁決。又，各處民饑，除行宮外，工役請悉停罷。」皆從之。又言：「律令者治國之急務，當以時損益。世祖嘗有旨，金泰和律勿用，令老臣通法律者，參酌古今，從新定制，至今尙未行。臣等謂律令重事，未可輕議，請自世祖卽位以來所行條格，校讎歸一，遵而行之。」制可。庚申，詔曰：

仰惟祖宗應天撫運，肇啓疆宇，華夏一統，罔不率從。逮朕嗣服丕圖，纘膺景命，遵承詒訓，恪慕洪規，祗惕畏兢，未知攸濟。永思創業艱難之始，煢然軫念；而守成萬事之統，在予一人。故自卽位以來，溥從寬大，量能授官，俾勤乃職，夙夜以永康兆民爲急務。間者，歲比不登，流民未還，官吏並緣侵漁，上下因循，和氣乖戾。是以責任股肱耳目大臣，思所以盡瘁贊襄嘉猶，朝夕入告，朕命惟允，庶事克諧，樂與率土之民，共享治安之化，遹寧遠肅，顧不韙歟。可改大德十二年爲至大元年。誕布惟新之令，式孚永固之休。

存恤征戍蒙古、漢軍，拯治站赤消乏。弛山場、河泊、蘆蕩禁。圍獵飛放毋得擾百姓，招誘流移人戶。禁投屬怯薛歹、鷹房避役，濫請錢糧。勸農桑，興學校，議貢舉，旌賞孝弟力田，懲戒游惰。政令得失，許諸人上書陳言。僧、道、也里可溫、荅失蠻，並依舊制納稅。凡選法、錢糧、刑名、造作一切公事，近侍人員毋得隔越聞奏。敕內庭作佛事，毋釋重囚，以輕囚釋之。

至大元年春正月辛酉朔，曲赦御史臺見繫犯贓官吏，罪止徵贓、罷職。癸亥，敕樞密院發六衞軍萬八千五百人，供旺兀察都建宮工役。甲子，授中書平章政事阿沙不花右丞相、行御史大夫。丙寅，從江浙行省請，罷行都水監，以其事隸有司。立皇太子位典幄署、承和署，秩並正五品。丁卯，以中書右丞也罕的斤爲平章政事，議陝西省事。己巳，紹興、台州、慶元、廣德、建康、鎭江六路饑，死者甚衆，饑戶四十六萬有奇，戶月給米六斗，以沒入朱淸、張瑄物貨隸徽政院者，鬻鈔三十萬錠賑之。特授乳母夫壽國公楊燕家奴開府儀同三司。（己巳）緬國進馴象六。〔一〇〕辛未，樞密院臣言：「先奉旨以中衞親軍隸皇太子位，皇太子謂臣等曰，世祖立五衞，以應五方，去一不可；宜各翼選漢軍萬人，別立一衞。」帝以爲然，敕知院事鐵木兒不花等摘漢軍萬人，別立衞。甲戌，中書省臣言：「進海東靑鶻者當乘驛，馬五百不敷，敕遣怯列、應童括民間車馬。」兵部請以各驛馬陸續而進，勿括爲便。」從之。改徽政院人匠總管府爲繕珍司，秩正三品。己卯，陞中尙監爲中尙院，秩從二品。豳王出伯進玉六百一十五斤，賜金千五百兩、銀二萬兩、鈔萬錠，從人四萬錠；寬闍、也先孛可等，金二千三百兩、銀一萬七百兩、鈔三萬九千一百錠。甲申，敕床兀兒除登極恩例外，特賜金五百兩、銀千兩、鈔二千錠。戊子，皇太子請以阿沙不花復入中書，脫脫復入御史臺。己（酉）〔丑〕，〔一一〕中書省臣言：「阿失鐵木兒請遣敎化的詣河西地采玉，馱攻玉沙需馬四十餘匹，采玉人千餘。臣等以爲不急之務勞民，乞罷之。」又言：「近百姓艱食，盜賊充斥，苟不嚴治，將至滋蔓。宜遣使巡行，遇有罪囚，卽行決遣，與隨處官吏共議弭盜方略，明立賞罰，或匿盜不聞，或期會不至，或踰期不獲者，官吏連坐。」又言：「江浙行省海賊出沒，殺虜軍民。其已獲者，例合結案待報，宜從中書省、也可札魯忽赤遣官，同行省、行臺、宣慰司、廉訪司審錄無冤，棄之於市。其未獲者，督責追捕，自首者原罪給粟，能禽其黨者加賞。」有旨：「弭盜安民，事爲至重，宜卽議行之。」封諸王也先鐵木兒爲營王。以乳母夫斡耳朶爲司徒。

二月癸巳，立鷹坊爲仁虞院，秩正二品。以右丞相脫脫、〔三〕遙授左丞相禿剌鐵木兒、也可扎魯忽赤月里赤，並爲仁虞院使。汝寧、歸德二路旱、蝗，民饑，給鈔萬錠賑之。甲午，增泉府院副使、同僉各一員。益都、濟寧、般陽、濟南、東平、泰安大饑，遣山東宣慰使王佐同廉訪司覈實賑濟，爲鈔十萬二千二百三十七錠有奇、糧萬九千三百四十八石。乙未，中書省臣言：「陛下登極以來，錫賞諸王，恤軍力，賑百姓，及殊恩泛賜，帑藏空竭，豫賣鹽引。今和林、甘肅、大同、隆興、兩都軍糧，諸所營繕，及一切供億，合用鈔八百二十餘萬錠。往者或遇匱急，奏支鈔本。臣等固知鈔法非輕，曷敢輒動，然計無所出。今乞權支鈔本七百一十餘萬錠，以周急用，不急之費姑後之。」帝曰：「卿等言是。泛賜者，不以何人，毋得蒙蔽奏請。」陞尙舍監爲尙舍寺，秩正三品。丙申，立甄用監，秩正三品，隸徽政院。淮安等處饑，從河南行省言，以兩浙鹽引十萬貿粟賑之。戊戌，以上都衞軍三千人，赴旺兀察都行宮工役。壬寅，中書省臣言：「貴赤擾害檀州民，敕遣人往訊，其辭伏者宜加罪，有旨勿問。臣等以爲非宜，已辭伏者，先爲決遣。」帝曰：「俟其獵畢治之。」從皇太子請，改詹事院使爲詹事，副詹事爲少詹事，院判爲丞。立尙服院，秩從二品。中書省臣言：「陝西行省言，開成路前者地震，民力重困，已免賦二年，請再免今年。」從之。甲辰，賜國王和童金二百五十兩、銀七百五十兩。立皇太子衞率府。發軍千五百人修五臺山佛寺。命有司市邸舍一區，以賜丞相赤因鐵木兒，爲鈔萬九千四百錠。丁未，用丞相佪頭言，設尙冠、尙衣、尙沐、尙輦、尙飾六奉御，秩五品，凡四十八員，隸尙服院。甲寅，和林貧民北來者衆，以鈔十萬錠濟之，仍於大同、隆興等處糴糧以賑，就令屯田。諸內侍、太醫、陰陽、樂人，毋援常選散官。以網罟給和林饑民。戊午，遣不達達思等送爪哇使還。己未，以皇太子建佛寺，立營繕署，秩五品。

三月庚申朔，中書省臣言：「郇王拙忽難人戶散失，詔有司括索。臣等議：昔阿只吉括索所失人戶，成宗慮其爲例，不許。今若括索，未免擾民。且諸王必多援例，乞寢其事。」從之。又莊聖皇后及諸王忽禿禿人戶散入他郡，阿都赤、脫歡降璽書，俾括索。陝西行省及眞定等路言：「百姓均在國家版籍，今所遣使，輒奪軍、驛、編民等戶，非宜。」中書省臣以聞，帝曰：「彼奏誤也，卿等速追以還。」賜鎭南王老章金五百兩、銀五千兩、鈔二千錠、幣帛八百匹，也先不花、牙兒昔金各二百五十兩、銀七百五十兩、鈔二千錠。乙丑，太陰犯井。以北來貧民八十六萬八千戶，仰食於官，非久計，給鈔百五十萬錠、幣帛準鈔五十萬錠，命太師月赤察兒、太傅哈剌哈孫分給之，罷其廩給。賜諸王八亦忽金百五十兩、銀七百五十兩。丁卯，建興聖宮，給鈔五萬錠、絲二萬斤。遣使祀五嶽、四瀆、名山、大川。〔賜〕諸王（賜）八不沙金五百兩、〔一三〕銀五千兩。復立白雲宗攝所，秩從二品，設官三員。戊寅，車駕幸上都。建佛寺於大都城南。立驥用、資武二庫，秩正五品，隸府正司。陞太史院秩從二品，司天臺秩正四品。封中書右丞相、行平章政事阿沙不花爲康國公。以甘肅行省右丞脫脫木兒爲中書平章政事，加大司徒。賜晉王所部五百四十七人，鈔五萬二千九百六十錠；定王藥木忽兒，〔一四〕金千五百兩、銀三萬兩、鈔萬錠；衞士五十三人，鈔萬六百錠。己卯，命翰林國史院纂修順宗、成宗實錄。壬午，嗣漢天師張與材來朝，加金紫光祿大夫，封留國公。

夏四月戊戌，中書省臣言：「請依元降詔敕，勿超越授官，泛濫賜賚。」帝曰：「卿等言是。朕累有旨止之，又復蒙蔽以請，自今縱有旨，卿等其覆奏罪之。」詔以永平路鹽課賜祥哥剌吉公主，中書省臣執不可，從之。賜諸王木南子金五十兩、銀千兩、鈔千錠。賜皇太子位鷹坊，鈔二十萬錠。（戊戌）封三寶奴爲渤國公，〔一五〕香山爲賓國公。加鐵木迭兒右丞相，都護買住中書右丞。立皇太子位人匠總管府，秩正三品。癸卯，加授平章政事教化太子太保、太尉、平章軍國重事、魏國公。甲辰，陞典瑞監爲典瑞院，秩從二品。知樞密院事也兒吉尼遙授右丞相。辛亥，樞密院臣言：「諸王各用其印符乘驛，使臣旁午，驛戶困乏。宜準舊制，量其馬數，降以璽書。」奏可。乙卯，遣米楫等使蘇魯國。丙辰，高麗國王王（章）〔璋〕言：〔一六〕「陛下令臣還國，復設官行征東行省事。高麗歲數不登，百姓乏食，又數百人仰食其土，則民不勝其困，且非世祖舊制。」帝曰：「先請立者以卿言，今請罷亦以卿言，其準世祖舊制，速遣使往罷之。」

五月丙寅，降英德路為州。知樞密院事塔魯忽台遙授左丞相。丁卯，御史臺臣言：「成宗朝建國子監學，迄今未成，皇太子請畢其功。」制可。己巳，管城縣大雨雹。緬國進馴象六。乙亥，知樞密院事憨剌合兒遙授左丞相。丙子，以諸王及西番僧從駕上都，途中擾民，禁之。禁白蓮社，毀其祠宇，以其人還隸民籍。御史臺臣言：「比奉旨罷不急之役，今復為各官營私宅。臣等以為俟旺兀察都行宮及大都、五臺寺畢工，然後從事為宜。」有旨：「除佩頭、三寶奴所居，餘悉罷之。」授（右）〔左〕丞相塔思不花上柱國、〔一七〕監修國史。加左丞相乞台普濟太子太傅。辛巳，中書省臣言：「舊制，樞密院、御史臺、宣政院得自選官，諸官府必由中書省奏聞遷調，宜申嚴告諭。」制可。癸未，濟南、般陽雨雹。甲申，立大同侍衞親軍都指揮使司，以丞相赤因鐵木兒為使，摘通惠河漕卒九百餘人隸之，漕事如故。渭源縣旱饑，給糧一月。眞定、大名、廣平有蟲食桑。寧夏府水。晉寧等處蝗。東平、東昌、益都螟。

六月己丑，渤國公三寶奴加錄軍國重事、中書右丞相，應國公、太子詹事、平章軍國重事、大司農曲出加太子太保，左丞相脫脫加上柱國、太尉，遙授參知政事、行詹事丞大慈都加平章軍國重事。甲午，改太子位承和署爲典樂司，秩正三品。丁酉，鞏昌府隴西、寧遠縣地震。雲南烏撒、烏蒙，三日之中地大震者六。戊戌，大都饑，發官廩減價糶貧民，戶出印帖，委官監臨，以防不均之弊。中書省臣言：「江浙行省管內饑，賑米五十三萬五千石、鈔十五萬四千錠、麵四萬斤。又，流民戶百三十三萬九百五十有奇，賑米五十三萬六千石、鈔十九萬七千錠、鹽折直爲引五千。」令行省、行臺遣官臨視。內郡、江淮大饑，免今年常賦及夏稅。益都水，民饑，采草根樹皮以食，免今歲差徭，仍以本路稅課及發朱汪、利津兩倉粟賑之。封藥木忽兒爲定王，駙馬阿失爲昌王，並賜金印。以司徒、平章政事、領大司農李邦寧遙授左丞相。辛丑，以沒入朱淸、張瑄田產隸中宮，立江浙財賦總管府、提舉司。己酉，減太常禮儀院官二十七員爲八員。河南、山東大饑，有父食其子者，以兩道沒入贓鈔賑之。加乞台普濟錄軍國重事。是月，保定、眞定蝗。

秋七月庚申，流星起自勾陳，南行，圓若車輪，微有銳，經貫索滅。敕以金銀歲入數少，自今毋問何人，以金銀爲請奏及托之奏者，皆抵罪。又，各處行省、宣慰司等官，多以結托來京師，今後非奉朝命毋赴闕。雲南、湖廣、河南、四川盜賊竊發，諭軍民官用心撫治。立廣武康里侍衞親軍都指揮使司，以中書平章政事阿沙不花爲都指揮使。壬戌，皇子和世㻋請立總管府，領提舉司四，括河南歸德、汝寧境內瀕河荒地約六萬餘頃，歲收其租，令河南省臣高興總其事。中書省臣言：「瀕河之地，出沒無常，遇有退灘，則爲之主。先是，有亦馬罕者，妄稱省委括地，蠶食其民，以有主之田俱爲荒地，所至騷動。民高榮等六百人，訴于都省，追其驛券，方議其罪，遇赦獲免，今乃獻其地于皇子。且河南連歲水災，人方闕食，若從所請，設立官府，爲害不細。」帝曰：「安用多言，其止勿行！」禁鷹坊於大同、隆興等處縱獵擾民。築呼鷹臺於漷州澤中，發軍千五百人助其役。旺兀察都行宮成。立中都留守司兼開寧路都總管府。丙寅，復置泰安州之新泰縣。辛卯，〔一八〕濟寧大水入城，詔遣官以鈔五千錠賑之。己巳，眞定淫雨，水溢，入自南門，下及藁城，溺死者百七十七人，發米萬七百石賑之。辛未，立御香局，秩正五品。壬申，太白犯左執法。香山加太子太傅。遣塔察兒等九人使諸王寬闍，遣月魯等十二人使諸王脫脫。癸酉，詔諭安南國曰：「惟我國家，以武功定天下，文德懷遠人，乃眷安南，自乃祖乃父，世修方貢，朕甚嘉之。逦者，先皇帝晏駕，朕方撫軍朔方，爲宗室諸王、貴戚、元勳之所推戴，以謂朕乃世祖嫡孫，裕皇正派，宗藩效順於外，臣民屬望於下，人心所共，神器有歸。朕俯徇輿情，大德十一年五月二十一日卽皇帝位於上都。今遣少中大夫、禮部尚書阿里灰，朝請大夫、吏部侍郎李京，朝列大夫、兵部侍郎高復禮諭旨。尙體同仁之視，益堅事大之誠，輯寧爾邦，以稱朕意。」又以管祝思監爲禮部侍郎、朶兒只爲兵部侍郎使緬國。遣脫里不花等二十人使諸王合兒班答。弛上都酒禁。壬午，置皇太子司議郎，秩正五品。封乃蠻帶爲壽王。癸未，樞密院臣言：「世祖時樞密臣六員，成宗時增至十三員。今署事者三十二員，乞省之。」敕罷塔思帶等一十一人。甲申，太師淇陽王月赤察兒請置王傅，中書省臣謂異姓王無置傅例，不許。乙酉，以篆虎人徹兒怯思爲監察御史。是月，以左丞相塔思不花爲中書右丞相，太保乞台普濟爲中書左丞相。內外大小事務並聽中書省區處，諸王、公主、駙馬、勢要人等，毋得攙擾沮壞。近侍臣員及內外諸衙門，毋得隔越聞奏。各處行省、宣慰司及在外諸衙門等官，非奉聖旨并中書省明文，毋得擅自離職，乘驛赴京，營幹私事。江南、江北水旱饑荒，已嘗遣使賑恤者，至大元年差發、官稅並行除免。

八月戊子，大寧雨雹。丙申，御史臺臣言：「奉敕逮監察御史撒都丁赴上都。世祖、成宗迄於陛下，累有明旨，監察御史乃朝廷耳目，中外臣僚作姦犯科，有不職者，聽其糾劾，治事之際，諸人毋得與焉。邇者，鞫問刑部尙書烏剌沙贓罪，蒙玉音獎諭，諸御史皆被錫賚，臺綱益振。今撒都丁被逮，同列皆懼，所繫非小，乞寢是命，申明臺憲之制，諸人毋得與聞。」制可。辛丑，以中都行宮成，賞官吏有勞者，工部尙書黑馬而下並陞二等，賜塔剌兒銀二百五十兩，同知察乃、通政使塔利赤、同知留守蕭珍、工部侍郎答失蠻金二百兩、銀一千四百兩，軍人金二百兩、銀八百兩，死於木石及病沒者給鈔有差。癸卯，加中書右丞、領將作院呂天麟大司徒。戊申，立中都萬億庫。寧夏立河渠司，秩五品，官二員，參以二僧爲之。特授仏頭太師。賜諸王脫歡金三百兩、銀二千五百兩、鈔二千錠，阿里不花金百兩、銀千兩、鈔千錠。己酉，大同隕霜殺禾。甲寅，李邦寧以建香殿成，賜金五十兩、銀四百五十兩。乙卯，中書省臣言：「外臺、行省及諸人應詔言事，未敢一一上煩聖聽。請集朝臣議，擇其切於事者，小則輒行，大則以聞。」從之。揚州、淮安蝗。

九月丙辰〔朔〕，以內郡歲不登，諸部人馬之入都城者，減十之五。中書省臣言：「夏秋之間，鞏昌地震，歸德暴風雨，泰安、濟寧、眞定大水，廬舍蕩析，人畜俱被其災。江浙饑荒之餘，疫癘大作，死者相枕籍。父賣其子，夫鬻其妻，哭聲震野，有不忍聞。臣等不才，猥當大任，雖欲竭盡心力，而聞見淺狹，思慮不廣，以致政事多舛，有乖陰陽之和，百姓被其災殃，願退位以避賢路。」帝曰：「災害事有由來，非爾所致，汝等但當愼其所行。」立怯憐口提舉司，秩正五品，設官四員。高麗國王王昛卒。命雪尼台鐵木察使薛迷思干部。己未，陞中政院秩從一品。辛酉，遣人使諸王察八兒、寬闍所。壬戌，太尉脫脫奏：「泉州大商合只鐵卽剌進異木沉檀可構宮室者。」敕江浙行省驛致之。癸亥，萬戶也列門合散來自薛迷思干等城，進呈太祖時所造戶口青冊，賜銀鈔幣帛有差。丙寅，蒲縣地震。癸酉，陞內史府爲內史院，秩正二品。乙亥，車駕至自上都。弛諸路酒禁。戊寅，泉州大商馬合馬丹的進珍異及寶帶、西域馬。庚辰，以高麗國王王(章)〔璋〕嗣高麗王。諸王禿滿進所藏太宗玉璽，封禿滿爲陽翟王，賜金印。中書省臣言：「奉旨：連歲不登，從駕四衞，一衞約四百人，所給芻粟自如常例，給各部者減半。臣等議：大都去歲飼馬九萬四千匹，今請減爲五萬匹，外路飼馬十一萬九千餘匹，今請減爲六萬匹，自十月十五日爲始。」又言：「薛迷思干、塔剌思、塔失玄等城，三年民賦以輸縣官。今因薛尼台鐵木察往彼，宜令以二年之賦與寬闊，給與元輸之人，以一年者上進。」並從之。癸未，太陰犯熒惑。立中都虎賁司。特授承務郎、直省舍人藏吉沙資善大夫、行泉府院使。

冬十月庚寅，爲太師𠈃頭建第，給鈔二萬錠。癸巳，蒲縣、陵縣地震。〔一九〕甲午，以阿沙不花知樞密院事。丁酉，以大都艱食，復糶米十萬石，減其價以賑之，以其鈔於江南和糴。罷大都榷酤。賜皇太子金千兩。辛丑，太白犯南斗。癸卯，中書省臣請以湖廣米十萬石貯於揚州，江西、江浙海漕三十萬石，內分五萬石貯朱汪、利津二倉，以濟山東饑民，從之。敕：「凡持內降文記買河間鹽及以諸王、駙馬之言至運司者，一切禁之。持內降文記不由中書者，聽運司以聞。」禁奉符、長清、泗水、章丘、霑化、利津、無棣七縣民田獵。甲辰，從帝師請，以釋敎都總管朶兒只八兼領囊八地產錢物，爲都總管府達魯花赤總其財賦。以西番僧敎瓦班爲翰林承旨。左丞相、知樞密院事鐵木兒不花加錄軍國重事。中書右丞、司徒禿忽魯，河南江北行省右丞也速，內史脫孛花，並知樞密院事。乙巳，改護國仁王寺昭應規運總管府爲會福院，秩從二品。丙午，立興聖宮掌醫監，秩正三品。

十一月己未，中書省臣言：「世祖時，省、院、臺及諸司皆有定員，後略有增者，成宗已嘗有旨併省。邇者諸司遞陞，四品者三品，三品者二品，二品者一品，一司甚至二三十員，事不改舊而官日增。請依大德十年已定員數，冗濫者從各司自與減汰。衙門既陞，諸吏止從舊秩出官，果應例者，自如選格。」從之。庚申，太白晝見。以軍五千人供造寺工役。增官吏俸，以至元鈔依中統鈔數給之，止其祿米，歲該四十萬石。吏員以九十月出身，如舊制。詔免紹興、慶元、台州、建康、廣德田租，紹興被災尤甚，今歲又旱，凡佃戶止輸田主十分之四。山場、河濼、商稅，截日免之。諸路小稔，審被災者免之。乙丑，賜諸王南木忽里金印。丁卯，中書省臣言：「今銓選、錢糧之法盡壞，廩藏空虛。中都建城，大都建寺，及爲諸貴人營私第，軍民不得休息。邇者用度愈廣，每賜一人，輒至萬錠，惟陛下矜察。」又言：「銓選、錢糧，諸司乞毋干預。」帝曰：「已降制書，令諸人毋干中書之政。他日或有乘朕忽忘，持內降文記及傳旨至中書省，其執之以來，朕將加罪。」以也兒吉(兒)〔尼〕爲御史大夫。〔二〇〕己巳，以乞台普濟爲右丞相，脫脫爲左丞相。既又從脫脫言，以塔思不花與乞台普濟俱爲右丞相。中書省臣言：「國用不給，請沙汰宣徽、太府、利用等院籍，定應給人數。其在上都、行省者，委官裁省。又，行泉院專以守寶貨爲任，宜禁私獻寶貨者。又，天下屯田百二十餘所，由所用者多非其人，以致廢弛，除四川、甘州、應昌府、雲南爲地絕遠，餘當選習農務者往，與行省、宣慰司親履其地，可興者興，可廢者廢，各具籍以聞。」並從之。詔：「開寧路及宣德、雲州工役，供億浩繁，其賦稅除前詔已免三年外，更免一年。」辛巳，罷益都諸處合剌赤等狩獵。以銀七百五十兩、鈔二千二百錠、幣帛三百匹施昊天寺，爲水陸大會。癸未，皇太后造寺五臺山，摘軍六千五百人供其役。

閏十一月己丑，以大都米貴，發廪十萬石，減其價以糶賑貧民。北來民饑，有鬻子者，命有司爲贖之。乙未，賜故中書右丞相完澤妻金五百兩、銀千五百〔兩〕。〔三〕丙申，罷江南進沙糖。止富民輸粟賑饑補官。丁酉，禁江西、湖廣、汴梁私捕鴛鴦。己亥，罷遼陽省進雕豹。貴赤衞受烏江縣達魯花赤獻私戶萬，令隸縣官。壬寅，乞台普濟乞賜固安田二百餘頃，從之。乙巳，中書省臣言：「回回商人，持璽書，佩虎符，乘驛馬，名求珍異，既而以一豹上獻，復邀回賜，似此甚衆。臣等議：虎符，國之信器，驛馬，使臣所需，今以畀諸商人，誠非所宜，乞一概追之。」制可。罷順德、廣平鐵冶提舉司，聽民自便，有司稅之如舊。丁未，復立汴梁路之項城縣。以杭州、紹興、建康等路歲比饑饉，今年酒課免十分之三。敕河西僧戶準先朝定制，從軍輸稅，一與民同。甲寅，答剌罕哈剌哈孫卒。

十二月庚申，封和郎撒爲隴王，賜金印。平江路民有隸謹的里部者，依舊制，差賦與民一體均當。雲南畏吾兒一千人居荆襄，雲南省臣言：「世祖有旨使歸雲南，以佐征討。」中書省臣議發還爲是，從之。中都立開寧縣，降隆興爲源州，陞蔚州爲蔚昌府。省河東宣慰司，以大同路隸中都留守司，冀寧、晉寧二路隸中書省。甲戌，以平章政事、商議中書省事、太子賓客王太亨行太子詹事，平章軍國重事、太子少詹事大慈都爲太子詹事。賜御史臺官及監察御史宴服。

校勘記

〔一〕進封高麗王王昛爲瀋陽王　考異云：「案高麗傳，王謜成宗初年尙寶塔實憐公主，十一年進封瀋陽王，紀當云封高麗王王昛之世子謜爲瀋陽王，不得云封昛也。又案朝鮮史，忠烈王昛三十四年，王薨于神孝寺，遺教機務委付瀋陽王，則瀋陽王爲謜之封明矣。」

〔二〕（七月）庚辰　考異云：「案上書七月癸亥朔，庚辰爲月之十八日，不當重書七月。」從删。

〔三〕中書（右）〔左〕丞孛羅鐵木兒　按下文戊午條有「以中書左丞孛羅鐵木兒爲中書右丞」，據改。續通鑑已校。

〔四〕置皇〔大〕子位典牧監　從北監本補。

〔五〕法(魯忽)〔忽魯〕丁　據上文七月丁丑條及本書卷一一二宰相年表改正。類編已校。

〔六〕以行省平章總督軍馬得佩虎符其左丞等所佩悉追納　按元代右丞位在左丞上，僅次于平章，蒙史改「左丞」作「右丞」，疑是。

〔七〕灤河　按元無「灤河」縣，此處史文有誤。

〔八〕太陰犯東(斗)〔井〕　據本書卷四八天文志改。

〔九〕〔貴〕赤塔塔兒等擾檀州民　按下文至大元年二月壬寅條有「貴赤擾害檀州民」，所指爲一事，據補。

〔一〇〕(己巳)緬國進馴象六　按上文已有「己巳」，此重出，今删。

〔一一〕己(酉)〔丑〕　按是月辛酉朔，無己酉日。此「己酉」在戊子二十八日後，爲己丑二十九日之誤，今改。類編已校。

〔一二〕右丞相脱脱　本證云：「案脱脱以去歲六月遙授左丞相，是年六月亦稱左丞相，此作右誤。」

〔一三〕(賜)諸王(賜)八不沙　從道光本改正。

〔一四〕定王藥木忽兒　本證云：「當稱威定王，六月方封定王。」

〔一五〕（戊戌）封三寶奴爲渤國公　按上文已有「戊戌」，此重出，今從道光本刪。

〔一六〕王（章）〔璋〕　本書卷一〇八諸王表、卷一〇九諸公主表、卷一一六后妃傳及高麗史卷三三忠宣王世家、元文類卷一一姚燧高麗國王封曾祖父母父母制，「章」皆作「璋」，據改。下同。考異已校。按王璋卽王源改名，王昛子，此時在元廷，北監本、殿本改作「王昛」，誤。

〔一七〕（右）〔左〕丞相塔思不花　按上文大德十一年七月丁丑條有「以御史大夫塔思不花爲中書左丞相」，下文本年七月條有「以左丞相塔思不花爲中書右丞相」，據改。

〔一八〕辛卯　按是月丁巳朔，無辛卯日。此「辛卯」在丙寅初十日、己巳十三日間，當爲丁卯十一日之誤。

〔一九〕癸巳蒲縣陵縣地震　本書卷五〇五行志作「十月癸巳，蒲縣、靈縣地震」。按卷五八地理志，晉寧路隰州屬縣有蒲縣，霍州屬縣有靈石縣，疑「陵縣」、「靈縣」皆「靈石縣」之誤。

〔二〇〕也兒吉（兒）〔尼〕　按也兒吉尼一名本書屢見，上文大德十一年七月辛巳條及下文至大三年三月己卯條皆作「也兒吉尼」，據改。蒙史已校。

〔二一〕銀千五百〔兩〕　從北監本補。

元史卷二十三

本紀第二十三

武宗二

二年春正月己丑，從皇太子請，罷宮師府，設賓客、諭德、贊善如故。庚寅，越王秃剌有罪賜死。禁日者、方士出入諸王、公主、近侍及諸官之門。辛卯，皇太子、諸王、百官上尊號曰統天繼聖欽文英武大章孝皇帝。乙未，恭謝太廟。丙申，詔天下弛山澤之禁，恤流移，毋令見戶包納差稅；被災百姓，內郡免差稅一年，江淮免夏稅；內外大小職官普覃散官一等，有出身人考滿者，加散官一等。己亥，封知樞密院事容國公牀兀兒爲句容郡王。乙巳，塔思不花、乞台普濟言：「諸人恃恩徑奏，璽書不由中書，直下翰林院給與者，今覈其數，自大德六年至至大元年所出，凡六千三百餘道，皆干田土、戶口、金銀鐵冶、增餘課程、進貢奇貨、錢穀、選法、詞訟、造作等事，害及於民，請盡追奪之。今後有不由中書者，乞勿與。」制可。丙午，定制大成至聖文宣王春秋二丁釋奠用太牢。戊申，迭里帖木兒不花進鷹犬，命歲以幣帛千匹、鈔千錠與之。

二月戊午，鑄金印賜句容郡王床兀兒。賑眞定路饑民糧萬石，搭搭境六千石。癸亥，皇太子幸五臺佛寺。罷行泉府院，以市舶歸之行省。乙丑，以和林屯田去秋收九萬餘石，其宣慰司官吏、部校、軍士，給賞有差。己巳，太陰犯亢。辛未，太陰犯氐。調國王部及忽里合赤、兀魯帶、朶來等軍九千五百人赴和林。壬申，令各衞董屯田官三年一易。甲戌，弛中都酒禁。

三月己丑，遼陽行省右丞洪重喜訴高麗國王王（章）〔璋〕不奉國法恣暴等事，〔一〕中書省臣請令重喜與高麗王辯對。敕中書毋令辯對，令高麗王從太后之五臺山。梁王在雲南有風疾，以諸王老的代梁王鎭雲南，賜金二百五十兩、銀七百五十兩，從者幣帛有差。庚寅，車駕幸上都。摘五衞軍五十人隸中都虎賁司。封諸王也（速）〔速〕不干爲襄寧王。〔二〕辛卯，罷杭州白雲宗攝所。立湖廣頭陀禪錄司。丙寅，〔三〕賜雲南王老的金印。戊戌，太陰犯氐。己亥，熒惑犯歲星。封公主阿剌的納八剌爲趙國公主，駙馬注安爲趙王。甲辰，中書省臣言：「國家歲賦有常，頃以歲儉，所入曾不及半，而去歲所支，鈔至千萬錠，糧三百萬石。陛下嘗命汰其求芻粟者，而宣徽院孛可孫竟不能行，視去歲反多三十萬石，請用知錢穀者二三員於宣徽院佐而理之。又，中書省斷事官，大德十年四十三員，今皇太子位增二員，諸王闊闊出、剌馬甘禿剌亦各增一員，非舊制。臣等以爲皇太子位所增宜存，諸王者宜罷。」並從之。陞掌醫署爲典醫監。乙巳，中書省臣言：「中書爲百司之首，宜先汰冗員。」帝曰：「百司所汰，卿等定議；省臣去留，朕自思之。」己酉，濟陰、定陶雹。

夏四月甲寅，中書省臣言：「江浙杭州驛，半歲之間，使人過者千二百餘，有桑兀、寶合丁等進獅、豹、鴉、鶻，留二十有七日，人畜食肉千三百餘斤。請自今遠方以奇獸異寶來者，依驛遞；其商人因有所獻者，令自備資力。」從之。辛酉，立興聖宮江淮財賦總管府，詔諭中外。癸亥，摘漢軍五千，給田十萬頃，於直沽沿海口屯種，又益以康里軍二千，立鎮守海口屯儲親軍都指揮使司。壬午，詔中都創皇城角樓。中書省臣言：「今農事正殷，蝗蝝徧野，百姓艱食，乞依前旨罷其役。」帝曰：「皇城若無角樓，何以壯觀！先畢其功，餘者緩之。」以建新寺，鑄提調、監造三品銀印。益都、東平、東（滄）〔昌〕、〔四〕濟寧、河間、順德、廣平、大名、汴梁、衞輝、泰安、高唐、曹、濮、德、揚、滁、高郵等處蝗。

五月丁亥，以通政院使憨剌合兒知樞密院事，董建興聖宮，令大都留守養安等督其工。丁酉，以陰陽家言，自今至聖誕節不宜興土功，勅權停新寺工役。甲辰，御史臺臣言：「乘輿北幸，而京師工役正興，加之歲旱乏食，民愚易惑，所關甚重，乞留一丞相鎮京師，後爲例。」

制可。

六月癸亥，選官督捕蝗。從皇太子言，禁諸賜田者馳驛徵租擾民。庚午，中書省臣言：「奉旨既停新寺工役，其亭苑鷹坊諸役，乞幷罷。又，太醫院遣使取藥材於陝西、四川、雲南，費公帑，勞驛傳。臣等議，事干錢糧，隔越中書省徑行，乞禁止。」並從之。以益都、濟南、般陽三路，寧海一州屬宣慰司，餘並令直隸省部。以大都隸儒籍者四十戶充文廟樂工。從皇太子請，改典樂司提點、大使等官爲卿、少卿、丞。甲戌，以宿衞之士比多冗雜，遵舊制，存蒙古、色目之有閥閱者，餘皆革去。皇太子言：「宣政院先奉旨，毆西番僧者截其手，詈之者斷其舌，此法昔所未聞，有乖國典，且於僧無益。僧俗相犯，已有明憲，乞更其令。」又言：「宣政院文案不檢覈，於憲章有礙，遵舊制爲宜。」並從之。乙亥，中書省臣言：「河南、江浙省言，宣政院奏免僧、道、也里可溫、答失蠻租稅。臣等議，田有租，商有稅，乃祖宗成法，今宣政院一體奏免，非制。」有旨，依舊制徵之。是月，金城、崞州、源州雨雹。延安之神木碾谷、盤西、神川等處大雨雹。霸州、檀州、涿州、良鄉、舒城、歷陽、合肥、六安、江寧、句容、溧水、上元等處蝗。

秋七月癸未，河決歸德府境。壬辰，宣政院臣言：「武靖王搠思班與朶思麻宣慰司言：『松潘疊宕威茂州等處安撫司管內，西番、禿魯卜、降胡、漢民四種人雜處，昨遣經歷蔡懋昭往蛇谷隴迷招之，降其八部，戶萬七千，皆數百年負固頑獷之人，酋長令眞巴等八人已嘗廷見。今令眞巴謂其地隣接四川，未降者尙十餘萬。宣撫司官皆他郡人，不知蠻夷事宜，纔至成都灌州，畏懼卽返，何以撫治。宜改安撫司爲宣撫司，遷治茂州，徙松州軍千人鎭遏，爲便。』臣等議，宜從其言。」詔改松潘疊宕威茂州安撫司爲宣撫司，遷治茂州汶川縣，秩正三品，以八兒思的斤爲宣撫司達魯花赤，蔡懋昭爲副使，並佩虎符。乙未，復置贛州龍南、安遠二縣。以河西二十驛往來使多，馬數旣少，民力耗竭，命中書省、樞密院、通政院於諸部撥戶增馬以濟之。樂實言鈔法大壞，請更鈔法，圖新鈔式以進，又與保八議立尙書省，詔與乞台普濟、塔思不花、赤因鐵木兒、脫虎脫集議以聞。己亥，河決汴梁之封丘。甲辰，改昔保赤八剌合孫總管府爲奉時院。乙巳，保八言：「臣與塔思不花、乞台普濟等集議立尙書省事，臣今竊自思之，政事得失，皆前日中書省臣所爲，今欲舉正，彼懼有累，孰願行者。臣今不言，誠以大事爲懼。陛下若矜憐保八、樂實所議，請立尙書省，舊事從中書，新政從尙書。尙書，請以乞台普濟、脫虎脫爲丞相，三寶奴、樂實爲平章，保八爲右丞，王羆參知政事。姓江者畫鈔式，以爲印鈔庫大使。」並從之。塔思不花言：「此大事，遽爾更張，乞與老臣更議。」帝不從。是月，濟南、濟寧、般陽、曹、濮、德、高唐、河中、解、絳、耀、同、華等州蝗。

八月壬子，中書省臣言：「甘肅省僻在邊垂，城中蓄金穀以給諸王軍馬，世祖、成宗常修其城池。近撒的迷失擅興兵甲，掠豳王出伯輜重，民大驚擾。今撒的迷失已伏誅，其城若不修，慮啓寇心。又，沙、瓜州摘軍屯田，歲入糧二萬五千石，撒的迷失叛，不令其軍入屯，遂廢。今乞仍舊遣軍屯種，選知屯田地利色目、漢人各一員領之。」皆從之。癸〔酉〕〔丑〕，〔五〕立尚書省，以乞台普濟爲太傅、右丞相，脫虎脫爲左丞相，三寶奴、樂實爲平章政事，保八爲右丞，忙哥鐵木兒爲左丞，王羆爲參知政事，中書左丞劉楫授尚書左丞、商議尚書省事，詔告天下。甲寅，敕以海剌孫昔與伯顏、阿朮平江南，知兵事，可授平章政事、商議樞密院事。以阿速衞軍五百人隸諸王怯里不花，駐和林，給鈔萬五千錠，人備四馬。己未，立皇太子右衞率府，〔六〕秩正三品，命尚書右丞相脫虎脫、御史大夫不里牙敦並領右衞率府事。尚書省臣言：「中書省尙有逋欠錢糧應追理者，宜存斷事官十人，餘皆併入尚書省。」又言：「往者大辟獄具，尚書省議定，令中書省裁酌以聞，宜依舊制。」從之。以江西等處行中書省參知政事郝彬爲尚書省參知政事。甲戌，賜太師佤頭名脫兒赤顏。丁丑，永平路隕霜殺禾。己卯，三寶奴言：「尚書省立，更新庶政，變易鈔法，用官六十四員，其中宿衞之士有之，品秩未至者有之，未歷仕者有之。此皆素習於事，既已任之，乞勿拘例，授以宣敕。」制可。詔天下，敢有沮撓尚書省事者，罪之。眞定、保定、河間、順德、廣平、彰德、大名、衞輝、懷孟、汴梁等處蝗。

九月庚辰朔，以尚書省條畫詔天下，改各行中書省爲行尚書省。詔：「朝廷得失，軍民利害，臣民有上言者，皆得實封上聞，在外者赴所屬轉達。各處人民，饑荒轉徙復業者，一切逋欠，並行蠲免，仍除差稅三年。田野死亡，遺骸暴露，官爲收拾。」頒行至大銀鈔，詔曰：「昔我世祖皇帝既登大寶，始造中統交鈔，以便民用，歲久法隳，亦既更張，印造至元寶鈔。逮今又復二十三年，物重鈔輕，不能無弊，迺循舊典，改造至大銀鈔，頒行天下。至大銀鈔一兩，準至元鈔五貫、白銀一兩、赤金一錢。隨路立平準行用庫，買賣金銀，倒換昏鈔。或民間絲綿布帛，赴庫回易，依驗時估給價。隨處路府州縣，設立常平倉以權物價，豐年收糴粟麥米穀，值青黃不接之時，比附時估，減價出糶，以遏沸湧。金銀私相買賣及海舶興販金、銀、銅錢、綿絲、布帛下海者，並禁之。平準行用庫、常平倉設官，皆於流官內銓注，以二年爲滿。中統交鈔，詔書到日，限一百日盡數赴庫倒換。茶、鹽、酒、醋、商稅諸色課程，如收至大銀鈔，以一當五。頒行至大銀鈔二兩至二釐，定爲一十三等，以便民用。」壬午，江南行臺劾：「平章政事敎化，詐言家貧，冒受賜貨物，折鈔二萬錠。且其人素行，無一善可稱。魏國公尊爵也，豈宜授之。請追奪爲宜。」制可。癸未，尚書省臣言：「古者設官分職，各有攸司。方今地大民衆，事益繁冗，若使省臣總挈綱領，庶官各盡厥職，其事豈有不治。頃歲省務壅塞，朝夕惟署押文案，事皆廢弛。天災民困，職此之由。自今以始，省部一切，皆令從宜處置，大事或須上請，得旨卽行，用成至治，上順天道，下安民心。」又言：「國家地廣民衆，古所未有。累朝格例前後不一，執法之吏輕重任意，請自太祖以來所行政令九千餘條，刪除繁冗，使歸於一，編爲定制。」並從之。以大都城南建佛寺，立行工部，領行工部事三人，行工部尚書二人，仍令尚書右丞相脫虎脫兼領之。丙戌，車駕至大都。戊子，尚書省臣言：「翰林國史院，先朝御容、實錄皆在其中，鄉置之南省。今尚書省復立，倉卒不及營建，請買大第徙之。」制可。壬辰，賜高唐王注安金五千兩、銀五萬兩。癸巳，以薪價貴，禁權豪畜鷹犬之家不得占據山場，聽民樵采。三寶奴言：「冀寧、大同、保定、眞定以五臺建寺，所須皆直取於民，宜免今年租稅。」從之。丙申，御史臺臣言：「頃年歲凶民疫，陛下哀矜賑之，獲濟者衆。今山東大饑，流民轉徙，乞以本臺沒入贓鈔萬錠賑救之。」制可。丁酉，御史臺臣言：「比者近幸爲人奏請，賜江南田千二百三十頃，爲租五十萬石，乞拘還官。」從之。己亥，尚書省臣言：「今國用需中統鈔五百萬錠，前者嘗借支鈔本至千六十萬三千一百餘錠，今乞罷中統鈔，以至大銀鈔爲母，至元鈔爲子，仍撥至元鈔本百萬錠，以給國用。」大都立資國院，秩正二品；山東、河東、遼陽、江淮、湖廣、川漢立泉貨監六，秩正三品；產銅之地立提舉司十九，秩從五品。尚書省臣言：「三宮內降之旨，曩中書省奏請勿行，臣等謂宜仍舊行之。儻於大事有害，則復奏請。」帝是其言。又言：「中書之務，乞以盡歸臣等。至元二十四年，凡宣敕亦尚書省掌之。今臣等議，乞從尚書省任人，而以宣敕散官委之中書。」從之。占八國王遣其弟扎剌奴等來貢白面象、伽藍木。合魯納答思、禿堅鐵木兒、桑加失里等奏請遣人使海外諸國。以禿堅、張也先、伯顏使不憐八孫，薛徹兀、李唐、徐伯顏使八昔，察罕、亦不剌金、楊忽答兒、阿里使占八。以陝西行臺大夫、大司徒沙的爲左丞相、行土蕃等處宣慰使都元帥。甲辰，尚書省言：「每歲餉粟費鈔五十萬錠，請廢寺可孫，立度支院，秩二品，設使、同知、僉院、僉判各二員。」從之。乙巳，以盜多，徙上都、中都、大都舊盜於水達達、亦剌思等地耕種。丁未，三寶奴言養豹者害民爲甚，有旨禁之，有復犯者，雖貴幸亦加罪。

冬十月庚戌朔，以皇太子爲尚書令詔天下，令州縣正官以九年爲任詔天下，又以行銅錢法詔天下。辛亥，皇太子言：「舊制，百官宣敕散官皆歸中書，以臣爲中書令故也。自今敕牒宜令尚書省給降，宣命仍委中書。」制可。丙辰，樂實言：「江南平垂四十年，其民止輸地稅、商稅，餘皆無與。其富室有蔽占王民奴使之者，動輒百千家，有多至萬家者，其力可知。乞自今有歲收糧滿五萬石以上者，令石輸二升於官，仍質一子而軍之。其所輸之糧，移其半入京師以養御士，半留於彼以備凶年。富國安民，無善於此。」帝曰：「如樂實言行之。」辛酉，弛酒禁，立酒課提舉司。尚書省以錢穀繁劇，增戶部侍郎、員外郎各一員；又增禮部侍郎、郎中各一員，凡言時政者屬之。立太廟廩犧署，設令、丞各一員。癸亥，以翰林學士承旨不里牙敦爲御史大夫。乙丑，以皇太后有疾，詔天下釋大辟百人。丁卯，以御史大夫只兒合郎及中書左丞相脫脫、尙服院使大都，並知樞密院事。壬申，太陰犯左執法。癸酉，尙書省臣言：「比來朿汰冗官之故，百官俸至今未給，乞如大德十年所設員數給之，餘弗給。」從之。加知樞密院事禿忽魯左丞相。丁丑，以遼陽行尙書省平章政事合散爲左丞相、行中書省平章政事，中書參知政事伯都爲平章政事、行中書右丞，商議中書省事忽都不丁爲右丞、行中書省左丞，參議中書省事鐵里脫歡、賈鈞並中書參知政事。戊寅，御史臺臣言：「常平倉本以益民，然歲不登，遽立之，必反害民，罷之便。」又言：「至大銀鈔始行，品目繁碎，民猶未悟，而又兼行銅錢，慮有相妨。」又言：「民間（拘）〔拘〕銅器甚急，〔七〕弗便，乞與省臣詳議。」又言：「歲凶乏食，不宜遽弛酒禁。」有旨：「其與省臣議之。」

十一月庚辰朔，以徐、邳連年大水，百姓流離，悉免今歲差稅。增吏部郎中、員外郎、主事各一員，令考功以行黜陟。東平、濟寧荐饑，免其民差稅之半，下戶悉免之。尙書省臣言：「比年衞士大濫，率多無賴，請充衞士者，必廷見乃聽。」從之。雲南行省言：「八百媳婦、大徹里、小徹里作亂，威遠州谷保奪據木羅甸，詔遣本省右丞算只兒威往招諭之，仍令威楚道軍千五百人護送入境。而算只兒威受谷保賂金銀各三錠，復進兵攻劫，谷保弓弩亂發，遂以敗還。匪惟敗事，反傷我人，惟陛下裁度。」帝曰：「大事也，其速擇使復齎璽書往招諭。算只兒威雖遇赦，可嚴鞫之。」甲申，賜寧肅王脫脫金印。陞皇太子府正司爲從二品。乙酉，尙書省及太常禮儀院言：「郊祀者，國之大禮。今南郊之禮已行而未備，北郊之禮尙未舉行。今年冬至祀天南郊，請以太祖皇帝配；明年夏至祀地北郊，請以世祖皇帝配。」制可。丁亥，以湖廣行省左丞散朮帶爲平章政事，商議樞密院事。丁酉，太尉、尙書右丞相脫虎脫監修國史。己亥，太陰犯右執法。庚子，太陰犯上相。辛丑，尙書省臣言：「臣等竊計，國之糧儲，歲費浸廣，而所入不足。今歲江南頗熟，欲遣使和糴，恐米價暴增，請以至大鈔二千錠分之江浙、河南、江西、湖廣四省，於來歲諸色應支糧者，視時直予以鈔，可得百萬；不給則聽以各省錢足之。」制可。丙午，諸王孛蘭奚以私怨殺人，當死，大宗正也可扎魯忽赤議，孛蘭奚貴爲國族，乞杖之，流北鄙從軍，從之。丁未，擇衞士子弟充國子學生。

十二月乙卯，親饗太廟，上太祖聖武皇帝尊謚、廟號及光獻皇后尊謚，又上睿宗景襄皇帝尊謚、廟號及莊聖皇后尊謚，執事者人陞散階一等，賜太廟禮樂戶鈔帛有差。和林省右丞相、太師月赤察兒言：「臣與哈剌哈孫答剌罕共事時，錢穀必與臣議。自哈剌哈孫沒，凡出入不復關聞，予奪失當，而右丞曩家帶反相凌侮，輒託故赴京師。」有旨：「其鎖曩家帶詣和林鞫之。」武昌婦人劉氏，詣御史臺訴三寶奴奪其所進亡宋玉璽一、金椅一、夜明珠二。

奉旨，令尚書省臣及御史中丞冀德方、也可扎魯忽赤別鐵木兒、中政使搠只等雜問。劉氏稱故翟萬戶妻，三寶奴謫武昌時，與(留)〔劉〕往來，〔〇〕及三寶奴貴，劉託以追逃婢來京師，謁三寶奴於其家，不答，入其西廊，見榻上有逃婢所竊寶鞍及其手縫錦帕，以問，三寶奴又不答。忿恨而出，卽求書狀人喬瑜爲狀，乃因尹榮往見察院吏李節，入訴於臺。獄成，以劉氏爲妄。有旨，斬喬瑜，笞李節，杖劉氏及尹榮，歸之元籍。丙辰，併中書省左右司。遣使往諸路分揀逋負，合徵者徵之，合免者免之。庚申，太陰犯參。尙書省臣言：「鹽價每引宜增爲至大銀鈔四兩，廣西者如故。其煮鹽工本，請增爲至大銀鈔四錢。」制可。辛酉，申禁漢人執弓矢、兵仗。壬戌，陽曲縣地震，有聲如雷。封西僧迷不韻子爲寧國公，賜金印。丁丑，詔：「增百官俸，定流官封贈等第。應封贈者，或使遠死節，臨陣死事，於見授散官上加之。若六品七品死節死事者，驗事特贈官。封贈內外百官，三品以上者許請謚。凡請謚者，許其家具本官平日勳勞、政績、德業、藝能，經由所在官司保勘，與本家所供相同，轉申吏部考覆呈都省，都省準擬，令太常禮儀院驗事蹟定謚。若勳戚大臣奉旨賜謚者，不在此例。」

三年春正月癸未，省中書官吏，自客省使而下一百八十一員。賜諸王那木忽里等鈔萬二千錠。賜宣徽院使抇忽難所隸酒人鈔萬五百八十八錠。乙酉，特授李孟榮祿大夫、平章政事、集賢大學士、同知徽政院事。丁亥，白虹貫日。戊子，禁近侍諸人外增課額及進他物有妨經制。營五臺寺，役工匠千四百人、軍三千五百人。己丑，以紐隣參議尚書省事。庚寅，立司禋監，秩正三品，掌巫覡，以丞相鐵木迭兒領之。辛卯，立皇后弘吉列氏，遣脫虎脫攝太尉持節授玉册、玉寶。壬辰，陞中政院爲從一品。癸巳，立中瑞司，秩正三品，掌皇后寶。甲午，太陰犯右執法。乙未，定稅課法。諸色課程，並係大德十一年考較，定舊額、元增，總爲正額，折至元鈔作數。自至大三年爲始恢辦，餘止以十分爲率，增及三分以上爲下酬，五分以上爲中酬，七分以上爲上酬，增及九分爲最，不及三分爲殿。所設資品官員，以二周歲爲滿。定稅課官等第，萬錠之上，設正提舉、同提舉、副提舉各一員；一千錠之上，設提領、大使、副使各二員；五百錠之上，設提領、大使、副使各一員；一百錠之上，設大使、副使各一員。丙申，立資國院泉貨監。命以歷代銅錢與至大錢相參行用。復立廣平順德路鐵冶都提舉司。戊戌，詔湖廣行省招諭叛人上思州知州黃勝許。辛丑，降詔招諭大徹里、小徹里。樞密院臣言：「湖廣省乖西帶蠻阿馬等連結萬人入寇，已遣萬戶移剌四奴領軍千人，及調思、播土兵併力討捕。臣等議，事勢緩急、地里要害，四奴備知，乞聽其便宜調遣。」制可。壬寅，詔諭八百媳婦，遣雲南行省右丞算只兒威招撫之。癸卯，改太子少詹事爲副詹事。

乙巳，令中書省官吏如安童居中書時例存設，其已汰者，尚書省遷敍。省樞密院官，存知樞密院七員、同知樞密院事二員、樞密副使二員、僉樞密院事二員、同僉樞密院事一員。增御史臺官二員，御史大夫、御史中丞、侍御史、治書侍御史各二員。省通政院官六員，存十二員。汰廣武康里衞軍，非其種者還之元籍，凡隸諸王阿只吉、火郎撒及迤南探馬赤者，令樞密院遣人卽其處參定爲籍。去歲朝會，諸王伯鐵木兒、阿剌鐵木兒並賜金二百五十兩、銀一千兩、鈔四百錠。丙午，詔令知樞密院事大都、僉院合剌合孫復職。丁未，立右衞阿速親軍都指揮使司，秩正三品。

二月庚戌，以皇后受册，遣官告謝太廟。辛亥，熒惑犯月星。賜鷹坊馬速忽金百兩、銀五百兩。己未，浚會通河，給鈔四千八百錠、糧二萬一千石以募民，命河南省平章政事塔失海牙董其役。遣商議尚書省事劉楫整治鈔法。增大都警巡院二，分治四隅。壬戌，太陰犯左執法。甲子，以上皇太后尊號，告祀南郊。乙丑，復以僉樞密院事賈鈞爲中書參知政事。尚書省臣言：「官階差等，已有定制，近奉聖旨、懿旨、令旨要索官階者，率多躐等，願依世祖皇帝舊制，次第給之。」制可。丁卯，尚書省臣言：「昔至元鈔初行，卽以中統鈔本供億及銷其板。今既行至大銀鈔，乞以至元鈔輸萬億庫，銷毀其板，止以至大鈔與銅錢相權通行爲便。」又言：「今夏朝會上都供億，請先發鈔百萬錠以往。」並從之。楚王牙忽都所隸戶貧乏，以米萬石、鈔六千錠賑之。己巳，寧王闊闊出謀爲不軌，越王禿剌子阿剌納失里許助力，事覺，闊闊出下獄，賜其妻完者死，竄阿剌納失里及其祖母、母、妻于伯鐵木兒所。以畏吾兒僧鐵里等二十四人同謀，或知謀不首，並磔于市。鞫其獄者，並陞秩二等。賞牙忽都金千兩、銀七千五百兩。三寶奴賜號答剌罕，以闊闊出食邑清州賜之，自達魯花赤而下，並聽舉用。辛未，脫兒赤顏加録軍國重事。賜故中書右丞相塔剌海妻也里干金七百五十兩、銀一千五百兩、鈔四百錠。壬申，樂實爲尙書左丞相、駙馬都尉，封齊國公。癸酉，以左丞相、行中書省平章政事合散商議遼陽行省事。甲戌，太白犯月星。以上皇太后尊號，告祀太廟。

三月己卯朔，樞密院臣言：「國家設官分職，都省治金穀，樞密治軍旅，各有定制。邇者尙書省弗遵成憲，易置本院官，令依大德十年員數聞奏。臣等議，以鐵木兒不花、脫而赤顏、床兀兒、也速、脫脫、也兒吉尼、脫不花、大都知樞密院事，撒的迷失、史弼同知樞密院事，吳元珪樞密副使，塔海姑令爲副樞。」有旨，令樞密院如舊制設官十七員。乙酉，以知樞密院事只兒合郎爲陝西行尙書省平章政事。遣刑部尙書馬兒往甘肅和市羊馬，分賚諸王那木忽里蒙古軍，給鈔七萬錠。庚寅，太陰犯氐。尙書省臣言：「昔世祖有旨，以叛王海都分地五戶絲爲幣帛，俟彼來降賜之，藏二十餘年。今其子察八兒向慕德化，歸覲闕廷，請以賜之。」帝曰：「世祖謀慮深遠若是，待諸王朝會，頒賞既畢，卿等備述其故，然後與之，使彼知愧。」辛卯，發康里軍屯田永平，官給之牛。壬辰，車駕幸上都。立興聖宮章慶使司，秩正二品。丙申，太陰犯南斗。丁未，太白犯井。

夏四月己酉，興聖宮鷹坊等戶四千分處遼陽，建萬戶府以統之。容米洞官田墨糾合蠻酋，殺千戶及戍卒八十餘人，俘掠良民；改永順保靖南渭安撫司爲永順等處軍民安撫司，以安撫副使梓材爲使往招之。賜高麗國王王(章)〔璋〕功臣號，改封瀋王。改大承華普慶寺總管府爲崇祥監。庚戌，以鈔九千一百五十八錠有奇市耕牛農具，給直沽酸棗林屯田軍。戊辰，太白晝見。己巳，立怯憐口諸色人匠都總管府，秩正三品，提舉司二，分治大都、〔上都〕，〔九〕秩正五品；江浙等處財賦提舉司，秩從五品；瑞州等路營民都提舉司，〔一〇〕秩從四品，並隸章慶使司。辛未，賜角觝者阿里銀千兩、鈔四百錠。丙子，立管領軍匠千戶所，秩正五品，割左都威衞軍匠八百隸之，備興聖宮營繕。增國子生爲三百員。靈壽、平陰二縣雨雹。鹽山、寧津、堂邑、茌平、陽穀、高唐、禹城等縣蝗。

五月甲申，封諸王完者爲衞王。癸巳，東平人饑，賑米五千石。乙未，加尙書參知政事王羆大司徒。是月，合肥、舒城、歷陽、蒙城、霍丘、懷寧等縣蝗。

六月丁未朔，詔太尉、尙書右丞相脫虎脫，太保、尙書左丞相三寶奴總治百司庶務，並從尙書省奏行。戊申，省上都留守司官七員。以行中書左丞忽都不丁爲中書右丞。己酉，立上都、中都等處銀冶提舉司，秩正四品。尚書省臣言：「別都魯思云雲州（朝）〔潮〕河等處產銀，〔二〕令往試之，得銀六百五十兩。」詔立提舉司，以別都（忽）〔魯〕思爲達魯花赤。〔三〕庚戌，立規運都總管府，秩正三品，領大崇恩福元寺錢糧，置提舉司、資用庫、大益倉隸之。乙卯，太陰犯氐。和林省言：「貧民自迤北來者，四年之間靡粟六十萬石、鈔四萬餘錠、魚網三千、農具二萬。」詔尚書、樞密差官與和林省臣覈實，給賜農具田種，俾自耕食，其續至者，戶以四口爲率給之粟。丁巳，敕今歲諸王、妃主朝會，頒賚一如至大元年例。甲子，以太子詹事斡赤爲中書左丞、集賢使，領典醫監事。戊辰，遣使諸道，審決重囚。賜太師淇陽王月赤察兒淸州民戶萬七千九百一十九，安吉王乞台普濟安吉州民戶五百。壬申，以西北諸王察八兒等來朝，告祀太廟。賜脫虎脫、三寶奴珠衣。封三寶奴爲楚國公，以常州路爲分地。乙亥，陞晉王延慶司秩正二品。是月，襄陽、峽州路、荆門州大水，山崩，壞官廨民居二萬一千八百二十九間，死者三千四百六十六人。汝州大水，死者九十二人。六安州大水，死者五十二人。沂州、莒州、兗州諸縣水沒民田。威州、洛水、肥鄉、鷄澤等縣旱。

秋七月戊寅，太陰犯右執法。己卯，太陰犯上相。庚辰，封皇伯晉王長女寶答失憐爲韓國長公主。丙戌，循州大水，漂廬舍二百四十四間，死者四十三人，發米賑之。庚寅，罷稱海也可扎魯忽赤。定王藥木忽兒乞如例設王府官六員，從之。癸巳，給親民長吏考功印曆，令監治官歲終驗其行蹟，書而上之，廉訪司、御史臺、尙書禮部考校以爲陞黜。增尙書省客省使、副各一員，直省舍人十四員。立河南打捕鷹坊、魚課都提舉司，秩正四品。乙未，中都立光祿寺。丁酉，汜水、長林、當陽、夷陵、宜城、遠安諸縣水，令尙書省賑恤之。己亥，禁權要商販挾聖旨、懿旨、令旨阻礙會通河民船者。壬寅，詔禁近侍奏降御香及諸王駙馬降香者。磁州、威州諸縣旱、蝗。

八月丁未，以江浙行尙書省左丞相忽剌出、遙授中書右丞相釐日，並爲御史大夫，詔諭中外。甲寅，白虹貫日。陞尙服院從一品。丙辰，以行用銅錢詔諭中外。甲子，獵于昂兀腦兒之地。〔一三〕己巳，以諸王只必鐵木兒貧，仍以西涼府田賜之。尙書省臣言：「今歲頒賚已多，凡各位下奉聖旨、懿旨、令旨賜財物者，請分汰。」有旨：「卿等但具名以進，朕自分汰之。」汴梁、懷孟、衞輝、彰德、歸德、汝寧、南陽、河南等路蝗。

九月己卯，平伐蠻酋不老丁遣其姪與甥十人來降，陞平伐等處蠻夷軍民安撫司同知陳思誠爲安撫使，佩金虎符。御史臺臣言：「江浙省丞相答失蠻於天壽節日毆其平章政事孛蘭奚，事屬不敬。」詔遣使詰問之。內郡饑，詔尙書省如例賑恤。辛巳，太陰犯建星。立宣慰司都元帥府於察罕腦兒之地。丙戌，車駕至大都。保八遙授平章政事。辛卯，太陰犯天廩。壬辰，皇太子言：「司徒劉夔乘驛省親江南，大擾平民，二年不歸。」詔罷之。庚子，以潭州隸中宮。上都民饑，敕遣刑部尙書撒都丁發粟萬石，下其價賑糶之。壬寅，敕諸司官濫設者，毋給月俸。詔諭三寶奴等：「去歲中書省奏，諸司官員遵大德十年定制，濫者汰之。今聞員冗如故，有不以聞而徑之任者。有旨不奏而擅令之任及之任者，並逮捕之，朕不輕釋。」

冬十月甲辰朔，太白經天。丙午，太白犯左執法。三寶奴及司徒田忠良等言：「曩奉旨舉行南郊配位從祀，北郊方丘、朝日夕月典禮。臣等議，欲祀北郊，必先南郊。今歲冬至，祀圜丘，尊太祖皇帝配享，來歲夏至，祀方丘，尊世祖皇帝配享，春秋朝日夕月，實合祀典。」有旨：「所用儀物，其令有司速備之。」又言：「太廟祠祭，故用瓦尊，乞代以銀。」從之。戊申，帝率皇太子、諸王、羣臣朝興聖宮，上皇太后尊號册寶曰儀天興聖慈仁昭懿壽元皇太后。庚戌，恭謝太廟。癸丑，熒惑犯亢。甲寅，敕諭中外：「民戶託名諸王、妃主、貴近臣僚，規避差徭，已嘗禁止。自今違者，俾充軍驛及築城中都。郡縣官不覺察者，罷職。」封僧亦憐眞乞烈思爲文國公，賜金印。御史臺臣言：「江浙省平章烏馬兒遣人從使臣昵匝馬丁枉道馳驛，取贓吏紹興獄中釋之。」敕臺臣遣官往鞫，毋徇私情。山東、徐、邳等處水、旱，以御史臺沒入贓鈔四千餘錠賑之。丁巳，尙書省臣言：「宣徽院廩給日增，儲偫雖廣，亦不能給，宜加分減。」帝曰：「比見後宮飲膳，與朕無異，有是理耶！其令伯答沙與宣徽院官覈實分減之。」

庚申，敕：「尙書省事繁重，諸司有才識明達者，並從尙書省選任，樞密院、御史臺及諸有司毋輒奏用，違者論罪。其或私意請托，罷之不敍。」辛酉，以皇太后受尊號，赦天下。大都、上都、中都比之他郡，供給煩擾，與免至大三年秋稅。其餘去處，今歲被災人戶，曾經體覆，依上蠲免。內外不急之役，截日停罷。至大二年已前民間負欠差稅、課程，並行蠲免。闊闊出餘黨未發覺者，並原其罪。隨處官民田土各有所屬，諸人勿得陳獻。三寶奴言省部官不肯勤恪署事，敕：「自今晨集暮退，苟或怠弛，不必以聞，便宜罪之。其到任或一再月辭以病者，杖罷不敍。」又言：「故丞相和禮霍孫時，參議府左右司斷事官、六部官日具二膳，不然則抱饑而還，稽誤公事，今則無以爲資，乞各賜鈔二百錠，規運取其息錢以爲食。」制可。丁卯，封諸王木八剌子買住韓爲兗王。〔一四〕壬申，晉王也孫鐵木兒言：「世祖以張鐵木兒所獻地土、金銀、銅冶賜臣，後以成宗拘收諸王所占地土民戶，例輸縣官，乞回賜。」從之，仍賜鈔三千錠賑其部貧民。江浙省臣言：「曩者朱淸、張瑄海漕米歲四五十萬至百十萬，時船多糧少，顧直均平。比歲賦斂橫出，漕戶困乏，逃亡者有之。今歲運三百萬，漕舟不足，遣人於浙東、福建等處和顧，百姓騷動。本省左丞沙不丁，言其弟合八失及馬合謀但的、澉浦楊家等皆有舟，且深知漕事，乞以爲海道運糧都漕萬戶府官，各以己力輸運官糧，萬戶、千戶並如軍官例承襲，寬恤漕戶，增給顧直，庶有成效。」尙書省以聞，請以馬合謀但的爲遙授右丞、海外諸蕃宣慰使、都元帥、領海道運糧都漕運萬戶府事，設千戶所十，每所設達魯花赤一、千戶三、副千戶二、百戶四。制可。雲南省丞相鐵木迭兒擅離職赴都，有旨詰問，以皇太后旨貸免，令復職。以丞相鐵古迭兒爲陝西行御史臺御史大夫，詔諭陝西、四川、雲南、甘肅。詔諭大司農司勸課農桑。

十一月甲戌朔，太白犯亢。戊寅，濟寧、東平等路饑，免曾經賑恤諸戶今歲差稅，其未經賑恤者，量減其半。詔諭釐日移文尚書省，凡憲臺除官事，後勿與。庚辰，河南水，死者給櫬，漂廬舍者給鈔，驗口賑糧兩月。免今年租賦，停逋責。辛巳，尚書省臣言：「今歲已印至大鈔本一百萬錠，乞增二十萬錠，及銅錢兼行，以備侍衞及鷹坊急有所須。」又言：「上都、中都銀冶提舉司達魯花赤別都魯思，去歲輸銀四千二百五十兩，今秋復輸三千五百兩，且言復得新礦，銀當增辦，乞加授嘉議大夫。」並從之。加脫虎脫爲太師、錄軍國重事，封義國公。壬午，改大崇恩福元寺規運總管府爲隆禧院，秩從二品。丁亥，太陰犯畢。戊子，改皇太子妃怯憐口都總管府爲典內司。以益都、寧海等處連歲饑，罷鷹坊縱獵，其餘獵地，並令禁約，以俟秋成。尚書省臣言：「雲南省臨安、大理等處宣慰司、麗江宣撫司及（晉）〔普〕定路所隸部曲，〔二五〕連結蠻寇，殺掠良民，諭之不服，且方調兵討八百媳婦，軍力消耗。今擬蒙古軍人給馬一，漢軍十人給馬二，計直與之，乞賜鈔三萬錠。」又言：「四川行省紹慶路所隸容米洞田墨，連結諸蠻，攻劫麻寮等寨，方調兵討捕，遣千戶塔朮往諭田墨施什用等來降。宜立黃沙寨，以田墨施什用爲千戶，塔朮爲河東陝西等處萬戶府千戶所達魯花赤，廖起龍爲來寧州判官，田思遠爲懷德府判官，賞賚遣還。」皆從之。以朱淸子虎、張瑄子文龍往治海漕，以所籍宅一區、田百頃給之。尙書省臣言：「昔世祖命皇子脫歡爲鎭南王居揚州。今其子老章，出入導衞，僭竊上儀。敕遣官詰問，仍以所僭儀物來上。」從之。敕城中都，以牛車運土，令各部衞士助之，限以來歲四月十五日畢集，失期者罪其部長，自願以車牛輸運者別賞之。江浙省左丞相答失蠻、江西省左丞相別不花來朝。賜世祖宮人伯牙倫金七百五十兩、銀二千五百兩、鈔六百錠。丙申，有事於南郊，尊太祖皇帝配享昊天上帝。己亥，尙書省以武衞親軍都指揮使鄭阿兒思蘭與兄鄭榮祖、段叔仁等圖爲不軌，置獄鞫之，皆誣服，詔叔仁等十七人並正典刑，籍沒其家。

十二月甲辰朔，以建大崇恩福元寺，乞失剌遙授左丞，曲列、劉良遙授參知政事，並領行工部事。立崇輝署，隸中政院。戊申，冀寧路地震。己未，諭中外應避役占籍諸王者，俾充軍驛。鎭南王老章僭擬儀衞，究問有驗，召老章赴闕。

四年春正月癸酉朔，帝不豫，免朝賀，大赦天下。庚辰，帝崩于玉德殿，在位五年，壽三十一。壬午，靈駕發引，葬起輦谷，從諸帝陵。

夏五月乙未，文武百官也先鐵木兒等上尊謚曰仁惠宣孝皇帝，廟號武宗。國語曰曲律皇帝。是日，請謚南郊。

閏七月丙午，祔于太廟。

武宗當富有之大業，慨然欲創治改法而有爲，故其封爵太盛，而遙授之官衆，錫賚太隆，而泛賞之恩溥，至元、大德之政，於是稍有變更云。

校勘記

〔一〕王(章)〔璋〕 見卷二二校勘記〔一六〕。下同。

〔二〕也〔速〕不干 據本書卷一〇七宗室世系表、卷一〇八諸王表補。蒙史已校。

〔三〕丙寅 按是月甲申朔，無丙寅日。此「丙寅」在辛卯初八日、戊戌十五日間，當是丙申十三日之誤。

〔四〕東(滄)〔昌〕 據本書卷五〇五行志改。按元無「東滄」建置。本證已校。

〔五〕癸(酉)〔丑〕 按是月辛亥朔，癸酉係二十三日。此「癸酉」在壬子初二日、甲寅初四日間，爲癸丑初三日之誤，今改。

〔六〕右衞率府 按本書卷二六仁宗紀延祐四年五月戊寅、五年正月戊午、六年七月壬戌條及卷八六百官志、卷九九兵志，右衞率府置于延祐五年；至大元年所置者爲衞率府，延祐六年改左衞率府。此處「右」字當是衍文。下同。

〔七〕民間(抱)〔拘〕銅器甚急　從北監本改。

〔八〕與(留)〔劉〕往來　從北監本改。

〔九〕提舉司二分治大都〔上都〕　按本書卷八九百官志，管領怯憐口諸色民匠都總管府，下設大都、上都兩怯憐口諸色人匠提舉司。今補「上都」二字。本證已校。

〔一〇〕瑞州等路營民都提舉司　按本書卷八八百官志有「管民提舉司」，卷八九百官志有「管民提領所」、「管民總管府」等，疑此處「營民」當作「管民」，「營」「管」形近致誤。

〔一一〕雲州(朝)〔潮〕河　按潮河一名本書屢見，元一統志亦作「潮河」，據改。續通鑑已校。

〔一二〕別都(忽)〔魯〕思　據本條上文及下文十一月辛巳條改。

〔一三〕獵于昴兀腦兒之地　按金史卷二四地理志，撫州有「昂吉濼，又名鴛鴦濼」。口北三廳志云：「今呼昂古腦兒者，卽金之鴛鴦泊也。蒙古言昂古立。」疑此處「昴」爲「昂」之誤。

〔一四〕封諸王木八剌子買住韓爲兖王　蒙史云：「舊作封諸王木八剌子買住韓爲兖王。按諸公主表魯國公主位，大長公主拜塔沙適按陳裔孫買住罕。」「又按特薛禪傳，有脫憐者，亦按陳之裔孫也，卒，子迸不剌嗣，迸不剌卒，子買住罕嗣，買住罕尙拜答沙公主。又云，武宗宣慈惠聖皇后眞哥，脫憐子迸不剌之女；泰定皇后諱必罕、諱速哥答里者，皆脫憐孫買住罕之女。據此知買住〔韓〕本翁吉剌氏，既爲駙馬，又爲海山汗正后眞哥可敦之兄弟，故受此一字之王封。兗爲魯地，故拜塔沙列魯國公主位。惟特薛禪舊傳失載買住〔韓〕封兗王事，世系舊表遂以兗王買住韓爲察合台大王位下八剌大王之子，蓋誤認武宗舊紀之諸王木八剌爲察阿歹曾孫八剌合也。其實舊紀之木八剌乃本八剌之脫誤，亦即迸不剌之異文。」

〔一五〕（晉）〔普〕定路　據本書卷六一地理志改。按元無「晉定路」。

元史卷二十四

本紀第二十四

仁宗一

仁宗聖文欽孝皇帝，諱愛育黎拔力八達，順宗次子，武宗之弟也。母曰興聖太后，弘吉剌氏。至元二十二年三月丙子生。

大德九年冬十月，成宗不豫，中宮秉政，詔帝與太后出居懷州。十年冬十二月，至懷州，所過郡縣，供帳華侈，悉令撤去，嚴飭扈從毋擾於民，且諭僉事王毅察而言之，民皆感悅。

十一年春正月，成宗崩，時武宗爲懷寧王，總兵北邊。戊子，帝與太后聞哀奔赴。庚寅，至衞輝，經比干墓，顧左右曰：「紂內荒於色，毒痡四海，比干諫，紂剖其心，遂失天下。」令祠比干於墓，爲後世勸。至漳河，值大風雪，田叟有以盂粥進者，近侍卻不受。帝曰：「昔漢光武嘗爲寇兵所迫，食豆粥。大丈夫不備嘗艱阻，往往不知稼穡艱難，以致驕惰。」命取食之。賜叟綾一匹，慰遣之。行次邯鄲，諭縣官曰：「吾慮衞士不法，胥吏科斂，重爲民困。」乃命王傅巡行察之。二月辛亥，至大都，與太后入內，哭盡哀，復出居舊邸，日朝夕入哭奠。左丞相阿忽台等潛謀推皇后伯要眞氏稱制，安西王阿難答輔之。時（左）〔右〕丞相哈剌哈孫答剌罕稱疾，〔一〕守宿掖門凡三月，密持其機，陽許之，夜遣人啓帝曰：「懷寧王遠，不能猝至，恐變生不測，當先事而發。」三月丙寅，帝率衞士入內，召阿忽台等責以亂祖宗家法，命執之，鞫問辭服。戊辰，伏誅。諸王闊闊出、牙忽都等曰：「今罪人斯得，太子實世祖之孫，〔二〕宜早正天位。」帝曰：「王何爲出此言也！彼惡人潛結宮壼，搆亂我家，故誅之，豈欲作威覬望神器耶！懷寧王吾兄也，正位爲宜。」乃遣使迎武宗於北邊。五月乙丑，帝與太后會武宗於上都。甲申，武宗卽位。六月癸巳〔朔〕，詔立帝爲皇太子，受金寶。遣使四方，旁求經籍，識以玉刻印章，命近侍掌之。時有進大學衍義者，命詹事王約等節而譯之，帝曰：「治天下，此一書足矣。」因命與圖象孝經、列女傳並刊行，賜臣下。十一月戊寅，受玉册，領中書省、樞密院。

至大元年七月，帝諭詹事曲出曰：「汝舊事吾，其與同僚協議，務遵法度，凡世祖所未嘗行及典故所無者，愼勿行。」二年八月，立尙書省，詔太子兼尙書令，戒飭百官有司，振紀綱，重名器，夙夜以赴事功。詹事院臣啓金州獻瑟瑟洞，請遣使采之，帝曰：「所寶惟賢，瑟瑟何用焉？若此者，後勿復聞。」先是，近侍言賈人有售美珠者，帝曰：「吾服御雅不喜飾以珠璣，生民膏血，不可輕耗。汝等當廣進賢才，以恭儉愛人相規，不可以奢靡蠹財相導。」言者慚而退。淮東宣慰使撒都獻玉觀音、七寶帽頂、寶帶、寶鞍，却之，戒諭如初。詹事王約啓事，二宦者侍側，帝問：「自古宦官壞人家國，有諸？」約對曰：「宦官善惡皆有之，但恐處置失宜耳。」帝然之。九月，河間等路獻嘉禾，有異畝同穎及一莖數穗者，命集賢學士趙孟頫繪圖，藏諸祕書。

四年春正月庚辰，武宗崩。壬午，罷尚書省。以丞相脫虎脫、三寶奴，平章樂實，右丞保八，左丞忙哥帖木兒，參政王羆，變亂舊章，流毒百姓，命中書右丞相塔思不花、知樞密院事鐵木兒不花等參鞫。丙戌，脫虎脫、三寶奴、樂實、保八、王羆伏誅，忙哥帖木兒杖流海南。壬(子)〔辰〕，〔三〕日赤如赭。罷城中都。召世祖朝諳知政務素有聲望老臣平章程鵬飛、董士選，太子少傅李謙，少保張驢，右丞陳天祥、尚文、劉正，左丞郝天挺，中丞董士珍，太子賓客蕭𣂏，參政劉敏中、王思廉、韓從益，侍御趙君信，廉訪使程鉅夫，杭州路達魯花赤阿合馬，給傳詣闕，同議庶務。甲午，有阿附脫虎脫等左右司、六部官罪。乙未，禁百官役軍人營造及守護私第。丁酉，以雲南行中書省左丞相鐵木迭兒爲中書右丞相，太子詹事完澤、集賢大學士李孟並平章政事。戊戌，以塔思不花及徽政院使沙沙並爲御史大夫。己亥，改行尚書省爲行中書省。庚子，減價糶京倉米，日千石，以賑貧民。停各處營造。罷廣武康里衞，追還印符、驛券、璽書，及其萬戶等官宣敕。辛丑，以塔失鐵木兒知樞密院事。壬寅，禁鷹坊馳驛擾民。敕中書，凡傳旨非親奉者勿行。以諸王朝會，普賜金三萬九千六百五十兩、銀百八十四萬九千五十兩、鈔二十二萬三千二百七十九錠、幣帛四十七萬二千四百八十八匹。

二月，復玉宸樂院爲儀鳳司，改延慶司爲都功德使司。乙巳，命和林、江浙行省依前設左丞相，餘省唯置平章二員；遙授職事勿與。戊申，罷運江南所印佛經。辛亥，禁諸王、駙馬、權豪擅據山場，聽民樵採。罷阿老瓦丁買賣浙鹽，供中政食羊。禁宣政院違制度僧。甲寅，遣使檢覈小雲石不花所獻河南荒田。司徒蕭珍以城中都徼功毒民，命追奪其符印，令百司禁錮之。還中都所占民田。罷江南行通政院、行宣政院。甲子，太陰犯塡星。陞典內司爲典內院，秩從三品。命中書平章李孟領國子監學，諭之曰：「學校人材所自出，卿等宜數詣國學課試諸生，勉其德業。」敕：「諸王、駙馬戶在縉山、懷來、永興縣者，與民均服徭役。諸司擅奏除官者，毋給宣敕。」御史臺臣言：「白雲宗總攝所統江南爲僧之有髮者，不養父母，避役損民，乞追收所受璽書銀印，勒還民籍。」從之。罷福建綉匠、河南魚課兩提舉司。

省宣徽院參議、斷事官。丙寅，監察御史言：「比者尙書省臣蠹國亂政，已正典刑，其餘黨附之徒布在百司，亦須次第沙汰。今中書奏用孛羅鐵木兒爲陝西平章、烏馬兒爲江浙平章、閻里吉思爲甘肅平章、塔失帖木兒爲河南參政、萬僧爲江浙參政，各人前任，皆受重贓，或挾勢害民，咸乞罷黜。」制曰「可」。丁卯，命西番僧非奉璽書驛券及無西蕃宣慰司文牒者，勿輒至京師，仍戒黃河津吏驗問禁止。罷總統所及各處僧錄、僧正、都綱司，凡僧人訴訟，悉歸有司。罷仁虞院，復置鷹坊總管府。庚（子）〔午〕，〔四〕命廣西靜江、融州軍民官，鎭守三載無虞者，民官減一資，軍官陞一階，著爲令。思州軍民宣撫司招諭官唐銓以洞蠻楊正思等五人來朝，賜金帛有差。立淮安忠武王伯顏祠於杭州，仍給田以供祀事。是月，帝謂侍臣曰：「郡縣官有善有惡，其命臺官選正直之人爲廉訪司官而體察之，果有廉能愛民者，不次擢用，則小人自知激厲矣。」旌表漳州長泰縣民王初應孝行。

三月庚辰，召前樞密副使吳元珪，左丞拜降、兀伯都剌至京師，同諸老臣議事。丙戌，太陰犯太微上相。罷五臺行工部。己丑，命毋赦十惡大逆等罪。復典瑞院爲典瑞監。庚寅，卽皇帝位於大明殿，受諸王百官朝賀。詔曰：

惟昔先帝，事皇太后，撫朕眇躬，孝友天至。由朕得託順考遺體，〔五〕重以母弟之嫡，加有削平內難之功，於其踐阼曾未踰月，授以皇太子寶，領中書令、樞密使，百揆機務，聽所總裁，于今五年。先帝奄棄天下，勳戚元老咸謂大寶之承，既有成命，非與前聖賓天而始徵集宗親議所宜立者比，當稽周、漢、晉、唐故事，正位宸極。朕以國恤方新，誠有未忍，是用經時。今則上奉皇太后勉進之命，下徇諸王勸戴之勤，三月十八日，於大都大明殿即皇帝位。凡尚書省誤國之臣，先已伏誅，同惡之徒，亦已放殛，百司庶政，悉歸中書，命丞相鐵木迭兒、平章政事李道復等從新拯治。〔六〕可大赦天下，敢以赦前事相告言者，罪以其罪。

諸衙門及近侍人等，毋隔越中書奏事。諸上書陳言者，量加旌擢。其僥倖獻地土幷山場、窰冶及中寶之人，並禁止之。諸王、駙馬經過州郡，不得非理需索，應和顧、和買，隨卽給價，毋困吾民。

辛卯，禁民間製金箔、銷金、織金。以御史中丞李士英爲中書左丞。壬辰，發京倉米，減價以糶，賑貧民。丁酉，命月赤察兒依前太師，宣徽使鐵哥爲太傅，集賢大學士曲出爲太保。敕百司改陞品級者，悉復至元舊制。己亥，增置左翼、右翼指揮各一員。寧夏路地震。是月，帝諭省臣曰：「卿等裒集中統、至元以來條章，擇曉法律老臣，斟酌重輕，折衷歸一，頒行天下，俾有司遵行，則抵罪者庶無冤抑。」又諭太府監臣曰：「財用足，則可以養萬民，給軍旅。自今雖一繒之微，不言於朕，毋輒與人。」以陝西行尚書省左丞兀伯都剌爲中書右丞；

昭文館大學士察罕參知政事；中書平章政事、知樞密院事床兀兒，欽察親軍都指揮使脫火赤拔都兒，中書右丞相、知樞密院事鐵木兒不花，錄軍國重事、知樞密院事也速，知樞密院事兼山東河北蒙古軍都萬戶也先鐵木兒，遙授左丞相、仁虞院使也兒吉〔尼〕，〔七〕太子詹事月魯鐵木兒，並知樞密院事。賜大都路民年九十者二千三百三十一人，人帛二匹；八十者八千三百三十一人，人帛一匹。

夏四月壬寅〔朔〕，詔分汰宿衞士，漢人、高麗、南人冒入者，還其元籍。癸卯，祭星于回回司天臺。以卽位，恩賜太師、太傅、太保，人金五十兩、銀三百五十兩、衣四襲。行省臣預朝會者，賞銀有差。丁未，以太子少保張驢爲江浙平章，戒之曰：「以汝先朝舊人，故命汝往。民爲邦本，無民何以爲國。汝其上體朕心，下愛斯民。」戊申，以卽位告天地于南郊。庚戌，拘收下番將校不典兵者虎符、銀牌。癸丑，詔：「路、府、州、縣官，三年爲滿。」罷典醫監。甲寅，太陰犯亢。熒惑犯壘壁陣。丙辰，詔諭宣徽使亦列赤，諸蒙古民有貧乏者，發廩濟之。丁巳，罷中政院。戊午，以卽位告于太廟。辛酉，敕：「國子監師儒之職，有才德者，不拘品級，雖布衣亦選用。」癸亥，敕：「諸使臣非軍務急速者，毋給金字圓牌。」定四宿衞士歲賜鈔二十四萬二百五錠。罷中都留守司，復置隆興路總管府，凡創置司存悉罷之。乙丑，封知樞密院事鐵木兒不花爲宣寧王，賜銀印。丁卯，詔曰：「我世祖皇帝，參酌古今，立中統、至元鈔法，天下流行，公私蒙利，五十年于兹矣。比者尚書省不究利病，輒意變更，既創至大銀鈔，又鑄大元、至大銅錢。鈔以倍數太多，輕重失宜；錢以鼓鑄弗給，新舊恣用；曾未再期，其弊滋甚。爰咨廷議，允協與言，皆願變通，以復舊制。其罷資國院及各處泉貨監提舉司，買賣銅器聽民自便。應尚書省已發各處至大鈔本及至大銅錢，截日封貯，民間行使者，赴行用庫倒換。」仍免大都、上都、隆興差稅三年。命中書省賑濟甘肅過川軍。罷僧、道、也里可溫、答失蠻、頭陀、白雲宗諸司。改封親王迭里哥兒不花爲湘寧王，賜金印，食湘鄉州、寧鄉縣六萬五千戶。拘還甘肅、陝西、遼陽省臣所佩虎符。禁鷹坊擾民。罷通政院，以其事歸兵部。增置尚書員外郎各一員。罷回回合的司屬。帝御便殿，李孟進曰：「陛下御極，物價頓減，方知聖人神化之速，敢以爲賀。」帝蹙然曰：「卿等能盡力贊襄，使兆民乂安，庶幾天心克享。至於秋成，尚未敢必。今朕踐阼曾未踰月，寧有物價頓減之理。朕托卿甚重，兹言非所賴也。」孟愧謝。帝諭集賢學士忽都魯都兒迷失曰：「向召老臣十人，所言治政，汝其詳譯以進，仍諭中書悉心舉行。」南陽等處風、雹。

五月壬申〔朔〕，以宦者鐵昔里爲利用監卿。癸酉，八百媳婦蠻與大、小徹里蠻寇邊，命雲南王及右丞阿忽台以兵討之。改封乳母夫壽國公楊德榮爲雲國公。丙子，命翰林國史院纂修先帝實錄及累朝皇后、功臣列傳，俾百司悉上事蹟。丁丑，禁毋以毒藥釀酒。庚辰，敕中書省裁省冗司。置高昌王傅。復度支院爲監。罷泉府司、長信院、司禋監。辛巳，賜大長公主祥哥剌吉鈔二萬錠。壬午，制定翰林國史院承旨五員，學士、侍讀、侍講、直學士各二員。拘諸王、駙馬及有司驛券，自今遣使，悉從中書省給降。置祥和署，掌伶人。金齒諸國獻馴象。癸未，太陰犯氐。賜國師板的答鈔萬錠，以建寺于舊城。戊子，羅鬼蠻來獻方物。甲午，復太常禮儀院爲太常寺。是月，禁民捕鴛鴦。

六月癸卯，敕宣政院：「凡西番軍務，必移文樞密院同議以聞。」吐蕃犯永福鎭，敕宣政院與樞密院遣兵討之。乙巳，命侍臣咨訪内外，才堪佐國者，悉以名聞。仍戒敕諸王，恪恭乃職。丙午，以內侍楊光祖爲祕書卿，譚振宗爲武備卿，關居仁爲尙乘卿，並授弘文舘學士。置湘寧王迭里哥兒不花王傅。丁未，太陰犯太微東垣上相。己酉，詔存恤軍人。庚戌，太陰犯氐。壬子，敕甘肅省給過川軍牛種農器，令屯田。癸丑，復太府院爲太府監。省上都兵馬指揮爲五員。甲寅，封亦思丹爲懷仁郡王，賜銀印。丁巳，敕翰林國史院春秋致祭太祖、太宗、睿宗御容，歲以爲常。命和林行省右丞孛里、馬速忽經理稱海屯田。大同路宣寧縣民家產犢而死，頗類麒麟，車載以獻，左右曰：「古所謂瑞物也。」帝曰：「五穀豐熟，百姓安業，乃爲瑞也。」己未，復置長信寺。封樞密臣孛羅爲澤國公。庚申，敕自今諸司白事，須殿中侍御史侍側。癸亥，賜晉王也孫鐵木兒鈔五千錠，幣、帛各二千匹；太尉不花金百兩。復雲州銀場提舉司，置儀鸞局，秩皆五品。甲子，請大行皇帝謚于南郊，上尊謚曰仁惠宣孝皇帝，廟號武宗。丙寅，拘收泉府司元給諸商販璽書。丁卯，罷只合赤八剌合孫所造上供酒。戊辰，敕諸王朝會後至者，如例給賜。己巳，〔衞〕〔魏〕王阿木哥入見，〔八〕帝諭省臣曰：「朕與阿木哥同父而異母，朕不撫育，彼將誰賴。其賜鈔二萬錠，他勿援例。」帝覽貞觀政要，諭翰林侍講阿林鐵木兒曰：「此書有益於國家，其譯以國語刊行，俾蒙古、色目人誦習之。」濟寧、東平、歸德、高唐、徐、邳諸州水，給鈔賑之。河間、陝西諸縣水、旱傷稼，命有司賑之，仍免其今年租。諸王塔剌馬的遣使進馴象。

秋七月辛未朔，拘還遼陽省官提調諸事圓符、璽書、驛劵。裁減虎賁司職員。賜上都宿衞士貧乏者鈔十三萬九千錠。丁丑，鞏昌寧遠縣暴雨，山土流涌。敕內外軍官並覃官一等。癸未，甘州地震，大風，有聲如雷。以朝會，恩賜諸王禿滿金百五十兩、銀五千二百五十兩、幣帛三千匹。乙酉，賜湘寧王迭里哥兒不花所部鈔三萬二千錠。癸巳，太陰掩畢。甲午，置經正監，掌蒙古軍牧地，秩正三品，官五員。丁酉，太陰犯鬼距星。己亥，詔諭省臣曰：「朕前戒近侍毋輒以文記傳旨中書，自今敢有犯者，不須奏聞，直捕其人付刑部究治。」敕御史臺臣，選吏事老成者爲監察御史。超授中散大夫、典內院使李叔榮祿大夫。是月，江陵屬縣水，民死者衆，太原、河間、眞定、順德、彰德、大名、廣平等路，德、濮、恩、通等州霖雨傷稼，大寧等路隕霜，敕有司賑恤。

閏七月辛丑，命國子祭酒劉賡詣曲阜，以太牢祠孔子。甲辰，車駕將還大都，太后以秋稼方盛，勿令鷹坊、駝人、衞士先往，庶免害稼擾民，敕禁止之。樞密院奏：「居庸關古道四十有三，軍吏防守之處僅十有三，舊置千戶，位輕責重，請置隆鎮萬戶府，俾嚴守備。」制曰「可」。禁五星於司天臺。以故魯王刁斡八剌嫡子阿禮嘉世禮襲其封爵、分地。乙巳，以朝會，恩賜月赤察兒、床兀兒金二百兩、銀二千八百兩、幣帛有差。丙午，奉武宗神主祔于太廟。戊申，封李孟秦國公。命亦憐眞乞剌思爲司徒。己酉，吐番寇禮店、文州，命總帥亦憐眞等討之。辛亥，以西僧藏不班八爲國師，賜玉印。戊午，復置司禋監。己未，詔諭省臣曰：「國子學，世祖皇帝深所注意，如平章不忽木等皆蒙古人，而教以成材。朕今親定國子生額爲三百人，仍增陪堂生二十人，通一經者，以次補伴讀，著爲定式。」敕：「軍官七十致仕，始聽子弟承襲。其有未老卽託疾引年，令幼弱子弟襲職者，除名不敍；其巧計求遷者，以違制論。」壬戌，命賑卹嶺北流民。上都立通政院，領蒙古諸驛，秩正二品。甲子，寧夏地震。乙丑，魯國大長公主祥哥剌吉進號皇姊大長公主。遣使招諭黑水、白水等蠻十二萬餘戶來降。丙寅，太陰犯軒轅。賜諸王阿不花等金二百兩、銀七百五十兩、鈔一萬三千六百三十錠、幣帛各有差。丁卯，完澤、李孟等言：「方今進用儒者，而老成日以凋謝，四方儒士成才者，請擢任國學、翰林、祕書、太常或儒學提舉等職，俾學者有所激勸。」帝曰：「卿言是也。自今勿限資級，果才而賢，雖白身亦用之。」敕直省舍人以其半給事殿庭，半聽中書差遣。禁醫人非選試及著籍者，毋行醫藥。大同宣寧縣雨雹，積五寸，苗稼盡殞。

八月己巳朔，裁定京朝諸司員數，並依至元三十年舊額。楚王牙忽都所部乏食，給鈔萬錠，出粟五千石賑之。賜環衞國人鈔三萬錠。以近侍曲列失爲戶部尚書。甲戌，賜皇姊大長公主鈔萬錠。丙戌，安南世子陳日㷃奉表，以方物來貢。敕西番軍務隸宣政院。

九月己亥朔，遙授左丞相不花進太尉。丙午，遙授湖廣平章、安南國王陳益稷入見，言：「臣自世祖朝來歸，妻子皆爲國人所害，朝廷授以王爵，又賜漢陽田五百頃，俾自贍以終餘年。今臣年幾七十，而有司拘臣所受田，就食無所。」帝謂省臣曰：「安南國王慕義來歸，宜厚其賜，以懷遠人，其進勳爵、受田如故。」戊申，禁民彈射飛鳥、殺馬牛羊當乳者。禁衞士不得私衣侍宴服，及以質於人。庚戌，命樞密院閱各省軍馬。壬子，改元皇慶，詔曰：「朕賴天地祖宗之靈，纂承聖緒，永惟治古之隆，羣生咸遂，國以乂寧。朕夙興夜寐，不敢怠遑，任賢使能，興滯補闕，庶其臻茲斂時五福，用敷錫厥庶民，朕之志也。踰年改元，厥有彝典，其以至大五年爲皇慶元年。」都水監卿木八剌沙傳旨，給驛往取杭州所造龍舟，省臣諫曰：「陛下踐祚，誕告天下，凡非宣索，毋得擅進。誠取此舟，有乖前詔。」詔止之。復置中宮位下怯憐口諸色民匠打捕鷹坊都總管府，秩正三品。乙卯，太陰犯畢。丁巳，奉太后旨，以永平路歲入，除經費外，悉賜魯國大長公主。給雲南王老的部屬馬價一萬二千錠。丙寅，敕省部官，勿托以宿衞廢職。罷西番茶提舉司。是月，江陵路水漂民居，溺死十有八人。

冬十月戊辰朔，有事于太廟。己巳，敕繪武宗御容，奉安大崇恩福元寺，月四上祭。辛未，賜大普慶寺金千兩，銀五千兩，鈔萬錠，西錦、綵段、紗、羅、布帛萬端，田八萬畝，邸舍四百間。丁丑，禁諸僧寺毋得冒侵民田。辛巳，罷宣政院理問僧人詞訟。以蘄縣萬戶府鎭慶元，紹興沿海萬戶府鎭處州，宿州萬戶府兼鎭台州。戊子，省海道運糧萬戶爲六員，千戶爲七所。特授故太師月兒魯子木剌忽榮祿大夫、知樞密院事。辛卯，罷諸王斷事官，其蒙古人犯盜詐者，命所隸千戶鞫問。壬辰，詔收至大銀鈔。敕諸衞漢軍練習武事。置羣牧監，秩正三品，掌興聖宮位下畜牧。癸巳，詔置汴梁、平江等處田賦提舉司，掌大承華普慶寺貲產。給雲南增戍軍鈔二萬五千錠。丙申，太白犯壘壁陣。

十一月戊戌〔朔〕，封司徒買僧爲趙國公。辛丑，命延安、鳳翔、安西軍屯田紅城者，還陝西屯田。敕：「商稅官盜稅課者，同職官贓罪。」立乖西府，以土官阿馬知府事，佩金符。李孟奏：「錢糧爲國之本，世祖朝量入爲出，恒務撙節，故倉庫充牣。今每歲支鈔六百餘萬錠，又土木營繕百餘處，計用數百萬錠，內降旨賞賜復用三百餘萬錠，北邊軍需又六七百萬錠；

今帑藏見貯止十一萬餘錠，若此安能周給。自今不急浮費，宜悉停罷。」帝納其言，凡營繕悉罷之。辛亥，諸王不里牙屯等誣八不沙以不法，詔竄不里牙屯、禿干于河南，因忽乃于揚州，納里于湖廣，太那于江西，班出兀那于雲南。壬子，賑欽察衞糧五千七百五十三石。甲寅，太陰犯輿鬼。戊午，禁漢人、回回術者出入諸王、駙馬及大臣家。己未，以遼陽省平章政事合散爲中書平章政事。甲子，敕增置京城米肆十所，日平糶八百石以賑貧民。丙寅，加徽政使羅源爲大司徒。賑諸軍糧七千六十石。

十二月辛未，增置經正監官爲八員。置尙牧所，秩五品，掌太官羊。癸酉，封宣政、會福院使暗普爲秦國公。增置兵部侍郎、郎中各一員。庚辰，太白經天。復以陝西屯田軍三千隸紅城萬戶府。壬午，詔曰：「今歲不登，民何以堪。春蒐其勿令供億。」癸未，太白經天。甲申，太陰犯太微西垣上將。浙西水災，免漕江浙糧四分之一，存留賑濟；命江西、湖廣補運，輸京師。占城遣使奉表貢方物。庚寅，申禁漢人持弓矢兵器田獵。曲赦大都大辟四一人，幷流以下罪。辛卯，裁宗正府官爲二十八員。遣官監視焚至大鈔。壬辰，太白經天。敕：「創設邊遠官員，俟到任方降敕牒。」乙未，命李孟整飭國子監學。中書省臣言：「世祖定立選法陞降，以示激勸。今官未及考，或無故更代，或躐等進階，僭受國公、丞相等職，諸司已裁而復置者有之。今春以內降旨除官千餘人，其中欺僞，豈能悉知。壞亂選法，莫此爲甚。」帝曰：「凡內降旨，一切勿行。」賜濟王朶列納印。以和林稅課建延慶寺。詔諭安南國世子陳日烜曰：「惟我祖宗，受天明命，撫有萬方，威德所加，柔遠能邇。乃者先皇帝龍馭上賓，朕以王侯臣民不釋之故，於至大四年三月十八日卽皇帝位，遵踰年改元之制，以至大五年爲皇慶元年。今遣禮部尚書乃馬台等齎詔往諭，仍頒皇慶元年曆日一本。卿其敬授人時，益修臣職，毋替爾祖事大之誠，以副朕不忘柔遠之意。」

皇慶元年春正月庚子，帝諭御史大夫塔思不花曰：「凡大臣不法，卿等劾奏毋避，朕自裁之。」癸卯，敕諸僧犯奸盜、詐僞、鬭訟，仍令有司專治之。甲辰，授太師、錄軍國重事、知樞密院事脫兒赤顏開府儀同三司，嗣淇陽王。戊申，改隆鎭萬戶府爲隆鎭衞。庚戌，封知樞密院事醜漢爲安遠王，出總北軍。壬子，敕軍不滿五千者，勿置萬戶。癸丑，太陰犯太微東垣上將。旌表廣州路番禺縣孝子陳韶孫。戊午，制諸王設王傅六員，銀印，其次設官四員。改封濟王朶列納爲吳王。賜(衞)〔魏〕王阿木哥慶元路定海縣六萬五千戶。加崇福使也里牙秦國公。己未，陞崇祥監爲崇祥院，秩正二品。壬戌，陞翰林國史院秩從一品。帝諭省臣曰：「翰林、集賢儒臣，朕自選用，汝等毋輒擬進。人言御史臺任重，朕謂國史院尤重；御史臺是一時公論，國史院實萬世公論。」

二月丁卯朔，徙大都路學所置周宣王石鼓于國子監。敕稱海屯內漢軍存恤二年。庚午，西北諸王也先不花遣使貢珠寶、皮幣、馬駝，賜鈔一萬三千六百錠。辛未，改安西路爲奉元路，吉州路爲吉安路。壬申，以霸州文安縣屯田水患，遣官疏決之。遣使賜西僧金五千兩、銀二萬五千兩、幣帛三萬九千九百匹。甲戌，制定封贈名爵等級，著爲令。改和林省爲嶺北省。丙子，給稱海屯田牛二千。賜晉王也孫鐵木兒南康路戶六萬五千，世祖諸皇子〔忽哥赤之子〕也先鐵木兒福州路福安縣、〔九〕脫歡之子不答失里福州路寧德縣、忽都魯鐵木兒之子泉州路南安縣、愛牙赤之子邵武路光澤縣，戶並一萬三千六百有四，食其歲賦。己卯，置衞龍都元帥府，秩正二品，以（古）〔右〕阿速衞隸之。〔一〇〕八百媳婦來獻馴象二。壬午，太陰犯亢。封孛羅爲永豐郡王。置德安府行用鈔庫。罷莊浪州唐兀千戶所。丙戌，省樞密斷事官爲八員。庚寅，敕嶺北省賑給闕食流民。敕兩淮民種荒田者，如例輸稅。遣官同江西、江浙省整治茶、鹽法。賜韓國公主普達實憐鈔萬錠。詔勉勵學校。賑山東流民至河南境者。通、漷州饑，賑糧兩月。

三月丁酉朔，熒惑犯東井。陞給事中秩正三品。罷諸王、大臣私第營繕。戊戌，右丞相鐵木迭兒言：「自今左右司、六部官，有不盡心，初則論決，不悛，則黜而不敍。」制曰「可」。省女直水達達萬戶府冗員。敕：「諸王脫脫所招戶，其未籍者，俾隸有司。」己亥，以生日爲天壽節。庚子，加御史大夫火尼赤開府儀同三司。罷衞龍都元帥府。壬寅，太陰犯東井。敕歸德亳州，以憲宗所賜不憐吉帶地一千七十三頃還其子孫。丙(子)〔午〕，〔一〕敕：「北邊使者，非軍機毋給驛。」丁未，置內正司，秩正三品，卿、少卿、丞各一員。戊申，陞典內院秩正二品。以前河南行省平章政事塔失海牙爲御史大夫。改翰林國史院司直司爲經歷司，置經歷、都事各一員。置五臺寺濟民局，秩從五品。賜安王完澤及其子金三百兩、〔二〕銀一千二百五十兩、鈔三千五百錠。賜汴梁路上方寺地百頃。遼陽省增置灤陽、寬河驛。甲寅，西北諸王也先不花等遣使以橐駝、方物入貢。丙辰，封同知徽政院事常不蘭奚爲趙國公。庚申，敕簡汰大明宮、興聖宮宿衞。甲子，給北軍幣帛二十萬匹。遣戶部尚書馬兒經理河南屯田。乙丑，命河南省建故丞相阿朮祠堂。封諸王塔思不花爲恩平王。

夏四月丁卯，簡汰控鶴還本籍。以都水監隸大司農寺。置察罕腦兒捕盜司，秩從七品。庚午，命浙東都元帥鄭祐同江浙軍官教練水軍。辛未，給鈔萬錠修香山永安寺。趙王汝安(郡)〔部〕告饑，〔三〕賑糧八百石。陞保定路萬戶府爲上萬戶。癸酉，車駕幸上都。丙子，太白晝見。封鄆國大長公主忙哥台爲大長公主，賜金印。增也可扎魯忽赤爲四十二員。壬午，熒惑犯輿鬼。敕皇子碩德八剌置四宿衞。敕：「僧人田除宋之舊有并世祖所賜外，餘悉輸租如制。」阿速衞指揮那懷等冒增衞軍六百名，盜支糧七千二百石、幣帛一千二百

四、鈔二百八錠，敕中書、樞密按治。封知樞密院事木剌忽為廣平王。癸未，熒惑犯積尸氣。庚寅，太白經天。大崇恩福元寺成，置隆禧院。龍興新建縣霖雨傷禾。彰德安陽縣蝗。

五月丙申朔，以中書平章政事合散為中書左丞相，江浙行省平章張驢為中書平章政事。知樞密院事也先鐵木兒授開府儀同三司。壬寅，諸王脫忽思海迷失以農時出獵擾民，敕禁止之，自今十月方許出獵。改和林路為和寧路。賜諸王阿木哥鈔萬錠，速速迭兒、按[广+㐬]思等各千錠。以蒙古驛隸通政院。置濮陽王脫脫木兒王傅官四員。給上都、灤陽驛馬三百匹。己未，縉山縣行宮建涼殿。己未，〔一四〕以西寧州田租、稅課賜大長公主忙古台。賑宿衛士糧二萬石。陞回回司天臺秩正四品。彰德、河南、隴西雹。

六月乙丑朔，日有食之。丁卯，天雨毛。己巳，太陰犯天關。敕李孟博選中外才學之士任職翰林。給羊馬鈔價，濟嶺北、甘肅戍軍之貧者。壬申，減四川鹽額五千引。賜崇福寺河南官地百頃。丁亥，敕罷封贈，誡左右守法度，勤職業，勿妄僥倖加官。賜安遠王醜漢金百兩、銀五百兩、鈔千錠。鞏昌、河州等路饑，免常賦二分。

秋七月辛丑，定內正司官為六員。禁諸王徑宣旨於各路。徙中都內帑、金銀器歸太府監。賜新店諸驛鈔三千八百錠，充使者餼廩。癸卯，詔獎勵御史臺。丙午，陞大司農司秩從一品。帝諭司農曰：「農桑衣食之本，汝等舉諳知農事者用之。」敕諸王小薛部歸晉寧路襄垣縣民田。中書參政賈鈞以病請告，賜鈔三百錠，給安車還鄉。戊午，太陰犯東井。

八月丁卯，敕探馬赤軍羊馬牛，依舊制百稅其一。戊辰，太白犯軒轅。辛未，太陰犯塡星。丁丑，罷司禋監。己卯，以吏部尚書許師敬爲中書參知政事。庚辰，車駕至自上都。壬午，辰星犯右執法。置少府監，隸大都留守司。甲申，賜諸王闊闊出金束帶一、銀百五十兩、鈔二百錠。乙酉，太白犯右執法。辛卯，敕雲南省右丞阿忽台等，領蒙古軍從雲南王討八百媳婦蠻。濱州旱，民饑，出利津倉米二萬石，減價賑糶。寧國路涇縣水，賑糧二月。安南國王陳益稷來朝。

九月丁酉，增江浙海漕糧二十萬石。戊戌，罷征八百媳婦蠻、大、小徹里蠻，以璽書招諭之。辛丑，命司徒田忠良等詣眞定玉華宮，祀睿宗御容。八百媳婦、大、小徹里蠻獻馴象及方物。甲辰，陞參議中書省事阿卜海牙爲參知政事。拘火者等所佩國公、司徒印。丁巳，太(陰)〔白〕犯亢。〔一五〕壬戌，瓊州黎賊嘯聚，遣官招諭。

冬十月甲子，有事于太廟。改隆興路爲興和路，賜銀印。雲南行省右丞算只兒威有罪，國師搠思吉斡節兒奏請釋之，帝斥之曰：「僧人宜誦佛書，官事豈當與耶！」癸未，以中書參知政事察罕爲中書平章政事，商議中書省事。丁亥，太陰犯平道。戊子，太陰犯亢。翰林學士承旨玉連赤不花等進順宗、成宗、武宗實錄。罷造船提舉司。辛卯，赦天下。賜李孟潞州田二十頃。

十一月戊戌，調汀、漳畲軍代亳州等翼漢軍於本處屯田。己亥，太陰犯壘壁陣。甲辰，捕滄洲羣盜阿失答兒等，擒之，支解以徇。丙午，諭六部官毋踰越中書奏事。丙辰，封駙馬脫脫木兒爲岐王。庚申，賜諸王寬徹、忽答迷失金百五十兩、銀一千五百兩、鈔三千錠、幣帛有差。占城國進犀象。緬國主遣其婿及雲南不農蠻酋長岑福來朝。

十二月癸亥，中書平章政事李孟致仕，以樞密副使張珪爲中書平章政事。癸酉，遣使分道決囚。壬申，〔一六〕晉王也孫鐵木兒所部告饑，賑鈔一萬五千錠。庚辰，知樞密院事答失蠻罷。省海道運糧萬戶一員，增副萬戶爲四員。甲申，熒惑、塡星、辰星聚斗。鷹坊不花卽列請往河南、湖廣括取孔雀、珍禽，敕以擾民，不允。丁亥，遣官祈雪于社稷、嶽鎭、海瀆。省臣言：「中書職在總挈綱維，比者行省六部諸司應決不決者，往往作疑咨呈，以致文繁事弊。」詔體世祖立中書初意，定擬程式以聞，俾遵行之。敕回回合的如舊祈福，凡詞訟悉歸有司，仍拘還先降璽書。戊子，太陰犯熒惑。己丑，宗王女班丹給驛取江南田租，命拘還驛券。是月，諸王春丹叛。

二年春正月甲午，以察罕腦兒等處宣慰使伯忽爲御史大夫。辛丑，封前尚書右丞相乞台普濟爲安吉王。丙午，寧王闊闊出薨。丁未，以太府卿禿忽魯爲中書右丞相。戊申，太陰犯三公。己未，置遼陽行省儒學提舉司。

二月壬戌，改典內院爲中政院，秩正一品。甲子，以皇后受册寶，遣官祭告天地於南郊及太廟。丁丑，日赤如赭。己卯，免徵益都饑民所貸官糧二十萬石。各寺修佛事日用羊九千四百四十，敕遵舊制，易以蔬食。命張珪綱領國子學。庚辰，冀寧路饑，禁釀酒。辛巳，詔以錢糧、造作、訴訟等事悉歸有司，以清中書之務。壬午，西北諸王也先不花進馬、駝、璞玉。丁亥，敕：「外任官應有公田而無者，皆以至元鈔給之。」以乖西府隸播州宣撫司。功德使亦憐眞等以佛事奏釋重囚，不允。帝諭左右曰：「回回以寶玉鬻於官。朕思此物何足爲寶，唯善人乃可爲寶。善人用則百姓安，茲國家所宜寶也。」

〔三月〕丙申，〔一七〕以御史中丞脫歡荅剌罕爲御史大夫。庚子，熒惑犯壘壁陣。以晉寧、大同、大寧、四川、鞏昌、甘肅饑，禁酒。丙午，册立皇后弘吉剌氏，詔天下。丁未，彗出東井。壬子，禿忽魯言：「臣等職專燮理，去秋至春亢旱，民間乏食，而又隕霜雨沙，天文示變，皆由不能宣上恩澤，致茲災異，乞黜臣等以當天心。」帝曰：「事豈關汝輩耶？其勿復言。」御史中丞郝天挺上疏論時政，帝嘉納之。賜西僧搠思吉斡節兒鈔萬錠。丙辰，以皇后受册寶，遣官恭謝太廟。以亢旱既久，帝於宮中焚香默禱，遣官分禱諸祠，甘雨大注。詔敦諭勸課農桑。

夏四月甲子，熒星于司天臺。癸酉，賜壽寧公主橐駝三十六。乙亥，車駕幸上都。丙子，高麗王辭位，以其世子王燾爲征東行中書省左丞相、上柱國，封高麗國王。辛巳，加御史大夫伯忽開府儀同三司、太傅。壬午，置中瑞司，秩正四品。甲申，詔遴選賢士，纂修國史。乙酉，御史臺臣言：「富人夤緣特旨，濫受官爵。徽政、宣徽用人，率多罪廢之流。近侍託爲貧乏，互奏恩賞。西僧以作佛事之故，累釋重囚。外任之官，身犯刑憲，輒營求內旨以免罪。諸王、駙馬、寺觀、臣僚土田每歲徵租，亦極爲擾民。請悉革其弊。」制曰「可」。詔罷不急之役。眞定、保定、河間、大寧路饑，並免今年田租十之三，仍禁釀酒。安南國遣使來貢方物。

五月辛丑，陞中書右丞兀伯都剌爲平章政事，左丞八剌脫因爲右丞，參知政事阿卜海牙爲左丞，參議中書省事禿魯花鐵木兒爲參知政事。順德、冀寧路饑，辰州水，賑以米、鈔，仍禁釀酒。檀州及獲鹿縣蝻。

六月己未朔，京師地震。癸亥，禿忽魯等以災異乞賜放黜，不允。丙寅，京師地震。辛未，以參知政事許（思）〔師〕敬綱領國子學。〔一八〕乙亥，詔諭僧俗辨訟，有司及主僧同問，續置土田，如例輸稅。丙子，賜諸王按灰金五十兩、銀七百五十兩、金束帶一、幣帛各四十匹。己卯，河東廉訪使趙簡言：「請選方正博洽之士，任翰林侍讀、侍講學士，講明治道，以廣聖聽。」從之。御史臺臣言：「比年廉訪司多不悉心奉職，宜令監察御史檢覈名實而黜陟之。廣海及雲南、甘肅地遠，遷調者憚弗肯往，乞今後加一等官之。」制曰「可」。壬午，命監察御史檢察監學官，考其殿最。癸未，命委官簡汰衞士。甲申，建崇文閣於國子監。給馬萬匹與幽王南忽里等軍士之貧乏者。以宋儒周敦頤、程顥、顥弟頤、張載、邵雍、司馬光、朱熹、張栻、呂祖謙及故中書左丞許衡從祀孔子廟廷。上都民饑，出米五千石減價賑糶。河決陳、亳、睢州、開封、陳留縣，沒民田廬。

秋七月己丑朔，歲星犯東井。辛卯，太白晝見。癸巳，以作佛事，釋囚徒二十九人。賜宣寧王鐵木兒不花幣帛百二十匹，安遠王、亦思丹等各百匹。〔一九〕保定、眞定、河間民流不止，命所在有司給糧兩月，仍悉免今年差稅，諸被災地並弛山澤之禁，獵者毋入其境。甲午，置榷茶批驗所幷茶由局官。乙未，太白晝見。庚子，立長秋寺，掌武宗皇后宮政，秩三品。敕（衞）〔魏〕王阿木哥歲賜外，給鈔萬錠。賜駙馬脫鐵木兒金百五十兩、銀七百五十兩、鈔二千錠、幣帛五十匹。辛丑，復立四川等處儒學提舉司。壬寅，京師地震。免大寧路今歲鹽課。丁未，賜諸王火羅思迷、脫歡、南忽里、駙馬忙兀帶金二百兩、銀一千二百兩、鈔一千六百錠、幣帛各有差。己酉，改淮東淮西道宣慰司爲淮東宣慰司，以淮西三路隸河南省。敕守令勸課農桑，勤者陞遷，怠者黜降，著爲令。丙辰，太白晝見。丁巳，太白經天。雲州蒙古軍乏食，戶給米一石。興國屬縣蝻，發米賑之。

八月戊午朔，太白晝見。揚州路崇明州大風，海潮泛溢，漂沒民居。壬戌，歲星犯東井。丁卯，車駕至自上都。庚午，以侍御史薛居敬爲中書參知政事。壬午，太陰犯輿鬼。九月，以相兒加思巴爲帝師。癸巳，以宣徽院使完澤知樞密院事。戊申，封脫歡爲安定王，賜金印。敕鎭江路建銀山寺，勿徙寺傍塋冢。京師大旱，帝問弭災之道，翰林學士程鉅夫舉湯禱桑林事，帝獎諭之。

冬十月己卯，敕中書省議行科舉。封不答(滅)〔失〕里爲安德王。〔三〇〕辛未，〔三一〕徙崑山州治于太倉，昌平縣治於新店。癸未，以遼陽路之懿州隸遼陽行省。復置蒙陰縣，隸莒州。乙酉，旌表高州民蕭乂妻趙氏貞節，免其家科差。

〔十一月〕壬寅，〔三二〕敕漢人、南人、高麗人宿衞，分司上都，勿給弓矢。甲辰，行科舉。詔天下以皇慶三年八月，天下郡縣興其賢者、能者，充貢有司，次年二月，會試京師，中選者親試于廷，賜及第出身有差。帝謂侍臣曰：「朕所願者，安百姓以圖至治，然匪用儒士，何以致此。設科取士，庶幾得眞儒之用，而治道可興也。」

十二月辛酉，可里馬丁上所編萬年曆。發米五千石，賑阿只吉部之貧乏者。海都、都哇屬戶內附，敕所在給衣糧。丙子，定百官致仕資格。甲申，詔飭海道漕運萬戶府。京師以久旱，民多疾疫，帝曰：「此皆朕之責也，赤子何罪。」明日，大雪。以嘉定州、德化縣民災，發粟賑之。

校勘記

〔一〕（左）〔右〕丞相哈剌哈孫答剌罕　據本書卷二一成宗紀大德七年七月丙寅條、卷一一二宰相年表、卷一三六哈剌哈孫傳改。按當時左丞相爲阿忽台。道光本已校。

〔二〕太子實世祖之孫　按太子指元仁宗，據本書卷一〇七宗室世系表，元仁宗爲元世祖曾孫，蒙史改「之」爲「曾」，是。

〔三〕壬（子）〔辰〕　據本書卷四八天文志改。按是月癸酉朔，無壬子日。道光本已校。

〔四〕庚（子）〔午〕　按是月癸卯朔，無庚子日。此「庚子」在丁卯二十五日後，爲庚午二十八日之誤，今改。道光本已校。

〔五〕由朕得託順考遺體　按元典章卷一及元文類卷九卽位詔，「得託」皆作「同託」。元武宗、元仁宗同爲答剌麻八剌之子，疑作「同託」是。

〔六〕平章政事李道復等從新拯治　按元典章卷一、元文類卷九卽位詔，「李道復」之上有「完澤」，此處疑脫。

〔七〕也兒吉〔尼〕　據本書卷二二武宗紀大德十一年七月辛巳條補。新元史已校。

〔八〕（衛）〔魏〕王阿木哥　據本書卷一〇七宗室世系表、卷一〇八諸王表、卷一一五順宗傳改。下同。新元史已校。

〔九〕世祖諸皇子〔忽哥赤之子〕也先鐵木兒　按本書卷一〇七宗室世系表，也先鐵木兒爲元世祖子忽哥赤之子，非元世祖皇子，以下文例，顯脫「忽哥赤之子」五字，今補。考異已校。

〔一〇〕（古）〔右〕阿速衞　據本書卷八六百官志改。道光本已校。

〔一一〕丙（子）〔午〕　按是月丁酉朔，無丙子日。此「丙子」在壬寅初六日、丁未十一日間，爲丙午十日之誤，今改。道光本已校。

〔一二〕安王完澤　按本書卷一〇八諸王表，安王爲兀都思不花，延祐二年封；完澤，大德九年封衞安王，至大三年進封衞王。此處「安王」當作「衞安王」或「衞王」。本證云：「當作衞安王。」

〔一三〕趙王汝安（郡）〔部〕告饑　按本書諸王投下又稱「部」，此作「郡」誤，今改。考異已校。

〔一四〕己未　此處「己未」迭見，北監本前見者作「丁未」，後見者作「己酉」。按是月丙申朔，丁未爲十二日，己酉爲十四日，己未則爲二十四日。此處有衍誤。

〔一五〕太（陰）〔白〕犯亢　據本書卷四八天文志改。按是日亢宿一黃經二〇五度，亢宿四黃經二〇七度半，月黃經一四九度，不合；金星黃經二〇七度，合。

〔一六〕壬申　按是月壬戌朔，壬申爲十一日，當在癸亥初二日後、癸酉十二日前。

〔一七〕〔三月〕丙申　按皇慶二年二月辛酉朔，無丙申日。依干支推之，丙申爲三月初六日，此處失書「三月」，今補。殿本考證已校。

〔一八〕許（思）〔師〕敬　據上文皇慶元年八月己卯條及本書卷一一二宰相年表改。按圭齋集卷九許衡神道碑，許師敬爲許衡子。本證已校。

〔一九〕安遠王亦思丹等　本證云：「繼培案：至大四年六月封亦思丹爲懷仁郡王，安遠王則丑漢也，此誤。」疑「安遠王」下脫「丑漢」，「亦思丹」上脫「懷仁郡王」。

〔二〇〕不答（滅）〔失〕里　據本書卷一〇八諸王表改。按「不答失里」梵語，意爲「覺吉祥」。

〔二一〕辛未　按是月丁巳朔，辛未爲十五日，當在己卯二十三日前。

〔二二〕〔十一月〕壬寅　按皇慶二年十月丁巳朔，無壬寅日。依干支推之，壬寅爲十一月十六日，此處失書「十一月」，今補。殿本考證已校。

元史卷二十五

本紀第二十五

仁宗二

延祐元年春正月丁亥，授中書右丞劉正平章政事，商議中書省事。丙申，除四川酒禁。興元、鳳翔、涇州、邠州歲荒，禁酒。庚子，敕各省平章爲首者及漢人省臣一員，專意訪求遺逸，苟得其人，先以名聞，而後致之。以江浙行中書省左丞高昉爲中書參知政事。丁未，詔改元延祐。釋天下流以下罪囚，免上都、大都差稅二年，其餘被災曾經賑濟人戶，免差稅一年。庚戌，中書省臣秃（魯忽）〔忽魯〕等以災變乞罷免，〔一〕不允。

二月庚申，立印經提舉司。戊辰，（太）〔大〕寧路地震。〔二〕癸酉，熒惑犯東井。甲戌，以侍御史趙世延爲中書參知政事。詔免蒙古地差稅二年，商賈勿免。己卯，給鈔六千三百錠，賑濟良鄉諸驛。壬午，以合散爲中書右丞相、監修國史。癸未，以中書參政高昉爲集賢學士。

三月壬辰，太陰掩熒惑。賜諸王塔失蒙古鈔千錠、衣二襲。戊戌，眞定、保定、河間民饑，給糧兩月。己亥，白暈亘天，連環貫日。癸卯，暹國王遣其臣愛耽入貢。改南劍路曰延平，劍浦縣曰南平。乙巳，以僧人作佛事，擇釋獄囚，命中書審察。丙午，封阿魯禿爲趙王。戊申，車駕幸上都。己酉，敕：「奸民宮其子爲閹宦，謀避徭役者，罪之。」辛亥，命參知政事趙世延綱領國子學。癸丑，中書平章政事察罕致仕。晉寧民侯喜兒昆弟五人，並坐法當死，帝嘆曰：「彼一家不幸而有是事，其擇情輕者一人杖之，俾養父母，毋絕其祀。」

閏三月甲寅朔，敕減樞密知院冗員。辛酉，太陰犯輿鬼。罷呪僧月給俸。遣人覘大都至上都駐蹕之地，有侵民田者，計畝給直。丙寅，太陰犯太微東垣。丁丑，畿內及諸衞屯軍饑，賑鈔七千五百錠。汴梁、濟寧、東昌等路，隴州、開州，青城、齊東、渭源、東明、長垣等縣，隕霜殺桑果禾苗，歸州告饑，出糧減價賑糶。馬八兒國主昔剌木丁遣其臣愛思丁貢方物。

夏四月甲申朔，大寧路地震，有聲如雷。丁亥，敕儲稱海、五河屯田粟，以備賑濟。太常寺臣請立北郊，不允。陞延慶寺秩正二品。西番諸驛貧乏，給鈔萬錠。曲魯部畜牧斃耗，賑鈔八百七十三錠。己(酉)〔丑〕，〔三〕廢眞陽、(含)〔洽〕光二縣，〔四〕入英德州。壬辰，諸王脫脫薨，以月思別襲位。己酉，敕：「郡縣官勤職者，加賜幣帛。」以鐵木迭兒錄軍國重事，監修國史。立回回國子監。帝以資治通鑑載前代興亡治亂，命集賢學士忽都魯都兒迷失及李孟擇其切要者譯寫以進。武昌路饑，命發米減價賑糶。

五月甲寅朔，賜營王也先鐵木兒鈔萬錠。戊午，辰星犯輿鬼。丁卯，賜李孟孝感縣地二十八頃。禁諸王支屬徑取分地租賦擾民。敕嶺北行省瘞陣沒遺骼。乙亥，賑怯魯連地貧乏者米三千石。丁丑，徙滄州治於長蘆鎮。戊寅，京兆爲故儒臣許衡立魯齋書院，降璽書旌之。庚辰，盧陽、麻陽二縣以土賊作耗，蠲其地稅賦。營王也先鐵木兒支屬貧乏，賑糧兩月。武陵縣霖雨，水溢，溺死居民，漂沒廬舍禾稼，潭州、漢陽、思州民饑，並發廩減價糶賑之。膚施縣大風、雹，損禾幷傷人畜。

六月戊子，敕：「內侍今後止授中官，勿畀文階。」置雲南行省儒學提舉司。封河南省丞相卜憐吉帶爲河南王。壬辰，增置畿內州縣同知、主簿各一員。諸王察八兒屬戶匱乏，給糧一歲，仍俾屯田以自贍。發軍增墾河南芍陂等處屯田。乙未，熒惑犯右執法。戊申，增置兩浙鹽運司判官一員。甲辰，〔三〕拘河西僧免輸租賦璽書。敕：「諸王、戚里入覲者，宜趁夏時芻牧至上都，毋輒入京師，有事則遣使奏稟。」衡州、郴州、興國、永州路、耒陽州饑，發廩減價賑糶。宣平、仁壽、白登縣雹損稼，傷人畜。

秋七月乙卯，答卽乃所部匱乏，戶給糧二石。庚午，命中書省臣議復封贈。賜晉王也孫鐵木兒部鈔十萬錠。詔開下番市舶之禁。賜（衛）〔魏〕王阿木哥等鈔七千錠。〔六〕乙亥，會福院越制奏旨除官，敕自今舉人，聽中書可否以聞。申飭私鹽之禁。沅陵、盧溪二縣水，武清縣渾河隄決，淹沒民田，發廩賑之。

八月戊子，車駕至大都。癸卯，陞太常寺爲太常禮儀院，秩正二品。丁未，冀寧、汴梁及武安、涉縣地震，壞官民廬舍，武安死者十四人，涉縣三百二十六人。台州、岳州、武岡、常德、道州等路水，發廩減價賑糶。

九月壬戌，改提點教坊司事爲大使。己巳，復以鐵木迭兒爲右丞相，合散爲左丞相。罷陝西諸道行御史臺。降儀鳳卿爲儀鳳大使。肇慶、武昌、建德、建康、南康、江州、袁州、建昌、贛州、杭州、撫州、安豐等路水，發廩減價賑糶。

冬十月癸巳，陞潁州萬戶府爲中萬戶府。乙未，敕：「吏人轉官，止從七品，在選者降等注授。」申飭內侍及諸司隔越中書奏請之禁。敕：「下番商販須江浙省給牒以往，歸則征稅如制，私往者沒其物。」遣官括淮民所佃閑田不輸稅者。丙申，復甘肅屯田，置沙瓜等處屯儲總管萬戶府，秩正三品。乙巳，置恩平王塔思不花傅二人。庚戌，辰星犯東咸。監察御史言：「乞命樞密院設法敎練士卒，應軍官襲職者，試以武事而後任之。」制曰「可」。遣張驢經理江南田糧。

十一月壬子，陞司天臺爲司天監，秩正三品，賜銀印。乙卯，改大同侍衞親軍都指揮使司爲中都威衞使司。置保安軍于麻陽縣以禦徭蠻。戊辰，以通政院使蕭拜住爲中書右丞。辛未，以翰林學士承旨答失蠻知樞密院事。癸酉，敕：「吏人贓行者黥其面。」大寧路地震，有聲如雷。戊寅，鐵木迭兒言：「比者僚屬及六部諸臣，皆晚至早退，政務廢弛。今後有如此者，視其輕重杖責之。臣或自惰，亦令諸人陳奏。」帝曰：「如更不悛，則罷不敍。」以前中書右丞相禿忽魯知樞密院事。靜安路饑，發糧賑之。詔檢覈浙西、江東、江西田稅。

十二月壬午，汴梁、南陽、歸德、汝寧、淮安水，敕禁釀酒，量加賑恤。癸未，賑諸王鐵木兒不花部米五千石，禿滿部二千石。辛卯，禁諸王、駙馬、權勢之人增價鬻鹽。壬辰，詔定官員士庶衣服車輿制度。甲午，太陰犯輿鬼。己亥，敕中書省定議孔子五十三代孫當襲封衍聖公者以名聞。庚子，遣官浚揚州、淮安等處運河。以翰林學士承旨李孟復爲中書平章政事。癸卯，太陰犯房。甲辰，太陰犯天江。乙巳，敕經界諸衞屯田。沔陽、歸德、汝寧、安豐等處饑，發米賑之。

二年春正月乙卯，歲星犯輿鬼。戊午，懷孟、衞輝等處饑，發米賑之。己未，太白晝見。癸亥，太陰犯軒轅。丙寅，霖雨壞渾河隄堰，沒民田，發卒補之。禁民煉鐵。發卒浚灤州漕河。丁卯，太陰犯進賢。戊辰，晉寧等處民饑，給鈔賑之。己巳，置大聖壽萬安寺都總管府，秩正三品。庚午，立行用庫於江陰州。敕以江南行臺贓罰鈔賑恤饑民。乙亥，詔遣宣撫使分十二道問民疾苦，黜陟官吏，並給銀印。命中書省臣分領庶務。禁南人典質妻子販買爲驅。御史臺臣言：「比年地震水旱，民流盜起，皆風憲顧忌失於糾察，宰臣燮理有所未至。或近侍蒙蔽，賞罰失當，或獄有寃濫，賦役繁重，以致乖和。宜與老成共議所由。」詔明言其事當行者以聞。諸王脫列鐵木兒部闕食，以鈔七千五百錠給之。益都、般陽、晉寧民饑，給鈔、米賑之。

二月己卯朔，會試進士。戊子，太白晝見。癸巳，太白經天。甲午，詔禁民轉鬻養子。丙申，賜諸王納忽答兒金五十兩、銀二百五十兩、鈔五百錠。庚子，詔以公哥羅古羅思監藏班藏卜爲帝師，賜玉印，仍詔天下。壬寅，雲南王老的來朝。辰、沅洞蠻吳千道爲寇，敕調兵捕之。乙巳，賜諸王月魯鐵木兒鈔萬錠。丙午，太白經天。是月，晉寧、宣德等處饑，給米、鈔賑之。眞州揚子縣火，發米減價賑糶。

三月乙卯，廷試進士，賜護都沓兒、張起巖等五十六人及第、出身有差。丙辰，太陰色赤如赭。庚午，帝率諸王、百官奉玉册、玉寶，加上皇太后尊號，詔天下蠲逋欠稅課。丁丑，以中書平章張驢爲江浙行省平章政事。

夏四月戊寅朔，日有食之。辛巳，賜進士恩榮宴於翰林院。癸巳，敕亦思丹等部出征軍，有後期及逃還者，並斬以徇。甲午，諭晉王也孫鐵木兒，以先朝所賜惠州銀礦洞歸還有司。庚子，太陰犯壘壁陣。辛丑，賜會試下第舉人七十以上從七流官致仕，六十以上府、州教授，餘並授山長、學正，後勿援例。敕諸王分地仍以流官爲達魯花赤，各位所辟爲副達魯花赤。命李孟等類集累朝條格，俟成書，聞奏頒行。立規運提點所，秩五品，置官四員；廣貯庫，秩七品，置官三員；並隸壽福院。乙巳，車駕幸上都。宣徽院以供尚膳，遣人獵於歸德，敕以其擾民，特罷之。加授特進上卿、玄教大宗師張留孫開府儀同三司。丙午，封諸王察八兒爲汝寧王。潭州、江州、建昌、沅州饑，發廩賑糶。

五月戊申朔，改給各道廉訪司銀印。復立陝西諸道行御史臺。貴赤張小厮等招戶六千，勒還民籍。御史中丞王毅乞歸養親，不許。庚申，賜公主燕海牙鈔千錠。辛酉，太陰犯天江。乙丑，秦州成紀縣山移。是夜，疾風電雹，北山南移至夕河川，次日再移；平地突出土阜，高者二三丈，陷沒民居。敕遣官覈驗賑恤。庚午，太白晝見。立海西、遼東鷹坊萬戶府，隸中政院。壬申，諸王撒都失里薨。甲戌，日赤如赭。加授宦者中尚卿續元暉昭文館大學士。乙亥，日赤如赭。是月，發粟三百石，賑諸王按鐵木兒等部貧民。奉元、龍興、吉安、南康、臨江、袁州、撫州、江州、建昌、贛州、南安、梅州、辰州、興國、潭州、岳州、常德、武昌等路，南豐州、澧州等處饑，並發廩賑糶。

六月辛巳，察罕腦兒諸驛乏食，給糧賑之。甲申，太白晝見，是夜太陰犯平道。乙未，徙陝西肅政廉訪司于鳳翔。戊戌，豳王南忽里等部困乏，給鈔俾買馬羊以濟之。河決鄭州。己亥，置汝寧王察八兒王傅官。辛丑，以濟寧、益都亢旱，汰省宿衞士芻粟。癸卯，太白犯東井。丙午，辰星犯輿鬼。緬國主遣其子脫剌合等來貢方物。

秋七月庚戌，增興和路治中一員。戊申，〔七〕賜宣寧王鐵木兒不花及其二弟鈔萬錠，幷玉具、鞍勒、幣帛。壬子，增尚舍寺官六員爲八員。雲需總管府增同知二員。癸丑，復賜晉王也孫鐵木兒惠州銀鐵洞。甲寅，置諸王斡羅溫孫王傅官四員。復陳州商水鎭爲南(屯)〔頓〕縣。〔八〕省兩淮屯田總管府官四員。併提領所入提舉司。故只合赤八剌合孫總管府爲尙供府。乙卯，贛州土賊蔡五九聚衆作亂，敕遣兵捕之。敕阿(宿)〔速〕衞戶貧乏者，〔九〕給牛、種、耕具，於連怯烈地屯田。甲子，江南湖廣道奉使溫迪罕言：「廉訪司公田多取民租，宜復舊制。」從之。乙丑，陞崇福院秩正二品。癸酉，賜(衞)〔魏〕王阿木哥鈔萬錠。命鐵木迭兒總宣政院事，詔諭中外。是月，畿內大雨，漷州、昌平、香河、寶坻等縣水，沒民田廬；潭州、(金)〔全〕州、〔一〇〕永州路，茶陵州霖雨，江漲，沒田稼，出米減價賑糶。

八月丙戌，贛州賊蔡五九陷汀州寧花縣，僭稱王號，詔遣江浙行省平章張驢等率兵討之。己丑，車駕至自上都。乙未，臺臣言：「蔡五九之變，皆由昵匝馬丁經理田糧，與郡縣橫加酷暴，逼抑至此。（新）〔信〕豐一縣，〔一〕撤民廬千九百區，夷墓揚骨，虛張頃畝，流毒居民。乞罷經理及冒括田租。」制曰「可」。庚子，改遼陽省泰州爲泰寧府。壬寅，增國子生百員，歲貢伴讀四員。詔江浙行省印農桑輯要萬部，頒降有司遵守勸課。旌表貴州達魯花赤相兀孫妻脫脫眞死節，仍俾樹碑任所。

九月丁未，張驢以括田逼死九人，敕吏部尙書王居仁等鞫之。己酉，太陰犯房。甲寅，日色如赭。辛酉，太白犯左執法。壬戌，蔡五九衆潰伏誅，餘黨悉平，敕賞軍士討捕功，幷官其死事者子孫。己巳，徙曲尤倉於赤斤之地。賜諸王別鐵木兒永昌路及西涼州田租。

冬十月丙子朔，客星見太微垣。丁丑，封脫火赤爲威寧郡王，賜金印，忽兒赤鐵木兒不花爲趙國公。庚辰，以淮西廉訪使郭貫爲中書參知政事。壬午，有事于太廟。給雲南廉訪司公田。乙未，陞同知樞密院事鐵木兒脫知樞密院事。授白雲宗主沈明仁榮祿大夫、司空。丁酉，加授鐵木迭兒太師。癸卯，八百媳婦蠻遣使獻馴象二，賜以幣帛。

十一月丙午，客星變爲彗，犯紫微垣，歷軫至壁十五宿，明年二月庚寅乃滅。辛未，以星變赦天下，減免各路差稅有差。甲戌，封和世㻋爲周王，賜金印。左丞相合散等言：「彗星之異，由臣等不才所致，願避賢路。」帝曰：「此朕之愆，豈卿等所致，其復乃職。苟政有過差，勿憚於改。凡可以安百姓者，當悉言之，庶上下交修，天變可弭也。」

十二月戊寅，賜雲南行省參政汪長安虎符，預軍政。庚寅，增置平江路行用庫。癸巳，給鈔買羊馬，賑北邊諸軍。命省臣定擬封贈通例，俾高下適宜以聞。旌表汀州寧化縣民賴祿孫孝行。

三年春正月乙巳，漢陽路饑，出米賑之。特授昔寶赤八剌合孫達魯花赤脫歡金紫光祿大夫、太尉，仍給印。丙午，封前中書左丞相忽魯答兒壽國公。〔二〕增置晉王部斷事官四員，都水太監二員，省卿一員。以眞定、保定荐饑，禁畋獵。改直沽爲海津鎭。辛酉，陞同知樞密院事買閭知院事。壬戌，賜上都開元寺江浙田二百頃，華嚴寺百頃。賜趙王阿魯禿部鈔二萬錠。

二月丁丑，調海口屯儲漢軍千人，隸臨淸運糧萬戶府，以供轉漕，給鈔二千錠。戊寅，命湖廣行省諭安南，歸占城國主。置安遠王醜漢王傅。河間、濟南、濱棣等處饑，給糧兩月。

三月辛亥，特授高麗王世子王暠開府儀同三司、瀋王。加授將作院使呂天麟大司徒。甲寅，敕蕭拜住及陝西、四川省臣各一員，護送周王之雲南。置周王常侍府，秩正二品，設常侍七員，中尉四員，諮議、記室各二員。置打捕鷹坊民匠總管府，設官六員；斷事官八員；

延福司、飲饍署官各六員；並隸周王常侍府。辛酉，陞太史院秩正二品。癸亥，車駕幸上都。壬申，鷹坊孛羅等擾民於大同，敕拘還所奉璽書。禁天下春時畋獵。

夏四月癸酉朔，賜皇姊大長公主鈔五千錠、幣帛二百匹。河南流民羣聚渡江，所過擾害，命行臺、廉訪司以見貯贓鈔賑之。橫州徭蠻爲寇，命湖廣省發兵討捕。壬午，諭中書省，歲給〔衞〕〔魏〕王阿木哥鈔萬錠。敕衞輝、昌平守臣修殷比干、唐狄仁傑祠，歲時致祭。戊子，陞印經提舉司爲廣福監。己丑，陞會福院秩正二品。癸巳，賜安遠王醜漢金各五百兩、〔一三〕鈔千錠、幣帛二十匹。己亥，增置周王斷事官二員。以淮東廉訪司僉事苗好謙善課民農桑，賜衣一襲。庚子，以上都留守憨剌合兒知樞密院事。陞殊祥院秩正二品。命中書省與御史臺、翰林、集賢院集議封贈通制，著爲令。遼陽蓋州及南豐州饑，發廩賑之。

五月甲辰至戊申，日赤如赭。辛亥，以江西行省右丞相斡赤爲大司徒。庚申，以大都留守伯鐵木兒爲中書平章政事。陞中書右丞蕭拜住爲平章政事，左丞阿卜海牙爲右丞，參政郭貫爲左丞，參議不花爲參知政事。庚午，置甘肅儒學提舉司、遼陽金銀鐵冶提舉司，秩並從五品。賜諸王迭里哥兒不花等金三百五十兩、銀一千二百兩、鈔三千二百錠、幣帛有差。潭、永、寶慶、桂陽、澧、道、袁等路饑，發米賑糶。

六月乙亥，制封孟軻父爲邾國公，母爲邾國宣獻夫人。改諸王、功臣分地郡邑同知、縣丞爲副達魯花赤，中、下縣及錄事司增置副達魯花赤一員。丙子，融、賓、柳州徭蠻叛，命湖廣行省遣官督兵捕之。丁丑，敕：「大辟罪，臨刑敢有橫加刲割者，以重罪論。凡鞫囚，非强盜毋加酷刑。」戊寅，吳王朶列納等部乏食，賑糧兩月。己卯，詔諭百司各勤其職，毋隳廢大政。甲申，給安遠王醜漢分樞密院印。丁亥，封床兀兒爲句容郡王。丁酉，賜周王從衞鈔四十萬錠。河決汴梁，沒民居，遼陽之蓋州饑，並發糧賑之。

秋七月壬子，命御史大夫伯忽、脫歡答剌罕拯治臺綱，仍降詔宣諭中外。乙卯，封玉龍鐵木兒爲保恩王，賜金印。辛酉，賜普慶寺益都田百七十頃。丙寅，復以燕鐵木兒知樞密院事。庚午，發高麗、女直、漢軍千五百人，於濱州、遼河、慶雲、趙州屯田。

八月癸酉，以兵部尙書乞塔爲中書參知政事。己卯，車駕至自上都。戊戌，置織佛像工匠提調所，秩七品，設官二員。

九月辛丑，復五條河屯田。以中書左丞郭貫爲集賢大學士，集賢大學士王毅爲中書左丞。庚戌，割上都宣德府奉聖州懷來、縉山二縣隸大都路。改縉山縣爲龍慶州，帝生是縣，特命改焉。癸丑，太白晝見。己未，冀寧、晉寧路地震。丙寅，太白經天。

冬十月辛未，以江南行臺侍御史高昉爲中書參知政事。壬申，有事于太廟。調四川軍二千人、雲南軍三千人烏蒙等處屯田，置總管萬戶府，秩正三品，設官四員，隸雲南省。壬午，河南路地震。甲申，太白犯斗。庚寅，敕五臺靈鷲寺置鐵冶提舉司。乙未，賜豳王南忽里部鈔四萬錠。丁酉，修甘州城。申禁民有父在者，不得私貸人錢及鬻墓木。甘州、肅州等路饑，免田租。

十一月壬寅，命監察御史監治嶺北鈞校錢糧，半歲更代。大萬寧寺住持僧米普雲濟以所佩國公印移文有司，紊亂官政，敕禁止之。乙巳，增集寧、砂井、淨州路同知、府判、提控、案牘各一員。乙卯，改舊運糧提舉司爲大都陸運提舉司，新運糧提舉司爲京畿運糧提舉司，澧州路安撫司爲安定軍民府。

十二月庚午，以知樞密院事禿忽魯爲陝西行省左丞相。壬午，授嗣漢三十九代天師張嗣成太玄輔化體仁應道大眞人，主領三山符籙，掌江南道教事。丁亥，立皇子碩德八剌爲皇太子，兼中書令、樞密使，授以金寶，告天地宗廟。陞同知樞密院事床兀兒知樞密院事。諸王按灰部乏食，給米三千一百八十六石濟之。

校勘記

〔一〕禿(魯忽)〔忽魯〕 據上文皇慶二年正月丁未、三月壬子、六月癸亥條及本書卷一一二宰相表改正。

〔二〕(太)〔大〕寧路　據本書卷五〇五行志改。續編已校。

〔三〕己(酉)〔丑〕　按是月甲申朔，己酉爲二十六日，已見下文壬辰初九日後。此「己酉」在丁亥初四日、壬辰間，爲己丑初六日之誤，今改。道光本已校。

〔四〕(含)〔洽〕光　據本書卷一六世祖紀至元二十七年八月辛未條及宋史卷九〇地理志改。

〔五〕甲辰　按是月癸未朔，甲辰爲二十二日，當在乙未十三日後、戊申二十六日前。

〔六〕(衞)〔魏〕王阿木哥　見卷二四校勘記〔八〕。下同。

〔七〕戊申　按是月丁未朔，戊申爲初二日，應在庚戌初四日前。

〔八〕南(屯)〔頓〕縣　據本書卷五九地理志改。道光本已校。

〔九〕阿(宿)〔速〕衞　按阿速一名本書屢見，又作「阿思」，爲部族名。阿速衞係元一支親軍。此處誤爲「宿衞」，今改。

〔一〇〕(金)〔全〕州　據本書卷五〇五行志改。按全州與上下文所列各路州皆隸湖廣省。

〔一一〕(新)〔信〕豐　據本書卷六二地理志改。按元無「新豐縣」，信豐爲贛州屬縣。道光本已校。

〔一二〕忽魯答兒　疑卽本書卷六、七世祖紀至元三年十一月辛亥、四年六月乙丑、七年正月丙午、八年二月甲辰諸條所見之「忽都答兒」。蒙史改「魯」爲「都」，疑是。

〔一三〕賜安遠王醜漢金各五百兩　本證云：「案金下當脫銀字，或醜漢下有等字。」

元史卷二十六

本紀第二十六

仁宗三

四年春正月庚子，帝謂左右曰：「中書比奏百姓乏食，宜加賑恤。朕默思之，民饑若此，豈政有過差以致然歟？向詔百司務遵世祖成憲，宜勉力奉行，輔朕不逮，然嘗思之，唯省刑薄賦，庶使百姓各遂其生也。」乙卯，諸王脫脫駐雲南，擾害軍民，以按灰代之。丙辰，以知樞密院事完者爲雲南行省平章政事。己未，給帝師寺廩食鈔萬錠。壬戌，冀寧路地震。戊辰，給諸王也速也不干、明安答兒部糧三月。

閏月庚辰，封諸王孛羅爲冀王。丙戌，以立皇太子詔天下，給賜鰥寡孤獨鈔，減免各路租稅有差。賜諸王、宗戚朝會者，金三百兩、銀二千五百兩、鈔四萬三千九百錠。辛卯，封別鐵木兒爲汾陽王。壬辰，給豳王南忽里部鈔十二萬錠買馬。汴梁、揚州、河南、淮安、重慶、順慶、襄陽民皆饑，發廩賑之。

二月庚子，賜諸王買閭部鈔三萬錠。甲辰，敕郡縣各社復置義倉。戊申，特授近侍完者不花翰林侍讀學士、知制誥、同修國史。癸亥，陞泰寧府爲泰寧路，仍置泰寧縣。乙丑，陞蒙古國子監秩正三品，賜銀印。丙寅，以諸王部值脫火赤之亂，百姓貧乏，給鈔十六萬六千錠、米萬石賑之。曹州水，免今年租。

三月丁卯朔，陞靖州爲路。庚午，給趙王阿魯禿部糧四千石。乙酉，太陰犯箕。辛卯，車駕幸上都。

夏四月戊戌，給安王兀都思不花部軍糧三月。己亥，德安府旱，免屯田租。壬寅，加授太常禮儀院使拜住大司徒。賜趙王阿魯禿金五十兩、銀五百兩、鈔千錠。割懷來縣隸龍慶州。甲辰，以太寧路隸遼陽省。〔一〕戊申，答合孫寇邊，吳王朶列納等敗之于和懷，賜金玉束帶、黃金、幣帛有差。己未，諸王紐憐薨。乙丑，禁嶺北酒。帝嘗夜坐，謂侍臣曰：「雨暘不時，奈何？」蕭拜住對曰：「宰相之過也。」帝曰：「卿不在中書耶？」拜住惶愧。頃之，帝露香默禱。既而大雨，左右以雨衣進，帝曰：「朕爲民祈雨，何避焉！」翰林學士承旨忽都魯都兒迷失、劉賡等譯大學衍義以進，帝覽之，謂羣臣曰：「大學衍義議論甚嘉，其令翰林學士阿憐鐵木兒譯以國語。」

五月辛未，授上都留守闊闊出開府儀同三司、大司徒。壬申，賜出征諸王醜漢等金銀、鈔幣有差。乙亥，加封大長公主忙哥台爲皇姑大長公主，給金印。戊寅，改衞率府爲中翊府。壬午，黃州、高郵、眞州、建寧等處，流民羣聚，持兵抄掠，敕所在有司：「其傷人及盜者罪之，餘並給糧遣歸。」以翰林學士承旨赤因鐵木兒爲中書平章政事，中書平章兀伯都剌爲集賢大學士。己丑，陞中書（左）〔右〕丞阿卜海牙爲平章政事，〔二〕參政乞塔爲右丞，高昉爲左丞，參議中書省事換住、張思明並參知政事。

六月乙巳，太陰犯心。內外監察御史四十餘人劾鐵木迭兒姦貪不法。戊申，鐵木迭兒罷，以左丞相合散爲中書右丞相。己酉，兀伯都剌復爲中書平章政事。壬子，以工部尙書王桂爲中書參知政事。安遠王醜漢、趙王阿魯禿爲叛王脫火赤所掠，各賜金銀、幣帛。丙辰，敕：「諸王、駙馬、功臣分地，仍舊制自辟達魯花赤。」丁巳，安南國遣使來貢。戊午，置冀王孛羅王傅二員，中尉、司馬各一員，都總管府秩正三品。己未，給嶺北行省經費鈔九十萬錠、雜綵五萬匹。癸亥，禁總攝沈明仁所佩司空印毋移文有司。

秋七月乙亥，李孟罷，以江浙行省左丞王毅爲中書平章政事。〔三〕庚辰，賜皇姑大長公主忙哥台金百兩、銀千兩、鈔二千錠、幣帛各百匹。賞討叛王有功句容郡王牀兀兒等金銀、幣帛、鈔各有差。壬午，敕赤因鐵木兒頒賚諸王、駙馬，及賑濟所部貧乏。特授中衞親軍都指揮使孛蘭奚太尉。己丑，成紀縣山崩，土石潰徙，壞田稼廬舍，壓死居民。辛卯，冀寧路地震。帝諭省臣曰：「比聞蒙古諸部困乏，往往鬻子女於民家爲婢僕，其命有司贖之還各部。」帝出，見衞士有弊衣者，駐馬問之，對曰：「戍守邊鎭餘十五年，以故貧耳。」帝曰：「此輩久勞于外，留守臣未常以聞，非朕親見，何由知之！自今有類此者，必言於朕。」因命賜之錢帛。

八月丙申，車駕至自上都。熒惑犯輿鬼。壬子，太陰犯昴。庚申，合散奏事畢，帝問曰：「卿等日所行者何事？」合散對曰：「臣等第奉行詔旨而已。」帝曰：「卿等何嘗奉行朕旨，雖祖宗遺訓，朝廷法令，皆不遵守。夫法者，所以辨上下，定民志，自古及今，未有法不立而天下治者。使人君制法，宰相能守而勿失，則下民知所畏避，綱紀可正，風俗可厚。其或法弛民慢，怨言並興，欲求治安，豈不難哉。」

九月丙寅，合散言：「故事，丞相必用蒙古勳臣；合散回回人，不厭人望。」遂懇辭。制以宣徽使伯答沙爲中書右丞相，合散爲左丞相。己巳，大都南城產嘉禾一莖十一穗。庚午，太陰犯斗。壬辰，詔戒飭海漕，諭諸司毋得沮撓。嶺北地震三日。

冬十月甲午朔，有事于太廟。戊戌，給諸王晃火鐵木兒等部糧五千石。壬寅，敕刑部尙書舉林柏監大都兵馬司防遏盜賊；仍嚴飭軍校，制其出入。遣御史大夫伯忽、參知政事王桂祭陜西嶽鎭、名山，賑恤秦州被災之民。己酉，監察御史言：「官吏丁憂起復，人情驚惑，請禁止以絶僥倖。惟朝廷耆舊特旨起復者，不在禁例。」制曰「可」。給兩淮屯田總管府職田。壬子，給鈔五萬錠、糧五萬石，賑察罕腦兒。戊午，海外婆羅公之民往貿海番，遇風濤，存者十四人漂至溫州永嘉縣，敕江浙省資遣還鄉。改潮州路所統梅州隸廣東道宣慰司。

十一月己卯，復浚揚州運河。己丑，併㴅源縣入隴州。壬辰，諭：「諸宿衞入直，各居其次，非有旨不得上殿，闌入禁中者坐罪。大臣許從二人，他官一人，門者譏其出入。」

十二月丁酉，復廣州採金銀珠子都提舉司，秩正四品，官三員。乙巳，置詹事院，從一品，太子詹事四員，副詹事、詹事丞並二員，家令府、延慶司設官並四員，典寶監八員。遣官卽興和路及淨州發廩賑給北方流民。己酉，盧溝橋、澤畔店、瑠璃河並置巡檢司。壬子，置安王王傅。丁巳，賜諸王禿滿鐵木兒等及駙馬忽剌兀帶各部，金一千二百兩、銀七千七百兩、鈔一萬七千七百錠、幣帛二千匹。以內宰領延福司事禿滿迭兒知樞密院事。特授晉王內史按攤出金紫光祿大夫、魯國公。辛酉，改怯憐口民匠總管府爲繕用司。

五年春正月辛未，賜諸王禿滿鐵木兒等所部鈔四萬錠。甲戌，懿州地震。丙子，安南國遣其臣尹世才等以方物來貢。乙酉，敕諸王位下民在大都者，與民均役。丁亥，會試進士。湖廣平章買住加魯國公、大司農。賑晉王也孫鐵木兒等部貧乏者。

二月癸巳朔，日有食之。和寧路地震。丁酉，敕：「廣寧、開元等萬戶府軍入侍衞，有兄弟子姪五人者，三人留，四人三人者，二人留，著爲籍。」秦州（泰）〔秦〕安縣山崩。〔四〕封諸王晃火鐵木兒爲嘉王，禿滿鐵木兒爲武平王，並賜印。丁未，敕雲南、四川歸還所侵順元宣撫司民地。戊申，陞內史府秩正二品。建鹿頂殿于文德殿後。辛亥，敕杭州守臣春秋祭淮安忠武王伯顏祠。王子諸王答失蠻部乏食，〔五〕敕甘肅行省給糧賑之。賜諸王察吉兒鈔萬錠。甲寅，置寧昌府。乙卯，命中書省汰不急之役。增置河東宣慰司副使一員。敕上都諸寺、權豪商販貨物，並輸稅課。戊午，以者連怯耶兒萬戶府爲右衞率府。給書西天字維摩經金三千兩。庚申，罷封贈。賞討叛王脫火赤戰功，賜諸王部察罕等金銀幣鈔有差。

三月戊辰，御試進士，賜忽都達兒、霍希賢以下五十人及第、出身有差。己巳，賜寧海王八都兒金印。庚午，立諸王斡羅溫孫部打捕鷹坊諸色人匠怯憐口總管府，秩從四品。改靜安路爲德寧路，靜安縣爲德寧縣。癸酉，晉王也孫鐵木兒部貧乏，賑米四千一百五十石，仍賜鈔二萬錠買牛羊孳畜。乙亥，增給兩淮運司分司印一。特授安遠王醜漢開府儀同三司、錄軍國重事、知樞密院事。戊寅，以湖州路爲安王兀都思不花分地，其戶數視（衞）〔魏〕

王阿木哥。〔六〕癸未，和寧、淨州路禁酒。賜鈔萬錠，命晉王也孫鐵木兒賑濟遼東貧民。晉王內史拾得閭加榮祿大夫，封桓國公。給金九百兩、銀百五十兩，書金字藏經。甲申，免鞏昌等處經賑濟者差稅鹽課。乙酉，御史臺臣言：「諸司近侍隔越中書聞奏者，請如舊制論罪。」制曰「可」。己丑，敕以紅城屯田米賑淨州、平地等處流民。置汾陽王別鐵木兒王傅四員。賜醜驢答剌罕平江路田百頃。

夏四月壬辰，安吉王乞台普濟薨。丁酉，諸王雍吉剌〔帶〕部乏食，〔七〕賑米三千石。己亥，耽羅捕獵戶成金等爲寇，敕征東行省督兵捕之。庚子，賜諸王察吉兒部鈔萬錠，布帛稱是。給中翊府閭臺順州屯田鈔萬錠，置牛種農具。庚戌，敕：「安遠王醜漢分地隸濟寧者七縣、汀州者三縣，達魯花赤聽其自辟。」陞印經提舉司爲延福監，秩正三品。遣官分汰各部流民，給糧賑濟。免懷孟、河南、南陽居民所輸陜西鹽課。是時解州鹽池爲水所壞，命懷孟等處食陜西紅鹽；後以地遠，改食滄鹽，而仍輸課陜西，民不堪命，故免之。木鄰、鐵里干驛困乏，濟以馬五千匹。遼陽饑，海漕糧十萬石於義、錦州，以賑貧民。甲寅，樞密院臣言：「各省調度軍馬，惟長官二人領其事。今四川省諸臣皆預，非便，請如舊制。」從之。以千奴、史弼並爲中書平章政事，侍御史敬儼爲中書參知政事。戊午，車駕幸上都。

五月辛酉朔，順元等處軍民宣撫使阿晝以洞蠻酋黑冲子子昌奉方物來覲。丁卯，賜安王兀都思不花金五百兩、銀五千兩。以御史中丞亦列赤爲中書右丞(相)。〔八〕戊辰，遣平章政事王毅祭星于司天臺三晝夜。諸王按塔木兒、不顏鐵木兒部乏食，賑糧兩月。壬申，監察御史言：「比年名爵冒濫，太尉、司徒、國公，接跡于朝。昔奉詔裁罷，中外莫不欣悅。近聞禮部奉旨鑄太尉、司徒、司空等印二十有六，此輩無功於國，載在史册，貽笑將來。請自今門閥貴重、勳業昭著者存留一二，餘並革去。」制曰「可」。癸酉，遣官分道減決笞以下罪。己卯，德慶路地震。鞏昌隴西縣大雨，南土山崩，壓死居民，給糧賑之。

六月辛卯，御史臺臣言：「昔遣張驢等經理江浙、江西、河南田糧，虛增糧數，流毒生民，已嘗奉旨俟三年徵租。今及其期，若江浙、江西當如例輸之，其河南請視鄉例減半徵之。」制曰「可」。癸巳，以典瑞院使斡赤爲集賢大學士、領典瑞院事、大司徒。己亥，北地諸部軍士乏食，給糧賑之。庚子，遣阿尼八都兒、只兒海分汰淨州北地流民，其隸四宿衞及諸王、駙馬者，給資糧遣還各部。癸卯，賜諸王桑哥班金束帶一、銀百兩、鈔五百錠。乙巳，術者趙子玉等七人伏誅。時(衞)〔魏〕王阿木哥以罪貶高麗，子玉言於王府司馬曹脫不台等曰：「阿木哥名應圖讖。」於是潛謀備兵器、衣甲、旗鼓，航海往高麗取阿木哥至大都，俟時而發。行次利津縣，事覺，誅之。西蕃土寇作亂，敕甘肅省調兵捕之。丁巳，賜安王兀都思不花等金束帶及金二百兩、銀一千五十兩、鈔二千二百錠、幣帛二百八十四。

秋七月己未朔，李邦寧加開府儀同三司。癸亥，賜諸王八里帶等金二百兩、銀八百五十兩、鈔二千錠、幣帛二百匹。甲子，給欽察衞馬羊價鈔一十四萬五千九百九十二錠。丙寅，調軍五千，烏蒙等處屯田，置總管萬戶府，秩正三品，給銀印。丁卯，給鈔二十萬錠、糧萬石，命晉王分賚所部宿衞士。壬申，御史中丞趙簡言：「皇太子春秋鼎盛，宜選耆儒敷陳道義。今李銓侍東宮說書，未諳經史，請別求碩學，分進講讀，實宗社無疆之福。」制曰「可」。諸王不里牙敦之叛，諸王也舍、失列吉及衞士朶帶、伯都坐持兩端，不助官軍進討，敕流也舍江西，失列吉湖廣，朶帶衡州，伯都潭州。癸酉，拘(衞)〔魏〕王阿木哥王傅印。置籲廩司，秩正八品，隸上都留守司。豐州石泉店置巡檢司。賜諸王別失帖木兒等金、銀，幷賑其部米萬石、鈔萬錠。己卯，諸王雍吉剌帶、曲春鐵木兒來朝，賜金二百兩、銀一千兩、鈔五千錠、幣帛一百匹，仍給鈔萬錠、米萬石，分賚其所部。辛巳，立受給庫，秩九品，隸工部。壬午，罷河南省左丞陳英等所括民田，止如舊例輸稅。戊子，鞏昌路寧遠縣山崩。加封楚三閭大夫屈原爲忠節淸烈公。

八月戊子，〔九〕車駕至自上都。乙卯，倂翁源縣入曲江縣。

九月癸亥，大司農買住等進司農丞苗好謙所撰栽桑圖說，帝曰：「農桑衣食之本，此圖甚善。」命刊印千帙，散之民間。丙寅，廣西兩江龍州萬戶趙淸臣、太平路總管李興隆率土官黃法扶、何凱，並以方物來貢，賜以幣帛有差。豳王南忽里等部貧乏，命甘肅省市馬萬匹給之。丁卯，中書右丞、宣徽使亦列赤爲中書平章政事，左丞高昉爲右丞，參知政事換住爲左丞，吏部尚書燕只干爲參知政事。壬申，以鈔給北邊軍爲馬價。甲戌，以作佛事，釋重囚三人，輕囚五十三人。己卯，以江浙省所印大學衍義五十部賜朝臣。辛巳，置大永福寺都總管府，秩三品。壬午，敕：「軍官犯罪，行省咨樞密院議擬，毋擅決遣。」丙戌，以僉太常禮儀院事狗兒爲中書參知政事。丁亥，立行宣政院于杭州，設官八員。大同路金城縣大雨雹。

冬十月己丑，以大寧路隸遼陽省，宣德府隸大都路。敕：「僧人除宋舊有及朝廷撥賜土田免租稅，餘田與民一體科徵。」播州南寧長官洛𠫻作亂，思州守臣換住哥招諭之，洛𠫻遣人以方物來覲。罷膠、萊、莒、密鹽使司，復立濤洛場。辛卯，禁大同、冀寧、晉寧等路釀酒。壬辰，建帝師巴思八殿於大興教寺，給鈔萬錠。癸巳，改中翊府爲羽林親軍都指揮使司。甲午，有事于太廟。癸丑，贛州路雩都縣里胥劉景周，以有司徵括田新租，聚衆作亂，敕免徵新租，招諭之。

十一月辛酉，開成、莊浪等處禁酒。壬戌，改黃花嶺屯儲軍民總管府爲屯儲總管府，設官四員。山後民饑，增海漕四十萬石。增置大都南、北兩兵馬司指揮使，色目、漢人各二員，給分司印二。丁卯，用監察御史乃蠻帶等言，追奪建康富民王訓等白身濫受宣敕，仍禁冒籍貫宿衞及巧受遠方職官、不赴任求別調者，隱匿不自首者罪之。己巳，陞同知樞密院事忠嘉知樞密院事。丙子，集賢大學士、太保曲出言：「唐陸淳著春秋纂例、辨疑、微旨三書，有益後學，請令江西行省鋟梓，以廣其傳。」從之。癸未，敕江西茶運司歲課以二十五萬錠爲額。敕大永福寺創殿，安奉順宗皇帝御容。

十二月壬辰，特授集賢大學士脫列大司徒。辛亥，置重慶路江津、巴縣等處屯田，省成都歲漕萬二千石。甲寅，敕樞密院覈實蒙古軍貧乏者，存卹五年。

六年春正月丁巳朔，暹國遣使奉表來貢方物。丁卯，敕：「福建、兩廣、雲南、甘肅、四川軍官致仕還家，官給驛傳如民官例。」戊辰，賑晉王部貧民。癸酉，特授同知徽政院事醜驢答剌罕金紫光祿大夫、太尉，給銀印。甲戌，監察御史孛朮魯翀等言：「皇太子位正東宮，既立詹事院以總家政，宜擇年德老成、道義崇重者爲師保賓贊，俾盡心輔導，以廣緝熙之學。」制曰「可」。戊寅，太陰犯心。己卯，熒星于司天臺。廣東南恩、新州徭賊龍郎庚等爲寇，命江西行省發兵捕之。帝御嘉禧殿，謂扎魯忽赤買閭曰：「扎魯忽赤人命所繫，其詳閱獄辭。事無大小，必謀諸同僚。疑不能決者，與省、臺臣集議以聞。」又顧謂侍臣曰：「卿等以朕居帝位爲安邪？朕惟太祖創業艱難，世祖混一疆宇，兢業守成，恒懼不能當天心，繩祖武，使萬方百姓樂得其所，朕念慮在茲，卿等固不知也。」

二月丁亥朔，日有食之。改釋奠于中丁，祀社稷于中戊。禜星于回回司天臺。丁酉，雲南闍里愛俄、永昌蒲蠻阿八剌等並爲寇，命雲南省從宜勦捕。戊戌，改陝西轉運鹽使司爲河東陝西都轉運鹽使司，直隸省部。己亥，太陰犯靈臺。乙巳，敕：「諸司不由中書奏官輒署事者悉罷之。」特授僧從吉祥榮祿大夫、大司空，加榮祿大夫、大司徒僧文吉祥開府儀同三司。

三月丁巳，以天壽節，釋重囚一人。(乙)〔己〕未，〔一〇〕給鈔賑濟上都、西番諸驛。辛酉，斡端地有叛者入寇，遣鎭西武靖王搠思班率兵討之。詔以御史中丞禿禿合爲御史大夫，諭之曰：「御史大夫職任至重，以卿勳舊之裔，故特授汝。當思乃祖乃父忠勤王室，仍以古名臣爲法，否則將墜汝家聲，負朕委任之意矣。」丙寅，改懷孟路爲懷慶路。特授翰林學士承旨八兒思不花開府儀同三司、大司徒。己巳，太陰犯明堂。敕：「諸王、駙馬、宗姻諸事，依舊制領於內八府官，勿徑移文中書。」封諸王月魯鐵木兒爲恩王，給印，置王傅官。免大都、上都、興和、大同今歲租稅。癸酉，太陰犯日星。甲戌，太陰犯心。壬午，賜大興敎寺僧齋食鈔二萬錠。禁甘肅行省所屬郡縣釀酒。

夏四月壬辰，中書省臣言：「雲南土官病故，子姪兄弟襲之，無則妻承夫職。遠方蠻夷，頑獷難制，必任土人，可以集事。今或闕員，宜從本俗，權職以行。」制曰「可」。丙辰，〔一一〕命京師諸司官吏運糧輸上都、興和，賑濟蒙古饑民。庚子，車駕幸上都。以鐵木迭兒爲太子太師。內外監察御史四十餘人，劾其逞私蠹政，難居師保之任，不聽。諸王合贊薨。丙午，命宣政院賑給西番諸驛。壬子，伯顏鐵木兒部貧乏，給鈔賑之。

五月辛酉，太陰犯靈臺。丁卯，太陰犯房。丙子，太陰犯壘壁陣。加安南國王陳益稷儀同三司。

六月戊子，以莊浪巡檢司爲莊浪縣，移巡檢司於比卜渡。癸巳，以米五千石賑大長公主所隸貧民。甲午，改繕珍司爲徽儀使司，秩二品。己亥，歲星犯東咸。辛丑，置河南田賦總管府，隸內史府，設達魯花赤、總管、同知各一員，副總管二員，秩從三品。戊申，置勇校署，以角觝者隸之。庚戌，大同縣雨雹，大如雞卵。詔以駝馬牛羊分給朔方蒙古民戍守邊徼者，俾牧養蕃息以自贍，仍命議興屯田。壬子，賜大乾元寺鈔萬錠，俾營子錢，供繕修之費，仍陞其提點所爲總管府，給銀印，秩正三品。給鈔四十萬錠，賑合剌赤部貧民；三十萬錠，賑諸位怯憐口被災者；諸有俸祿及能自贍者勿給。癸丑，以羽林親軍萬人隸東宮。丙子，〔一二〕陞廣惠司秩正三品，掌回回醫藥。丁丑，〔一三〕以濟寧等路水，遣官閱視其民，乏食者賑之，仍禁酒，開河泊禁，聽民採食。晉陽、西涼、鈞等州，（楊）〔陽〕翟、新鄭、密等縣大雨雹。〔一四〕汴梁、益都、般陽、濟南、東昌、東平、濟寧、（恭）〔泰〕安、〔一五〕高唐、濮州、淮安諸處大水。

秋七月丙辰，緬國趙欽撒以方物來覲。來安路總管岑世興叛，據唐興州，賜璽書招諭之。諸王闊慳堅部貧乏，給糧賑之。壬戌，太陰犯心。以者連怯耶兒萬戶府軍萬人隸東宮，置右衛率府，秩正三品。丁卯，詔諭江西官吏、豪民毋沮撓茶課。甲戌，皇姊大長公主祥哥剌吉作佛事，釋全寧府重囚二十七人，敕按問全寧守臣阿從不法，仍追所釋囚還獄。命分簡奴兒干流囚罪稍輕者，屯田肇州。乙亥，通州、漷州增置三倉。丙子，太白犯太微垣右執法。增置上都（巡警）〔警巡〕院、〔一六〕開平縣官各二員。己卯，晉王也孫鐵木兒所部民經剽掠災傷，爲盜者衆，敕扎魯忽赤囊加帶往，與晉王內史審錄罪囚，重者就啓晉王誅之，當流配者加等杖之。庚辰，賜木憐、麥該兩驛鈔一萬二千一百二十錠，俾市馬給驛。辛巳，賜左右鷹坊及合剌赤等貧乏者鈔一十四萬錠。

八月甲申，以河東山西道宣慰使張思明爲中書參知政事。乙酉，熒惑犯輿鬼。甲午，以授皇太子玉册，告祭于南郊。庚子，車駕至自上都。丁未，告祭于太廟。是月，伏羌縣山崩。

閏八月丙辰，辰星犯太微垣右執法。賜嘉王晃火鐵木兒部羊十萬、馬萬匹。庚申，增置興和路旣備倉，秩正八品；陞廣盈庫從八品。癸亥，熒惑犯軒轅。甲子，太陰犯壘壁陣。浚會通河。壬申，以太傅、御史大夫伯忽爲太師。癸酉，敕：「河東山西道宣慰司官，給俸同隨朝。」敕：「諸司有受命不之官及避繁劇託故去職者，奪其宣敕。」乙亥，太白犯東咸。併永興縣入奉聖州。

九月甲申，以徽政使朶帶爲太傅。陞參議中書省事欽察爲參知政事。辛卯，鐵里干等二十八驛被災，給鈔賑之。壬辰，熒星犯司天臺。癸巳，以作佛事，釋大辟四七人，流以下四六人。戊戌，增海漕十萬石。置雲南縣，隸雲內州。以故昌州寶山縣置寶昌州，隸興和路。庚子，併順德、廣平兩鐵冶提舉司爲順德廣平彰德等處鐵冶提舉司。癸卯，御史臺臣言：「比者官以倖求，罪以賂免。乞凡內外官非勳舊有資望者，不許驟陞。諸犯贓罪已款伏及當鞫而幸免者，悉付元問官以竟其罪。其貪污受刑，奪職不敍者，夤緣近侍，出入內庭，覬倖名爵，宜斥逐之。」帝皆納其言。詔謂四宿衞嘗受刑者，勿令造禁庭。山東諸路禁酒。浚鎭江練湖。發粟賑濟寧、東平、東昌、高唐、德州、濟南、益都、般陽、揚州等路饑。

十月甲寅，省都功德使四員，止存六員。乙卯，東平、濟寧路水陸十五驛乏食，戶給麥十石。中書省臣言：「白雲宗總攝沈明仁，强奪民田二萬頃，誑誘愚俗十萬人，私賂近侍，妄受名爵，已奉旨追奪，請汰其徒，還所奪民田。其諸不法事，宜令覈問。」有旨：「朕知沈明仁姦惡，其嚴鞫之。」戊午，遣中書右丞相伯答沙持節授皇太子玉册。辛酉，以扎魯忽赤鐵木兒不花爲御史大夫。癸亥，熒惑犯太微垣左執法。上都民饑，發官粟萬石減價賑糶。置兩浙鹽倉六所，秩從八品，官二員，惟杭州、嘉興二倉設官三員，秩從七品；鹽場三十四所，場設監運一員，正八品。罷檢校所。乙丑，太陰犯昴。丁卯，賑北方諸驛。戊辰，太陰犯東井。庚午，太白晝見。辛未，太陰犯軒轅。丙子，以皇太子受玉册，詔天下。己卯，浚通惠河。增河東、陝西鹽運司判官一員，給分司印二；置提領所二，秩從八品，官各二員；鹽場二，增管勾各二員；罷滙鹽戶提領二十人。濟南濱、棣州、章丘等縣水，免其田租。

十一月辛卯，熒惑犯進賢。木邦路帶邦爲寇，敕雲南省招捕之。乙巳，以祕書卿苫思丁爲大司徒。庚子，〔一七〕敕晉王部貧民二千居稱海屯田。增京畿漕運司同知、副使各一員，給分司印。中書省臣言：「曩賜諸王阿只吉鈔三萬錠，使營子錢以給畋獵廩膳，毋取諸民。今其部阿魯忽等出獵，恣索於民，且爲姦事，宜令宗正府、刑部訊鞫之，以正典刑。」制曰「可」。禁民匿蒙古軍亡奴。帝諭臺臣曰：「有國家者，以民爲本。比聞百姓疾苦銜寃者衆，其令監察御史、廉訪司審察以聞。」河間民饑，發粟賑之。

十二月壬戌，命皇太子參決國政。封宋儒周惇頤爲道國公。甲子，遣宗正府扎魯忽赤二員，審決興和、平地等處獄囚。省雲南大理、大、小徹里等地同知、相副官及儒學、蒙古敎授等官百二十四員。丙寅，太陰犯軒轅。己巳，復吏人出身舊制，其犯贓者止從七品。免大都、上都、興和延祐七年差稅。河西塔塔剌地置屯田，立軍民萬戶府。壬申，太陰犯心。平章政事王毅，以親老辭職，從之，仍賜其父幣帛。癸酉，是夜風雪甚寒，帝謂侍臣曰：「朕與卿等居暖室，宗戚、昆弟遠戍邊陲，曷勝其苦。歲賜錢帛，可不徧及耶。」敕上都、大都冬夏設食于路，以食饑者。

七年春正月辛巳朔，日有食之。帝齋居損膳，輟朝賀。壬午，御史臺臣言：「比賜不兒罕丁山場、完者不花海船稅，會計其鈔，皆數十萬錠，諸王軍民貧乏者，所賜未嘗若是，苟不撙節，漸致帑藏虛竭，民益困矣。」中書省臣進曰：「臺臣所言良是，若非振理朝綱，法度愈壞。臣等乞賜罷黜，選任賢者。」帝曰：「卿等不必言，其各共乃事。」癸未，帝御大明殿，受諸王、百官朝賀。辛卯，江浙行省丞相黑驢言：「白雲僧沈明仁，擅度僧四千八百餘人，獲鈔四萬餘錠，既已辭伏，今遣其徒沈崇勝潛赴京師行賄求援，請逮赴江浙倂治其罪。」從之。乙未，太陰犯明堂上星。丁亥，帝不豫。〔一八〕辛丑，帝崩于光天宮，壽三十有六，在位十年。癸卯，葬起輦谷，從諸帝陵。五月乙未，羣臣上謚曰聖文欽孝皇帝，廟號仁宗，國語曰普顏篤皇帝。

仁宗天性慈孝，聰明恭儉，通達儒術，妙悟釋典，嘗曰：「明心見性，佛教爲深；修身治國，儒道爲切。」又曰：「儒者可尚，以能維持三綱五常之道也。」平居服御質素，澹然無欲，不事遊畋，不喜征伐，不崇貨利。事皇太后，終身不違顏色；待宗戚勳舊，始終以禮。大臣親老，時加恩賚；太官進膳，必分賜貴近。有司奏大辟，每慘惻移時。其孜孜爲治，一遵世祖之成憲云。

校勘記

〔一〕太寧路　按元有「大寧路」及「泰寧路」，無「太寧路」，此處「太」字有誤。

〔二〕中書(左)〔右〕丞阿卜海牙　據上文延祐三年五月庚申條及本書卷一一二宰相年表改。蒙史已校。

〔三〕以江浙行省左丞王毅爲中書平章政事　按清容集卷二七王氏先塋碑銘「左丞」作「右丞」，疑「左」當作「右」。

〔四〕秦州(泰)〔秦〕安縣山崩　從殿本改。按本書卷五〇五行志作「秦安縣山崩」。秦安，秦州屬縣。

〔五〕王子諸王答失蠻部乞食　「王子」、「諸王」同義重複，疑「王子」二字衍。

〔六〕(衞)〔魏〕王阿木哥　見卷二四校勘記〔八〕。下同。

〔七〕雍吉剌〔帶〕　據下文七月己卯條補。

〔八〕以御史中丞亦列赤爲中書右丞(相)　據下文九月丁卯條及本書卷一一二宰相年表刪。續編已校。

〔九〕八月戊子　按是年八月己丑朔，無戊子日。戊子爲七月三十日，已見上文七月，此誤。續通鑑作庚子十二日。

〔一〇〕(乙)〔己〕未　按是月丙辰朔，無乙未日。此「乙未」在丁巳初二日、辛酉初六日間，爲己未初四日之誤，今改。

〔一一〕丙辰　按是月丙戌朔，無丙辰日。此「丙辰」在壬辰初七日、庚子十五日間，當是丙申十一日之誤。

〔一二〕丙子　按是月甲申朔，無丙子日。此「丙子」在癸丑三十日後，疑七月之丙子二十三日誤書於此。

〔一三〕丁丑　按是月甲申朔，無丁丑日。疑七月之丁丑二十四日誤書於此。

〔一四〕晉陽西涼鈞等州(楊)〔陽〕翟新鄭密等縣大雨雹　據本書卷五九地理志改。道光本已校。又按陽翟、新鄭、密三縣皆鈞州屬縣，疑當作「晉陽、西涼等州，鈞州陽翟、新鄭、密等縣大雨雹」。

〔一五〕(恭)〔泰〕安　據本書卷五〇五行志改。本證已校。

〔一六〕上都(巡警)〔警巡〕院　據本書卷五八地理志、卷九〇百官志改正。本證已校。

〔一七〕庚子　按是月辛巳朔，庚子爲二十日，應在辛卯十一日後、乙巳二十五日前。

〔一八〕丁亥帝不豫　按是月辛巳朔，丁亥爲初七日，此「丁亥」在乙未十五日後、辛丑二十一日前，疑爲丁酉十七日之誤。本書卷二七英宗紀作「七年春正月戊戌，仁宗不豫」，戊戌爲十八日。